AF825513

文明是副产品

郑也夫 著

中信出版集团 · CHINACITICPRESS · 北京

图书在版编目（CIP）数据

文明是副产品/郑也夫著. — 北京：中信出版社，2015.10 （2016. 3 重印）
ISBN 978-7-5086-5502-4

I. ①文… II. ①郑… III. ①社会发展史－研究 IV. ①K02

中国版本图书馆CIP数据核字（2015）第217385号

文明是副产品

著　　者：郑也夫
策划推广：中信出版社（China CITIC Press）
出版发行：中信出版集团股份有限公司
　　　　　（北京市朝阳区惠新东街甲4号富盛大厦2座　邮编　100029）
　　　　　（CITIC Publishing Group）
承 印 者：三河市西华印务有限公司

开　　本：880mm×1230mm　1/32　　印　　张：10.75　　字　　数：225千字
版　　次：2015年10月第1版　　印　　次：2016年3月第7次印刷
广告经营许可证：京朝工商广字第8087号
书　　号：ISBN 978-7-5086-5502-4 / K · 489
定　　价：42.00元

版权所有 · 侵权必究
凡购本社图书，如有缺页、倒页、脱页，由发行公司负责退换。
服务热线：010-84849555　　服务传真：010-84849000
投稿邮箱：author@citicpub.com

目 录

第一章
外婚制的起源

一、跨世纪学案

无论是对理解近代社会结构，还是人类生活方式而言，外婚制似乎都无关宏旨。然而正是围绕外婚制何以产生的争论，持续了一个半世纪，席卷了众多大牌学者，蔚为壮观。以下是这一争论的主要参与者。

麦克伦南（1827—1881），代表作《原始婚姻》（1856）。1876 年《古代史研究，其中包括〈原始婚姻〉的再版》出版，书中首创“外婚制”一词。

摩尔根（1818—1881），代表作《古代社会》（1877）。

恩格斯（1820—1895），相关著作《家庭、私有制和国家的起源》（1884），1891 年修订版问世。

涂尔干（1858—1917），相关著作《乱伦禁忌及其起源》（1898）。

韦斯特马克（1862—1939），代表作《人类婚姻史》出版于 1891 年，以后三十年间不断增添修订，第五版 1922 年出版。

弗洛伊德（1856—1939），相关著作《图腾与禁忌》（1913）。

马林诺夫斯基（1884—1942），相关著作《两性社会学》（1927）。

霭理士（1859—1939），《性心理学》（1933）。

列维–斯特劳斯（1908—2009），1956年发表论文《家庭》，1983年发表论文《论近亲通婚》。

除此，巴霍芬（1815—1887）、斯宾塞（1820—1903）、泰勒（1832—1917），高尔顿（1822—1911）、弗雷泽（1854—1941），乃至费孝通（1910—2005）都涉足外婚制的讨论。这一思想阵仗的级别已无需赘言。

为什么众多的大牌思想家会旷日持久地卷入这样一场争论？笔者以为，首先是因为外婚制乃至与其互为表里的乱伦禁忌，是人类第一项制度安排。理解它可以帮助我们理解人类社会制度的由来。人类的第一项制度是针对两性与婚姻，是理所当然的。食和性从来就是动物生存中最基本的需求。食物可以独自获得，不经历分配。性则一定会涉及成员和群体。人类与动物的不同是我们将习惯发展成制度。其二，多种学科中的知识——历史文献记载，人类学理论，现存原始部落的实地考察，生物进化论思想，灵长类动物研究，都可以在这一争论中派上用场。故它可以吸引多学科的成员登场，并可望诱发参与者拣选新工具面对老问题。其三，难有定论导致这场争论持久不衰。这制度形成于史前，即人类文字记载之前，消融在其后的制度和文化中，故鲜有可以坐实一种论断的扎实凭据。

明知前辈大师穷尽才智难有定论，为什么笔者还要涉足？本书将兼顾人类文明史与探讨文明起源的思想史。而本章的重点是后者。于文明史范畴中探讨外婚制是前辈思想家的鹄的。

因此他们给了我们另一个范畴——思想史，即他们讨论外婚制所呈现的思想轨迹与方法论。在对远古制度安排的讨论中，我们极难证实某个说法，却可能推翻某个论断，进而反思因何误入歧途。既有价值，亦含趣味。

二、群婚与一夫一妻制的古典争论

本文的核心议题是外婚制。但以下四节要讨论的是群婚和一夫一妻制。首先，是因为它们关乎外婚与内婚的前身或平台，后者是在前者的基础上发育和展开的。第二，因为外婚制问题的开启者们麦克伦南、摩尔根、恩格斯的论述，大多是从主要几种的婚配制度——乱交、一夫多妻、一夫一妻，说到内婚外婚的。第三，由于恩格斯的相关论述在中国社会中无与伦比的普及，群婚是人类最初的婚姻形式，几乎成为国人的常识。而恩格斯的论述中不乏谬误。

麦克伦南和摩尔根都认为，人类最早的家族前有一个“杂交的男女关系阶段”，即今人说的群婚。经恩格斯的光大，无疑是摩尔根的说法更为国人熟悉。他说：

> 这种男女杂交的状况，表示在野蛮阶段中可能想象的最低状态——它代表人类进步阶梯的最下阶段。……杂交可从理论上推论出来作为血缘家族的一种必要的先行存在的社会状态；但是，这种事实已隐蔽于人类的远古迷雾之中，而为实证的知识所能达到的范围以外了。（摩尔根，1877，874，877）[①]

---

① 引文格式说明：年份为原著出版年，页码是笔者引用的中译本。

韦斯特马克在其初版的《人类婚育史》（1891）中，对“杂交阶段说”做出全面的批判。恩格斯读后，在1891年出版的《家庭、私有制和国家的起源》修订版中予以批驳。在初版与修订版的间隔中，阅读对手、予以驳斥，是这场大争论的普遍特征，为后人留下了他们的交锋论辩。韦斯特马克则在自己加工了三十年的《人类婚育史》中，花费了二百页的篇幅，从各民族乱交生活、婚前不贞、初夜权、卖淫与借妻、亲属称谓、母权、远古时是否存在男性嫉妒等七个方面反驳乱交的普遍存在。韦斯特马克说：

> 由父母和子女组成的家庭自太古时代便已存在，很可能早就存在于我们人类以前的动物祖先之中，这是因为年幼的子女需要照管和保护，以及原始群体生活中经常存在的谋生困难。……家庭可能就是从作为类人猿和原始人之共同祖先的高级灵长类原种那里继承下来的遗产。……关于原始人类处于乱交阶段的假说，不仅缺乏事实根据，而且与我们大家所了解到的人类早期生活状况正好相反。（1922，28，69，42—43）[①]

恩格斯说：

> 历史上可以确切证明并且现在某些地方还可以加以研究的最古老、最原始的家庭形式是什么呢？那就是群婚，即整个一群男子与整个一群女子互为所有，很少有嫉妒余地的婚姻形式。……从而归根结蒂使我们追溯到一个同从动物状态向人类状态的过渡相适应的杂乱的性交关系的时

---

① 引文页码之顺序严格对应引文中各个片段之顺序，请读者留意。

> 期，这样，动物婚姻形式的引证，就使我们恰好回到这些引证本来要使我们永远离开的第一点上去了。……鸟类方面的牢固的一夫一妻制的例子，对于人类丝毫不能有所证明，因为人类并非起源于鸟类。……我们关于类人猿的家庭集团及其他共居生活集团还几乎没有丝毫确定的知识。（恩格斯，1891，27—30）

马林诺夫斯基说：

> 我们知道即在最淫荡的文化里面也没有“杂交”这样的事存在过，而且也不能存在。我们在各种文化里面首先见到的，都是许多界限分明的禁忌系统。（1927，183）

禁忌当然阻挡了乱交和群婚，但是禁忌产生之前呢，禁忌为何产生呢？马氏没有直面起源问题。

列维–斯特劳斯则以总结的口吻说：

> 自19世纪后半叶到20世纪的一段时间里，受生物进化论的影响，人种学家试图把他们观察的制度排列成单线进化系列的世界。……既然现代家庭以一夫一妻制为基础，他们便由此得出结论，因需求不同而相当于人类童年时期的野蛮人，只能有着特点完全相反的制度。因此，要想使事实符合假设，就必须抓住它并使它变形。人们假设了一些如“杂居”或“群婚”等所谓的古代阶段。……随着人种学新材料的不断丰富，这一立场越来越难以维持。这些材料表明，一夫一妻制，年轻夫妻独立居住，父母与子女的亲情关系，这些当代社会家庭的特点，在那些我们认为文化水平仍停留在或回到早期阶段的社会里也明显存

在。……不应对一夫一妻制婚姻的主导地位感到奇怪。不是人类本性使然。如果说一夫一妻制是最常见的形式，那很简单，就是因为在正常情况下，如果没有有意无意造成的差别，所有的人群都大致可以做到一个男人有一个女人……所以是在做不得不做的事情。(1956，43，44，50)

列维–斯特劳斯的贡献是指出人种学近年不断丰富的新材料与群婚的悖逆。他也只有这点贡献，其他论证颇多谬误。认为两性成员数量相当便会走向一夫一妻制是站不住脚的，大猩猩的性垄断和黑猩猩的群婚都非源自两性数量差异，“无意造成差别”更与生物界的规律绝缘。未能借鉴当代生物学思想，局限了他的思考。

泰勒在为韦斯特马克的《人类婚姻史》(1891)撰写的书评中说，这本书的显著特点是：

致力于将人类学的生物学方面和文化方面结合为一个完整的体系。……对于这种成效卓著的探讨，其价值是无可怀疑的；当人们朝着这个方向去探索时，它将得到进一步发展。(转引自韦斯特马克，1922，30)

《人类婚姻史》反映出，韦斯特马克大量地吸收生物学思想，并保持着自己独立批判的精神。该书中有专门章节讨论达尔文“性选择”理论。与此同时，他也赢得了华莱士的赞誉，并为这本书的初版写序。遗憾的是，自韦斯特马克之后很长时期中，绝少人类学家学习生物学。很可能是一个偶然的原因发生了作用。生物学思想在性特征和婚配方式上最具解释力的，是达尔文的性选择理论。这理论貌似违背其最初提出的自然选择理论，实则是自然选择理论的补充和发展。但自然选择理论的共同提出者华莱士拒斥性选择理论，与达尔文展开了激烈的争论。年轻且长寿的华莱士晚于达尔文31年离世。对手的这一优势导致达尔文的性选择理论在其过世后落入边缘，被主流学术界遗忘，迟至20世纪末叶才复苏。性选择理论的复活，与同期蓬勃发展的灵长类动物研究，为透视人类婚姻注入了新的活力。

三、灵长目的体征与婚配方式

仅仅现当代人类学的成果，对群婚论构不成致命的打击。因为穿越了极其漫长的时间隧道，焉知那些存活至今的原始部落，在人类主流文明的直接、间接影响下，其婚配方式不发生微妙的变化。

颠覆性的证据来自灵长目。

哺乳类动物共有四千多种。其中婚配方式为一夫一妻制的大约120种，只占很小的比例：3%。灵长目动物中以一夫一妻制为婚配方式的则占18%。灵长目的分类物种统计有些怪诞，从20世纪90年代的180余种，增至2008年的670种。这当然不是物种增加所致。原因之一是，基因学的进展，帮助研究者们看到了外表相似背后的生理差异。原因之二是，物种划分越细，每种的数量就越少，为了增强公民的保护意识，有些学者倾向于物种多、成员少的种类划分。（张鹏，2012，167，50）18%因此是一个具有很大的统计学意义的比重。在人类与这些一夫一妻制的灵长目动物在演化的路途上分手之前，一夫一妻制就已经存在于灵长目动物中的可能性是极大的。这似乎证实了韦斯特马克所言，家庭是从“高级灵长类原种那里继承下来的遗产”。但是在人科的人类、黑猩猩、倭黑猩猩，和猩猩科中的猩猩、大猩猩中［古德曼（Morris Goodman）2002年提出将黑猩猩、倭黑猩划入人科。参见瓦尔，2005，10］，只有人类是一夫一妻制。这又难以同“高级”灵长类原种之遗产的论断丝丝入扣。与我们基因最接近的同享一夫一妻制的灵长目动物是长臂猿。

灵长目研究对我们更大的启发是，身体特征与三种婚配方式——群婚制、一夫多妻制、一夫一妻制——之间的关系。所谓身体特征对后者的影响，目前主要看到的是二态性和睾丸重量在体重中的比例。

所谓二态性，就是两性在性器官之外的身体差异。比如个头、毛色、副性征等等。有些物种的二态性很大，有些则很接近。学者们发现，一般而言灵长目动物中，二态性大的物种多采取群婚制，如黑猩猩；二态性最小的长臂猿，是典型的一夫一妻制。人类的二态性不大，也非最小，而是在灵长目动物连续谱中偏于小的一端。人类的婚配方式刚好是以一夫一妻制为主，以多偶为辅，上述是统计学意义上的相关性。道理上的猜想是，二态性是性选择的结果。无论雄性是靠身材高大吸引到更多的雌性，还是赖驱赶同性竞争者占有了更多的雌性，其结果都是身材高大者拥有更多的交配权，乃至拥有更多的子女。儿子继承父亲的基因也身体高大，如此经一代代的交配权竞争对物种品性的影响，雄性越来越高大，遂有了突出的二态性。这是个二者互动的过程：这一博弈会导致雄性日趋身材高大的演化，另一方面，也只有身材高大才能在博弈中胜出。反观采取了一夫一妻制的动物，既然雄性无论身材高大还是瘦小，都拥有一个雌性伙伴，该物种也就不会发生雄性瘦小者无交配权、无后代，乃至身材高大是雄性成员的演化方向。人类的二态性小，说明人类在漫长的原始时代没有经受过性垄断式的婚配方式的严酷筛选。“南方古猿（生存于440万—150万年前的非洲——笔者注）的化石支持这一点，因为雄性南方古猿与雌性在体格上差异很小，暗示着一个一夫一妻制社会的存在。”（瓦尔，2005，74）既然二态性是特定婚配方式的漫长选择过程的结果，那么人类骨骼化石在不同阶段的完整的链条，可望为我们透视人类婚配方式的演变提供坐标。但完整环节的获得恐难以完成，因为人类起源于非洲，而非洲多雨潮湿的气候，不适宜骨骼化石的存留。

第二个身体指标是睾丸与体重的比例。黑猩猩的睾丸重量占体重的0.27%，倭黑猩猩的比重更大；大猩猩的睾丸占体重0.02%；人类居中，其睾丸占体重的0.08%。而在婚配方式上，黑猩猩和倭黑猩猩是群婚，大猩猩是一夫多妻制，人类以一夫一妻制为主体。其中道理何在？一夫一妻制制约了性资源不均等。群婚和一夫多妻制中都开展着雄性对性资源的争夺。而此一军备竞赛中的武器是不同的。如上所述，多偶制的竞争中倚重身体和专横，他们的睾丸反倒很小。“这很合理，因为没有其他雄性敢于靠近统领的妻妾。因为它是唯一一个去授精的，少量精子就足够用了。”（瓦尔，2005，74）群婚的竞争不同。发情期每个雄性都未被排斥，都疯狂地与雌性交配。谁的性器官更发达，谁就可能维持更频繁的交配，注射更丰沛的精子，最终拥有更多的后代。在群婚的演化中，性器官发达者胜出，故经一代代的博弈，该物种雄性成员的性器官格外发达。人类没有黑猩猩和倭黑猩猩那样巨大的睾丸，暗示着人类未经历过群婚的筛选。

四、走向一夫一妻制的原因

进化论是迄今为止最具解释力的理论。进化论的核心思想是适应与自然选择。适应性好，指的是个体生存和繁衍能力好，说到根本还是后者。唯其后代多，父母的品性才能被继承，于是有助于繁衍的品性将成为该物种的特征。而高级、进步观、线性进化，已被威廉斯和古尔德证明与“适应”不符，不是达尔文的思想。（威廉斯，1962；古尔德，1996）若接受上述，便不会为这一U字形现象困惑：一夫一妻制是鸟类，却非哺乳类的主流婚配方式，至哺乳类的一个分支灵长目中又有回升。反激进主义的政治家说，能抓耗子才是好猫；与之对偶的进化论思想便是：仔多方为好动物。而获取多仔的策略，取决于特定的身体结构恰当地与某种婚配方式结合。文明世界中的意识形态和道德教条在生物法则前是没有存身之地的。在偶然的变异中，一些新生的、微妙的体征会出现，若其有助于存活和繁衍，便会在物种中流行，并有可能渐次改变婚配方式。

“祖克曼（Solly Zuckerman）宣称，所有灵长类动物的唯一共性就是月经周期”，哈拉威引用此言后说：“只有以此为基础，我们才能对人类和非人类的生活方式进行有效的比较。”（1991，29）笔者认为，与其说是“生活方式”，毋宁说是“婚配方式”。而后者可以深刻地影响前者则是不待言的。

多数哺乳类动物有发情期，每年一两次，它们的交配活动都在发情期实现。灵长目动物与同属于哺乳纲中的多数动物不同，在于排卵期不是每年一两个时段，而是大约每月一次，即所谓月经。而灵长目动物中又有差异，就是有些排卵期有征兆，有些无征兆。有征兆者的屁股变得鲜红，维持10天、半月不等；雄性见此性欲大发。此期过后，基本无交配活动，不排卵干它作甚。瑞典生物学家西伦–图尔伯格（Birgitta Sillen-tullberg）和默勒（Anders Moller）正是从灵长目动物月经征兆的差异中，透视其与婚配方式的关联。

西伦–图尔伯格首先“悉数列出所有（共68种）高等灵长类动物”（戴蒙德，1997，55）的排卵期征兆情况和它们的婚配方式。从措辞看，笔者认为，这68种囊括了他们能找到的全部灵长目动物。种数较低的首要原因可能是日后分类更细，第二原因是日后又发现了一些灵长目物种。如此看，即便这68种不是全部灵长目动物，也颇具代表性，并很可能包括了其中的多数种类。在这68种中，排卵期无征兆的32种，包括人类、猩猩、黑长尾猴；轻微征兆的有18种，包括大猩猩；明显征兆的有18种，包括黑猩猩。婚配方式的分布是：一夫一妻制11种，包括人类的多数和长臂猿；多偶制23种，包括大猩猩；乱交的34种，包括黑猩猩。接下来他们分析排卵期有无征兆同婚配方式的相关性。发现两个单向度的相关：一夫一妻制的灵长目动物共11种，其中10种排卵期无征兆；排卵期有明显征兆的共18种，其中14种采取乱交的方式。以上相关只是单向度的，因为无征兆的灵长目动物共32种，多数不是一夫一妻制；乱交的共34种，内中无征兆和轻微征兆的共20种，多于14种有明显征兆的。这两个单向度的相关似乎说明：乱交的灵长目动物中容纳了三种月经特征，但有征兆的几乎都是乱交；无征兆未必走上一夫一妻制，但走上一夫一妻制几乎非无征兆莫属。（戴蒙德，1997：55—56）参阅笔者根据上书提供的并不完备的数字制作的表格：

表 1–1

<table>
<tr><th></th><th>无征兆</th><th>轻微征兆</th><th>有征兆</th></tr>
<tr><td>68 种灵长目动物</td><td>32</td><td>18</td><td>18</td></tr>
<tr><td>其中：11 种一夫一妻制</td><td>10</td><td></td><td></td></tr>
<tr><td>其中：23 种多偶制</td><td></td><td></td><td></td></tr>
<tr><td>其中：34 种乱交</td><td colspan="2">20</td><td>14</td></tr>
</table>

他们接下来做的是进化树的分析。笔者不清楚他们的根据是什么，他们认为猴和猿类的共同祖先是乱交的，且排卵期有轻微征兆。这是人类的远期祖先。人类和黑猩猩、大猩猩享有98%的相同基因，我们在 900 万年前有着的共同祖先，那是还找不到化石的“失落的一环”。他们还告诉我们，三者的祖先采取多偶制，排卵期也有轻微征兆。从三者的共同祖先演化出特征和行为各异的三种动物：有轻微征兆和多偶制婚配的大猩猩，有明显征兆和乱交的黑猩猩，排卵期无征兆和以一夫一妻制为主体的人类。就是说，大猩猩继承了三者共同祖先的行状，黑猩猩和人类发生了变异。狒狒和黑猩猩进化的树杈在 3000 万年前就分离了，它们是从不同的路径背离“轻微征兆”的远祖走向“明显征兆”的。走向无征兆的 32 种动物也是循着不同路径。就交配方式而言，黑猩猩的进化轨迹是：从远祖的乱交，到近祖的多偶制，到自身的乱交。概言之，在排卵期征兆和婚配方式两个项目上，今日存活的各种灵长目动物的进化轨迹是不同的，可能是A—B—C，可能是A—B—A，也可能是A—B—B，还有其他。

生存于 400 万年前的南方古猿的化石所呈现出的较小的二态性证明，此时人类的婚配方式已经是一夫一妻制。就是说，从 900 万年前至 400 万年前是人类从多偶制向一夫一妻制的过渡期。人类早期的婚配方式是多偶制，以后是一夫一妻制，没有过乱交或曰群婚的经历。

要讨论一夫一妻制的由来，首先要说的是，这绝非必然，只是在演化的多个轨迹中有这样一条路径。

从哺乳类动物的发情期演化到灵长目的月经，无疑是一大变更：从短期的、集中的性关系变为分散到全年各月份中的性关系。以后上演的新曲目，虽仍有很大的偶然性，均离不开这一新平台。在灵长目走向一夫一妻制的历程中，继续发生的演化分为两步：其一，从有征兆到无征兆。什么因素导致了这一变化？西伦-图尔伯格和默勒在其分析中接受了赫尔迪（Sarah Hrdy）的“多父理论”。这理论认为，当雌性排卵期有征兆时，未同它发生过性关系的雄性在取代了曾垄断雌性的首领时，容易杀戮它的幼崽。夭折的大猩猩幼崽中至少有三成是因此被杀戮。这种残酷性情在适应性上有优势，即终止了雌性哺乳后，会刺激它较快恢复排卵、为新配偶怀孕。而雌性的无征兆，令其主要配偶难以防范它与其他雄性的私通；且与其私通过的雄性日后不会杀戮其幼崽，因为那幼崽可能是它的儿子，一日夫妻百日恩的情感让它下意识地放弃暴力。以上是第一步，即无征兆的由来。（戴蒙德，1997，52）如果说月经将雌性的性接纳能力分散到全年，无征兆将之扩展为恒久的性接纳能力，无时不可进行。这一生存策略是有代价的。首先是对雌性，显而易见的发情期可以吸引更多雄性的更多激情，从而增加受孕的机会。（肇嘉，2000，55）相比之下，无征兆是消极和低效的。这代价同时也是对雄性和整个物种，因为无征兆下的多数交配根本不可能怀孕，浪费精子，浪费雌雄双方的精力和时间。（同上书，46—47）概言之，盲目交配多了，怀孕机会反而少了，但幼崽可免遭杀戮。自然选择青睐无征兆的品性，是因为收益大于支出。

无征兆的收获不限于此，它还开启了另一种可能性。无征兆不是必然走向一夫一妻制，但却只有具备了这一品性才可能走向一夫一妻制。这便是迈向一夫一妻制的第二步。解释其中原因的是亚历山大（Richard Alexander）的“居家父亲”的理论。（同上书，51）这很好理解，无征兆导致雌性随时可以交配并受孕，于是雄性要不断和一雌性交配，并防止它被其他雄性染指，即无征兆更容易拴住一个雄性。一雄一雌长久厮守，一夫一妻家庭呼之欲出。

但是32种无征兆的灵长目动物中，为什么只有11种走上一夫一妻制？它们曾经都是有征兆且乱交或多偶的，虽变为无征兆，若未遇契机或压力，滞留在老的婚配方式中的可能是极大的，惯性的力量不可小视。笔者以为，狩猎很可能是人类迈向一夫一妻制的契机。狩猎依赖两个条件：其一，合作，那不是消极地听令，而是积极的、富有主动性和进取心的协作。其二，武器。武器助人类转守为攻，使狩猎成为常规生存方式，而武器的作用向外也向内，向外打败野兽，向内则弭平了成员间体能的差异。在人类的文明史中，武器是最奇妙的力量。在人类成员的力量对比上，武器的作用不是直线的矢量，而是此一时也彼一时也的曲线，即在某个时段它可以弭平双方力量的差异，下个时段会加剧力量的差异，下下个时段再次削弱差异。在大猩猩、黑猩猩乃至野牛的世界中，膂力决定了地位的悬殊和性资源分配的极度不平等。同理，一个赤手空拳的弱者，即便突然袭击，也无力打败泰森——这是动物身体的逻辑，人类不能自外于这一铁律。与之相反，如若都持有武器，一个弱者也可以给泰森极大的威慑，故武器的初始发明，削弱了人类成员攻击力的差距。武器的第二阶段反其道行之，枪炮的发明大大地拉开了其拥有国与冷兵器民族的差距。武器的第三阶段竟又回归：不管常规武器上的差距如何，一旦有了核武，大家在威慑力上几乎又站在同一平台了，故昔日的中国、今天的朝鲜、伊朗对此不遗余力。大猩猩的世界中，多数雄性永远处在外围，看着首领尽享异性，它们中的大多数饱受压抑，是永远没有机会登场的预备役队员。明白了此点，对同性性行为为什么没有被自然选择淘汰的难题将豁然开朗，同性恋有帮助生存的价值：排遣抑郁，操练性交，不然幸运降临时已经不谙此道了。我们的祖先，曾经和大猩猩一样，但自拿起武器合作狩猎时，性资源的分配便将改观。更微观地分析，在狩猎、合作、武器三个因素中，笔者以为，武器是先行的。雌性为幼崽免遭杀戮，进化出的无征兆，瓦解了此前的性垄断：首领看管不住全天候可行交配的成群妻妾，其他雄性增加了偷情的机会。而武器发挥了决定性作用，它力挺膂力弱于首领的男性们去分一杯羹。均摊性资源绝非首领的意愿，动力在多数弱男，一夫一妻是首领与多数弱男间的妥协。弱男们有了性权利和它所连带地位、心理上的变化后，才会有积极的、富于进取心的合作。狩猎依赖于武器与合作，缺一不可。武器对外导致人类与野兽攻守关系中的转化，对内催化了一夫一妻制，进而促进了高质量的合作。武器与成员的协作合二而一，才有了人类伟大的狩猎时代。这一妥协，即一夫一妻制符合女性的愿望。从无征兆中，她们获得的是幼崽不被杀戮；而从摆脱小妾地位转而与单一男人的结合中，她们获得的是幼崽有其生父帮助养育。一言以蔽之，这是第一波民权运动的产物，从此一夫一妻制落脚人类社会。

三种婚制都有久远的历史，分别与多个物种结缘。比较利弊，则互见短长。多偶制与乱交在性选择上更有效，其雄性后代将更强悍。一夫一妻制在这方面逊色一筹，但它削弱了性资源上的激烈冲突，给了成员们更多的平等，在人类这里得以开启以合作为基础的狩猎，实现了一种新的适应。而后人类在文明上的脱颖而出，很可能是因为性资源竞争上节省出的精力所致。

五、置身族群中的一夫一妻家庭

鸟类的 91% 是一夫一妻制，灵长目是 18%，何以哺乳类只有 3%？原因不一而足。而其中一个原因是一夫一妻制不利于一些物种有效地逃避或抵抗天敌的捕食。有学者认为，曾经有很多哺乳类动物是一夫一妻，陆续被扑食者灭绝，只有少数存活在天敌压力较小的地区，比如沙漠、干燥林地。一夫一妻制的生存方式中先天地含有脆弱的一面。小家庭中只有一个成年雄性，故在抵抗天敌时，雌性常常也要上阵，因此雌性的死亡率高于其他婚配方式的动物。（张鹏，2012，167）而配偶中只要死掉一个，这一繁殖单位便告终结。灵长目中一夫一妻制的比例高过哺乳类，很可能是树栖生存方式的安全性所致。

抵抗天敌还有另一个策略，就是结成群体。但大有大的难处。群的策略很可能在食与性，生存中最重要的两个方面，遭遇困难。摩尔根认为，人类最早的生存单位是群，群中流行乱交。韦斯特马克说："由于生活所需食物的品种和数量有限，因而妨碍它们过群居生活。"（韦斯特马克，1922，55）这判定试图坐收一箭双雕之利：群之不存，乱交何来。但是如果在天敌的压力下，成员们真的选择了结成群体的策略呢？韦氏的草率以及执着于已见带来的封闭，蒙蔽了自己的眼睛，看不到人类的群与一夫一妻制，即群体与小家，在彼此兼容上的真实的难题。相比之下，同时代的法国社会学家埃斯潘纳斯（Alfred-Victor Espinas，1844—1922）在看待家与群之关系上高出一筹：

> 群是我们在动物中所能看到的最高的社会集团。它看来是由家庭构成的，但是家庭和群一开始就处在对抗之中，它们是以反比例发展的。……在家庭紧密结合的地方，群只是一种稀有的例外。反之，在自由的性交关系或多偶制盛行的地方，差不多是自然地组成了群…… 为了使群能够组成，家庭的纽结须要放松，个体须要重新自由。因此，我们在鸟类中才极少见得有组织的群…… 反之，我们在哺乳动物中所以能发现在某种程度上有组织的社会，正因为个体在这里没有被家庭所吞没…… 所以，群的集体感在其发生时的大敌，莫过于家庭的集体感。我们可以毫不迟疑地说：如果说已经发展起来了一种比家庭更高级的社会形式，那末这只是由于它把起了根本变化的家庭溶化在自身之中才能发生；并且可能正是由于这一点，这些家庭才有可能以后在无限优越的环境中重新组织起来。（转引自恩格斯，1891，28，29）

鉴于那个时代灵长目的研究还未展开，我们惊异他提出了“在自由的性交关系或多偶制盛行的地方，差不多是自然地组成了群”，这不就是黑猩猩与大猩猩的情形吗？更难能的是，敏感地意识到家与群的冲突，却既不像摩尔根否认家，也不似韦斯特马克否认群，而是审慎地判定：“一种稀有的例外”。作为生存策略，小家庭（一夫一妻制）与群体互见短长。小家庭的优势是避免了对异性的竞争，劣势是难以对抗天敌。群体的优势是能够对抗天敌，劣势是产生了内部的敌人，即所谓情敌，提升了婚配上的竞争。在灵长目动物中，人类是唯一将一夫一妻制与群体结合在一起的物种，因而内部的性问题上的冲突成为人类恒久面对的超级难题。

灵长目动物中与人类分享一夫一妻制的是：大狐猴、狨猴、卷尾猴、伶猴、夜猴、跗猴、长尾猴、叶猴的部分、长臂猿。10 种动物竟分属 9 科，即散落在灵长目的进化之树上。其大多数与人类的共同祖先要追溯到 3000 万年前。它们都是树栖动物，特别重要的是它们都不是群体动物，它们的家游离于同类之外。它们的生活大多封闭在一夫一妻的家庭中，鲜与外部的同类往来。比如，同属一科的“一夫一妻的德氏长尾猴和门岛叶猴的社会活动比多夫多妻日本猕猴的要单调得多。”（张鹏，2012，167）长臂猿的生活同样单调。它们演化至一夫一妻制有着与人类完全不同的进路。有学者说，有些物种为数不多的成员分散到各处，一夫一妻制是克服择偶困难的选择。如是，就既没有人类这一曲折、环环相扣的演化过程，也没有因“一夫一妻的家庭”包裹在群体中而面临的前所未有的挑战。

在当代的语境中，我们肯定不能说丁克家庭不是家庭，同性恋群体亦在争取组成法律意义上的家庭的权利。但本文这里的“家”取狭义的生物学概念，即稳定的繁衍单位。常见的家是一夫一妻制和稳定的一夫多妻制，乱交的关系不构成家。

生物学研究者将家与群的组合称为“重层社会”，即两层或两层以上的社会，比如埃及狒狒的社会，第一层是由个体组成的家，第二层是由家组成的族（族内的主雄都有血缘关系），第三层是由族组成的群。在非人类的灵长目社会中，仅发现狒狒、狮尾狒、金丝猴形成了重层社会，而它们都不是一夫一妻制。走上重层社会的道路，毫无疑问有生存压力的原因。埃及狒狒的例证最为生动。“埃及狒狒的原型社会可能是类似于其他狒狒的母系多夫多妻型社会。随后它们向半干旱的草原环境转移，由于食物资源的匮乏和稀疏，多夫多妻的大群必须分解成取食效率更高的一夫多妻的单元。从单元脱离的年轻雄性们像卫星一样守在单元周围，增加了单元的战斗力。……在与狮子和豺狗的对抗中，埃及狒狒强化了雄性的攻击性和血缘雄性联盟。”（张鹏，2012，184）埃及狒狒的群体规模，常常从十几个到一百多个，最多的能有 300 只。“在穿越开阔地带时，狒狒通常以具有高度秩序的大型编队行进，雌性和年幼的狒狒被最强壮的、也是地位高的雄性包围着，被排在队伍的中央。”（奥菲克，2001，125）秩序严整的群的力量，帮助狒狒在稀疏草原存活。“在严格的群体行为的意义上，人类也许与狒狒的社会更为相似。”因为“有一种独一无二的进化经历仅仅在人类与狒狒之间共有，而与大型灵长目中的其他科属动物无关”（奥菲克，2001，118，119），那就是暴露在天敌面前的非洲稀树草原。在那个时空中，群几乎是它们唯一的选择。

所不同的是，人类构建了一个生物的世界中前所未有的社会结构：由一夫一妻的家合成的群。如此选择可望赢得空前巨大的收益：性资源平权后成员间可以产生积极和深入的合作；而群体生活中复杂多样的种内博弈，促进着物种智商的自然选择，并将每个个体的经验传播和积累成文化。但这一社会结构是双刃剑，其剑锋的另一面挑战着一夫一妻家庭的牢固。

选择了一夫一妻制的几个灵长目物种理当成为人类的参照。它们大多因避开了同类，而使一夫一妻制免于风险。但即使如此，离轨的案例仍有发生。国外的观察者发现，呈现出最小二态性的、堪称一夫一妻制典型体质的白掌长臂猿也有外遇（奥菲克，2001，114）。周江在其博士论文中写道："Liu等（1989）在坝王岭也观察到两个成年雌性出现在同一个家庭中，但他们认为这可能是由于生境质量偏低，亚成年雌性不能在家庭之外找到合适的栖息地。"（周江，2008，6）周江的观察对象是两组海南黑冠长臂猿家庭。A组由一只成年雄性、两只成年雌性和两只幼年组成。B组由一只成年雄性、两只成年雌性和一只幼年长臂猿组成。周江文中说："Wu等认为一夫多妻这种家庭结构是海南黑冠长臂猿的正常的模式。但是我们认为海南黑冠长臂猿之所以会采用这种家庭结构是由于其所生存的栖息地不断缩小……是他们在不断适应生态压力下进行选择的结果。"（同上文，122）蒋学龙等学者在论文中引用Edward和Todd在《白掌长臂猿的同性性行为》（1991）文章的观点：雄性间（父与子）的同性性行为可能是雄性为缓和性冲动而采取的行为方式。蒋学龙等接下来说："可见雄性的性行为一直处于活跃状态，因此雄性在此期间完全可与其他雌性交配而趋向一夫多妻制。"长臂猿雄性的多偶倾向和人类对它们生态的破坏及对其捕杀，是此种群走向一夫多妻的原因。（蒋学龙、马世来、王应祥，1994）如果黑冠长臂猿真如Liu和周江所言，原本是一夫一妻制，则迫使我们重新认识性本能的稳定性。

与长臂猿等灵长目动物不同，人类偏偏将家置于群体之中。家庭内外的所有女性都对成家与未成家的男子构成极大的诱惑。以包含二态性之肉身居于群体中，人类的一夫一妻制怎么可能是纯粹、牢固而稳定的。故历史上权势者的多妻，现当代越来越多的离婚，构成人类一夫一妻制的补充物和安全阀。而原初时代迫在眉睫的另一个问题就是我们下面要讨论的内婚与外婚。

六、外婚制解释之一：抢婚

“外婚制一词是由麦克伦南首创的。”（韦斯特马克，1922，611）按照麦克伦南的说法：“各个部落是彼此分离的。每一部落的一切成员都属于同一血统，或佯装作是属于同一血统。在部落的成员间禁止婚配。……部落划分成小区分。属于同一血统的个人间不能婚配。每一小区分间和某些其他小区分间，可以婚配。某些小区分间不能婚配。”（转引自摩尔根，1877，896）

其实上述的核心意思是：“属于同一血统的个人间不能婚配。”但麦克伦南一会儿“部落的成员禁止婚配”，一会儿又“部落分成小区，和某些其他小区分间，可以婚配。”他在1876年问世的上述著作中批判了摩尔根的“类分式亲属制的起源”，加之他界定部落的概念略显粗糙，摩尔根在第一时间读到此书，当即迎头痛击：“氏族和部落，或是氏族与部落所代表的集团，作为在社会组织中一有机系列的单位上，未曾相互加以区分，致使所谓‘外婚制’或‘内婚制’，不能知道其是指那一种集团而言的，这即是《原始婚姻》一书的根本困难之所在。……在《原始婚姻》里面使用的主要名词（即‘外婚制’和‘内婚制’——笔者注）和理论在民族学上没有价值。……现在我们最好的办法，就是把这两个名词放在一边不提。”（摩尔根，1877，894，893，907）。其实摩尔根有价值的挑剔只是：“如果他用部落作为是一种家族团体的集合体，它是由氏族组合而成的一个部落，那么，就不能说是部落的‘外婚制’了。……

氏族是‘外婚的’，部落在本质上则是‘内婚的’。”（摩尔根，1877，899）以后这一细致的区分被涂尔干（1898，30）和列维–斯特劳斯（1956，60）重述。他们所说不错。麦克伦南对外婚制的界定或许稍欠周延，但提出这对关键词的贡献是无法抹杀的。也正是“外婚制”概念的问世，推动了围绕这一话题的旷日持久的争论。

从内婚制走向外婚制的原因是什么？“抢婚”是最初的解答，三位代表人各具视角。麦克伦南认为原始人流行的杀戮女婴导致日后女性不足，只好到外面去抢。卢伯克认为，外婚制前群体内实行的是“共有婚”，即所有的女人是所有男人的妻子，从外部抢女人开启了“个体婚姻”，个体婚取代共有婚符合需求。斯宾塞认为，从外部抢到妇女为妻，可以满足虚荣。抢婚及这三种解释遭到韦斯特马克和涂尔干的批驳。韦斯特马克说，麦克伦南夸大了溺杀女婴和抢夺婚的流行程度，且若各处都因溺杀而女性减少，到哪里去抢呢？抢到的女人恐怕只能成为团体的公共财产；抢妻有面子，但同时又娶到族内的女人不是更有面子吗？（韦斯特马克，1922，611—616）涂尔干认为，原始时代男性的死亡率高，婴儿时的两性数量差异成年时会找平；无法证实团体内有“共有婚”，外部抢妻就能获得所有权太离奇；证明勇气的方式甚多，中世纪的骑士常凭战功去求婚，却不抢婚。（涂尔干，28—29）

上述批驳有道理，认为抢婚是外婚制产生的原因，简单和幼稚了一些。但笔者以为，不是外婚“制度”产生的原因，未必就不是外婚“现象”产生的原因，甚至很可能，抢婚是最初的外婚的组成部分。其实大可不必给抢女人做那么多解释。本地不缺女人，没想炫耀，历史上都同样会发生抢夺妇女。一方面，有此现象，远不意味着能形成一种制度。但另一方面，背负恶名的抢夺在文明史上其实发挥着一种重要的功能。宏观而论，虽然可以说基因交换的方式很多，但战争带来了基因的大交换，它是在漫长的远古时代人类没有被分裂成若干亚种的重要原因。微观而言，它可以给下面将要讨论的、走入困境的“体质论”一线出路，没有最初发生的外婚现象，人们因何产生对比，认为外婚的子女更健康呢？

七、外婚制解释之二：体质

摩尔根对待论敌的矫情在于，他明明已经看到这一现象并做出了自己的解释，却拒不承认概括此一现象之关键词的价值。当然这无碍于后人面对和评价他的解释。摩尔根对外婚制起源的解释如下：

> 这种新习惯的影响，它把没有血缘关系的人们带入婚姻关系之内，必定给予了社会以一种异常的冲动。这种习惯倾向于创造出一种在心身上比较健强活跃的种族。在各不同种族的结合增益中所获得的利益，曾在人类的发展上给予了强大的影响。当两个具有健强心身特征的向前进展的部落，由于开化状态生活中的偶然事件，使其合拢来而混合成为一个民族时，其新生的头骨与脑髓将增阔及增长而达到两者能量的总和。像这样的一个种族，将是两个部落上的一种改良，其优越性将在其智能及数目的增加上把它自身表现出来。……这在野蛮人中不是一朝一夕所能做到的。我们可以假设，这种改变发端于几个孤立的场

> 所，其利益逐渐被认识，它在漫长的时期中不过作为一种实验而保留下来；起初部分地为人们所采用，既而渐成为普遍，最后遂通行于进步的诸部落间，当时尚未脱离野蛮状态，这种婚姻改革运动也就是在其中开始的。**这种改革提供了自然淘汰原则作用的一良好例证**。（摩尔根，1877，800，730）

七年以后，恩格斯在其《家庭、私有制和国家的起源》中说：

> 按照摩尔根的看法，这一进步可以作为“**自然选择原则是在怎样发生作用的最好例证**”（两句加粗字体的话语是同一句话的不同中译——作者注）。不容置疑，凡血亲婚配因这一进步而受到限制的部落，其发展一定要比那些依然把兄弟姊妹之间的婚姻当作惯例和义务的部落更加迅速，更加安全。（恩格斯，1884，33）

因为马克思主义在中国的地位和恩格斯的上述论断，多数中国人一直接受这一观点，即认为体质的进化与退化是人类走向外婚制，放弃内婚制的原因。

恩格斯接受达尔文的自然选择学说在情理中。达尔文的《物种起源》在伦敦出版不到一个月，恩格斯在致马克思的信（1859年12月13日）中说，他正在阅读《物种起源》，并认为它“写得简直好极了，目的论过去有一个方面还没有被驳倒，而现在被驳倒了。此外，至今还从来没有过这样大规模的证明自然界的历史发展的尝试，而且还做得这样成功。”1860年12月19日马克思在给恩格斯的信中说：“它为我们的观点提供了自然史的基础。”1873年马克思在送给达尔文的《资本论》第二版第一卷上题有“赠给查尔斯·达尔文先生，您真诚的敬慕者卡尔·马克思”。1883年恩格斯在马克思的悼词中说：“正像达尔文发现有机界的发展规律一样，马克思发现了人类历史的发展规律。”

自这一争论开始至今，近亲交配会导致人种退化的研究与讨论一直在持续。达尔文调查比较了血缘婚姻和非血缘婚姻的后代中不健全者的比例。他说：“人们坚信血缘婚姻的后代易患各种疾病，这种看法还是有根据的”。又说，表亲通婚的后代体质稍差一些，但未看到表亲通婚会导致不育、聋哑、疯癫或痴呆的证据。（引自韦斯特马克，1922，665，666）近亲通婚的案例较少，令研究者盯上了古埃及托勒密王室。休斯认为，这并未影响他们的生育和寿命。而高尔顿在题为《乌伊法尔维》（Uifalvy）的论文中论证了近亲通婚导致王室成员体质退化、心智有缺陷、生育率下降。一般认为，犹太人和撒马利亚人是近亲通婚比率较高的民族。涂尔干却说：“犹太人无可争辩地具有各式各样的精神衰弱倾向，这在部分上可能是由于他们近亲结婚的概率过高造成的；然而，结果却是，他们具有高度发达的心性，这使得他们几个世纪以来始终能够抵抗住来自社会原因的破坏。”（涂尔干，1898，33）《圣经新约》中提到的、历史上饱受迫害的撒马利亚人是“世上已知最讲究族内通婚的人”。这习惯已经维持了两千年。亲自走进撒马利亚人家园的奥尔森说：“假如同一族群之内的通婚比率偏高意味着比较高的健康风险，那撒马利亚人就很惨了，但情形却非如此。我在基利心山上消磨了一个下午，撒马利亚人给我的印象是他们是快乐、自豪而且慷慨的人。……撒马利亚人的确有些遗传问题，有些撒马利亚人天生是聋子，有部分人行动不便，被迫要扶着拐杖走路。”另一个或许更重要的事实是，“19世纪末期，撒马利亚人的总数只剩下150人左右。到了20世纪，撒马利亚人开始恢复元气，到现在人口已经增至600人。”（奥尔森，2002，107）涂尔干不相信后代模糊不清的身体问题会被原始人高度重视：“老头和少女间的婚姻、肺结核病人之间的婚姻、被证实有神经病的人之间的婚姻以及佝偻病人之间婚姻，等等，本来也都是有危险的，但是它们却得到了普遍的容忍。”（涂尔干，1898，34）

近亲通婚是否将导致人种退化，绝非无关紧要。但在本文当下的议题中，更重要的不是人种退化，而是原始时代的人类可否明确无误地识别发生了人种退化。从达尔文的谨慎措辞，休斯与高尔顿的争论，涂尔干的不以为然，再到奥尔森对近亲通婚了两千年的撒马利亚人的描述，笔者得到的唯一确定的判断是：一个19、20世纪的研究者尚且发生争议，对其后果仍难定论的事情，原始人断乎没有能力去判定。

从人类学家获取的原始部落的信息，亦可推断他们的认识能力。印度群岛的人相信，乱伦会导致地里不长庄稼。棉兰老岛的巴尔博人认为，不处死乱伦者，海上会起狂风，淹没陆地。科尔先生问为什么反对血缘婚姻，土著人回答：“我们部落在这种事上一直是像现在这样做的。”（韦斯特马克，1992，582，627）这似乎透露出，土著人不真明白乱伦在生物学上的不良后果。即便说乱伦会生出有病的孩子，也同不长庄稼的说辞相似，像是一种意识形态或对乱伦的咒语，不意味着对其后果的真正认识。

其实，原始人意识不到近亲通婚的后果，未必能够彻底击垮摩尔根和恩格斯的论断，即外婚制是自然选择的结果。因为自然选择从来就不依赖生命主体的意识。比如麋鹿不需要认识到跑得快有何意义，只是因为跑得慢的被猎豹和狮子吃掉了，跑得快的得以存活和繁衍，故跑得慢的基因得不到继承，随着自然选择一代代的筛选，快捷成了麋鹿的品性。或许更恰当的例子是动物中雌雄的结合。雄孔雀的尾巴为什么修长而绚丽，因为凭借此种吸引力它可以获得更多的交配权，这样长尾巴的基因就比短尾巴的基因获得了更多的传播。而这之中不可或缺的一个因素是，雌孔雀倾向于长尾巴的雄孔雀。“为什么倾向于它”是可以不问的，孔雀渺小的大脑也不具备理性能力，而只要雌孔雀具备了喜欢雄性的长尾巴的倾向就够了，这一自然选择就可以发生，即短尾巴的雄孔雀被淘汰，长尾巴成为雄孔雀的特征。性选择导致的雄孔雀的长尾巴和公牛的大角，一发不止，已经成为它们的负担，但最初长尾、大角和身体的强壮是成正比的。所以也可以说，雌性对长尾或大角的倾向是自然选择的结果，没有这一倾向，就找不到强壮的雄性，就不会有更多的后代。故没有这一倾向的雌性渐渐被淘汰。

摩尔根满足于一言以蔽之：“婚姻改革提供了自然选择原则发生作用的良好例证”，不做任何解释。一部《家庭、私有制和国家的起源》洋洋洒洒，在此点上竟然只是复述摩尔根上述片语。二人均讲不出类似于解释雄孔雀的尾巴那样的选择机制。甚至恩格斯在读过《人类婚姻史》后，用大量笔墨批判其一夫一妻制，却对韦氏以“本能反感”作为自然选择的机制不置一词。似乎可以理解为，他们对达尔文后来提出的性选择理论几近无知。

八、外婚制解释之三：性倾向

补足摩尔根和恩格斯用自然选择理论解释外婚制之残缺的，

是被后人称为“把达尔文进化论带进社会科学的第一人”(威尔，2001，306)的韦斯特马克。他说：

> 外婚制起源于自幼密切生活在一起的男女对彼此联姻的一种反感。……自幼密切生活在一起的男女(这一点乃是近亲之间相互关系的特征所在)，何以会出现性淡漠和性厌恶。我们可以想象，在这个问题上，正如在其他问题上一样，自然选择起了一定的作用。自然选择机制通过消除那些具有毁灭性的倾向，保存那些有利于机体的变化，从而使性本能满足物种繁衍的要求。……性本能特性……一定是因近亲结婚会产生危害而逐渐发展起来的。”(韦斯特马克，1922，640，674，675)
>
> 这一理论平等地看待相互平行而本质上又相互关联的三组事实：即各种外婚制规则，自幼一起长大的男女之间的性厌恶，以及近缘繁殖的有害后果。同时，它还发现了支配着两大有机界中类似现象的同一普遍法则：植物界的异花授粉，动物界防止近缘交配的种种机制，以及人类的外婚制。(同上书，677)

韦斯特马克的论述从植物和动物开始。他说，达尔文研究了30个大科的植物后提出：异花授粉优于自花授粉，这表现在后代的高度、重量、茁壮度、生殖力和结籽数量上。(韦斯特马克，1922，660)达尔文引用过卡普斯的话说，公狗似乎对陌生的母狗更为偏爱。(同上书，641)英国皇家育马协会的一份早期报告称：40%的纯种马不生育。(同上书，661)韦氏著作中还引述了很多动物近亲交配导致退化的例证。而新近的实验显示，那些实施兄妹交配的老鼠和果蝇的连续几代的寿命和生育率都有所下降。（科塔克，2008，453）。

认为发现了普遍法则的韦斯特马克经动植物的铺垫后转向人类。论述方式依旧是引述其他学者的论述：

> 从既不能感知又不能激起欲念的年纪即已相识并熟知的人，至死都会以一成不变的眼光彼此相识。（J.边沁语，引自韦斯特马克，1922，638）
>
> 在自幼一起长大的男女之间，视觉、听觉、触觉上的所有感官刺激都由于习以为常而变得迟钝了，转而成为一种平和的爱抚之情，失去了唤起高度兴奋、激起性欲的那种力量。（艾利斯语，引自上书，638）

虽多方引征，核心命题无疑是韦斯特马克的，因为他将那些观点提升到一个前所未有的高度：这些倾向是乱伦禁忌和外婚制的原因。可以扎实地证实笔者这一判定的是，被韦斯特马克引用过的蔼理士（即艾利斯）非但不认为韦氏掠己之美，反而批判韦氏引用后得出的论点：

> 用对乱伦的厌恶来解释这个问题（即解释乱伦禁忌和外婚制的——笔者注），实在是……过于简单了。……这是一种令人困惑的、人为编造出来的本能，就如同把不吃自家果园结的苹果也说成一种本能一样。（转引自上书，642）

如果说在认识“一起长大的男女之间失去性欲”上韦斯特马克与蔼理士小同大异，他们在另一认识上也是这样，即性变态，或曰性岐变。蔼理士说：

> 性生活的变异范围，和自然界其他方面的变异范围一

样，是很大的，唯其范围大，所以正常两字所适用的境界也就相当的广。单一格局的说法是无论如何站不住的。……歧变的名词足以表示性冲动是富有动性与活力的。（霭理士，1937，182，184）

这应该可以理解为霭理士不同意韦斯特马克将其“一起长大的男女”的观点发挥到外婚制起源的重要理由之一。而韦斯特马克恰好是利用“性变态”为自己的理论辩护：

这些事例说的毕竟都是很个别的事，而我所讲的则是一般的规律。……考虑到性本能发生的种种变态，出现一些我们所认为的乱伦事例也就不足为奇了。使我感到惊奇的，倒是这类事例相对于一般情况而言，竟是如此之少。……（有兽奸的发生）能因此而说人们对兽奸没有一种普遍的厌恶感吗？（韦斯特马克，1932，645，647）

笔者以为两人各有道理。但对于要建立一种理论的韦斯特马克来说，霭理士所说“性的动性”是个挑战。而韦斯特马克在后面果然是在打“后卫战”。他说，人类的某种理性认识（比如近亲繁殖的后代体质退化），乃至人类建立的法律，都很难消除自身固有的某种激情，比如同性恋，再比如如果人类真的喜欢近亲性行为。（同上书，624，638）而如果多数人的激情与法律对峙，法律能有效地实施吗？这说法很对，但他打的是后卫战。完成的只能是单向论证，即可以证明没有对近亲性活动的厌恶，乱伦禁忌难以实行，却没有力量论证，不要法律，单靠这种性倾向可否完成乱伦禁忌。

如果说，“性歧变”是从内因上挑战韦斯特马克理论的，那么难题在于，除了内因，还有外因。其他灵长目动物远离异性近亲，因而没有此种诱惑，人类则实实在在地生活在亲属当中。

当代灵长目的研究显示：青春期的雄性猴子或雌性猿离开出生的群体，这样父母与成熟后的子女天各一方，离家后兄弟姐妹碰面的概率也是很小的。灵长目是以这样的机制避免和减少乱伦的频率。（张鹏，2012，166；科塔克，2008，452）非人类的灵长目动物"成熟后的出走"是与"性倾向"完全不同的机制。这一差异需要我们做两点思考。其一，软性的"性倾向"能否完成硬性的"出走"的功能？其二，其他灵长目避免乱伦不靠"性倾向"，难道人类的此种"性倾向"是独立于"兄弟"物种进化而来的？

不管我们如何挑剔韦斯特马克的理论，都要承认他的伟大。他是第一个从进化"机制"上考虑外婚制起源的人，且因为达尔文性选择理论在其死后长久地打入冷宫，韦斯特马克的理论竟要很久以后才有回声。

被誉为社会生物学教父的威尔斯在其1979年发表的《论人的天性》中说：

> 在最初的种群遗传理论中就已经预测，任何能够避免乱伦行为的倾向（不论乱伦的情形多么轻微）早就在往古之时便传遍了人类的种群。族外交配的益处实在太有力了，使人不禁要想：文化的进化可能就是由它背负着向前走的。……直接的心理排斥乃是乱伦禁忌的近因，而生物学的假设中所提及的远因则是乱伦会导致遗传合适性的丧失。（威尔逊，1979，36）

谢弗1983年对以色列集居群的研究表明，在一个集聚群

中被养大的没有亲属关系的人避免相互通婚。（转引自科塔克，2008）

人类学家沃尔夫发表于1995年的文章，利用日本占领台湾期间的官方婚姻登记档案，调查了14402位台湾妇女的婚姻史，发现由童养媳关系结成的家庭，离婚率明显高于成年后相识的婚姻，证明："生命早期的联系有损于婚姻的和谐"。（威尔，2001，309）

虽然这一理论在复活，但我们看到，即便是当代生物学家，在此问题上也并无长足的进展，几乎停留在韦斯特马克的认识水平上。

九、外婚制解释之四：保护内部秩序

韦斯特马克的《人类婚姻史》修改版（1922）出版五年后，马林诺夫斯基在其《两性社会学》（1927）中，提出了外婚制起源的另一代表性理论，即乱伦禁忌与外婚制是文化的产物，是为了保护家庭的秩序。马林诺夫斯基说：

> 然游牝期供给动物的，不仅是选择机会，也将性的趣益加以范围与限制。……人类没有游牝期具有什么意义呢？……性的冲动在任何时候都可推翻一切旁的趣益；倘若任着冲动底自由，就会恒常地影响一切束缚，使之解放。性的冲动既可使人沉酣，不顾一切，就要干涉人类一切常态的事务，败坏一切社会底雏形，且在内部发生混乱，自外面招致危险。我们知道，这并不是非非之想，亚当夏娃以来，大多数的纷扰都是性的冲动作了渊源的。它是大多

数悲剧底原因。……文化布置不得不遵从某种线道，以与动物的自然赋与相平行。人类文化必有选择的要素和独占的保障，尤其必有不使性欲恒常地牵掣平日生活的保障。(1927，185—188)

乱伦与文化初基的建设不相容纳。任何型式的文明，倘若所有的风俗、道德、法律等都容许乱伦的事，则家庭就不会继续存在。那么一来，家庭一到儿童底成熟期就要破裂，社会就要完全混乱，文化传统也就没有继续的可能了。乱伦底意义，就是年齿分别的颠倒，辈数的杂乱，情操的解组，任务的剧变等等，都在家庭正是重要的教育媒介的时候，一齐出现。这种情形之下，是不会有社会底存在的。相反的文化型式，排除乱伦的文化型式，乃是与社会组织和文化存在相一致的唯一型式。……我们与弗洛伊德也不同，因为我们不能承认乱伦起自婴儿底先天行为。我们有一点与韦斯特马克也不同，因为我们不以为然憎避乱伦是自然冲动（韦氏说自婴期即同居室的人有不欲互相交配的单简趋势），但以为那是文化反应底复杂计划。(同上书，232)

人类学家屡屡发现，禁忌规则在不同社会中的实行是有差别和弹性的。比如，从生物学的角度看，表妹和堂妹在血缘关系上与自己是同等距离的，不同地带对表亲成婚的态度是截然不同的。这事实似乎有利于马林诺夫斯基，即说明社会考量重于性倾向和对生理的认识，且有时因为氏族群体的选择范围太小，一项可行的规则必须网开一面。

20年后马林诺夫斯基的嫡传弟子费孝通重弹并发展老师的论调：

> 譬如说甲乙本是父女，现在发生了性的关系，成了夫妇，甲就不能不改变他原来对乙的态度和行为……这一变，很多别人却不容易找到一个适当的身分来和他们发生社会关系了。甲的儿子就可以不知怎样应付又是他姊妹，又是他母亲的乙。这种情形我们是很难想象的，因为事实上不会发生，不会发生的原因就在人不知道怎样对付这种紊乱了的社会结构。……生活上密切合作的已有结构决不容许性的闯入，于是发生了乱伦禁律和外婚的规定。外婚的意思，并不是生物上的无关，而是向原来没有社会关系，或是本来不属于密切合作的生活团体的人中去建立两性和夫妇关系。这样新的需要可以不必破坏已有结构而得到满足了。……两性的结合固然会紊乱原有的社会关系，因为这种结合带着强烈的感情的联系，可是这种联系也是富于创造性的，它可以把本来漠不相关的，甚至是对立的、或仇恨的人改变他们原来的态度，而发生亲密的合作。我们中国的婚姻定义本来是合两家之好。历史上不乏公主下嫁和番的例子。利用性的创造性，增加了社会的团结。我们在这里也可以推想一个完全实行内婚的社会。一个小团体里的男女互相婚姻，结果必然会使这个小团体对于外界更为绝缘。（费孝通，1947，48—50）

费孝通的外婚合两家之好、打破自家封闭的认识，早于以后凭此番道理声名卓著的列维–斯特劳斯（1956）。

外婚得以实行，乃至有我国历史上“公主下嫁和番”的策略，说明男性对异域的女性是有兴趣的。那么内婚的禁止和外婚的展开，孰先孰后呢？很难讲。抢婚是外婚现象的先导，它发生在内婚禁忌之前是大有可能的。但如前所述，这种现象绝不构成制度。一定是在外婚的渠道畅通，且外婚已占不小比重的情况下，内婚禁止才是可能的、可行的。另一方面，禁止内婚与只许外婚必然是互为表里的。就现象而言，可能是外婚在先；就制度设置而言，则可能是内婚禁止在前。因为事实已不能复原，我们追求的只能是逻辑的真实。

笔者接受，人类性行为的弹性与歧变性颇大。因此怀疑，单靠“从小一起长大的男女的性冷淡”能否产生乱伦禁忌和外婚制。性冲动确有破坏家庭原有结构和秩序的巨大可能性。唯其可能性是普遍的和巨大的，内部乱伦禁忌的刻意制定，很可能是外婚制的第一动因。

但是笔者并不同意对韦斯特马克论点的拒斥。对外面的异性的喜好很可能高于内部的异性；在现实中，即便单凭此点不足以排除内部异性的诱惑，却是内部乱伦禁忌之可行的最重要支点，它使得内部的乱伦禁忌变得易行。没有一个替代，并且是更好的替代，怎么可能抑制年轻男女干柴烈火般的性欲。

综上所述，外婚制的建立靠的是人类精神中的两支力量。其一是理性力量，是人类对秩序的认识，对内婚将对群体内部关系产生致命伤害的认识，而绝不是对外婚将提升后代体质的认识。其二是情感力量，即人类的性倾向：喜欢陌生女子超过一同成长起来的女子。这样，理性与情感力量联手，造就了外婚制。

十、性倾向与法律

弗雷泽反驳韦斯特马克的理论，他说：

> 既然外婚制产生于一种自然的本能，那就没有必要再用法律刑罚去加强这一本能了；法律只是禁止人们去做那些由本能驱使人们想做的事，因此，我们不妨假设，法律所禁止的罪行，即是很多人出于自然倾向而有可能犯的罪行。（转引自韦斯特马克，1922，647）

弗雷泽的责难的逻辑是很有代表性的，相信很多人认同这种逻辑，因此分析这种思想方法是有意义的。

韦斯特马克当下的反驳是：

> 弗雷泽爵士的这种说法，虽然为弗洛依德博士所大加赞赏并加以引用，但却反映出对法律禁制起源的一种奇怪误解。……我们知道，法律是禁止兽奸的，难道弗雷泽爵士能因此而说人们对兽奸没有一种普遍的厌恶感吗？（同上）

两种观点在实质上针锋相对，即法律是与人类的性情（或曰本能）顺应，还是对立。当然，细致的讨论，则要区分那是人类性情或本能中的大数和小数，是人类行为可能性中的大概率和小概率，或许还涉及性情的弹性与刚性，即性情是否有改变的可能。我们从杀人、偷盗、同性恋三种行为去透视法律与人性的关系。

先说杀人。洛伦兹的研究表明，雄性动物在争夺异性时的打斗大多是仪式性的，获胜方并不伤害对手；越是攻击本领高强的动物，越有强大的机制抑制自己残杀同类；进而推论，嗜杀同类的现象在动物的世界中几乎不存在。（洛伦兹，1966，7章）人类在杀戮同类上超过动物，笔者以为原因在于人类繁衍太成功，在领地的争夺中缺少退路。但即使超过动物，人类中的杀人者毕竟是极少数，一个常人能够杀人的可能性毕竟极小。就是说，惩罚杀人的法律面对的是小概率。它的功能是抑制残杀吗？很难说。没有惩罚，多数人也不会杀人；有了惩罚，杀人仍偶有发生。并且法律之前以及法律取代的是被杀者的亲属的私人性报复；如果以命抵命对残杀同类有所抑制，首先是私相报复完成的。惩罚杀人的法律的直接功能是垄断暴力，反对私自复仇，抑制恶性循环。而我们这里要强调的是，惩罚杀人的法律面对的不是人类的主体性情和大概率行为。

接着说偷盗。偷盗必是小概率。首先，血缘群体中有天然的利他行为，那里偷盗少之又少。地缘关系的熟人间发生的重复性博弈，其结果是大家追求长线的效益。人类在血缘与熟人之外的陌生地域的生存是比偷盗法的产生晚了很多世代的事情。人类的性情是自远古形成的，偷盗不是人类性情的主流。故可以说，偷盗法面对的是小概率。

再说同性恋。因为多偶制（一夫多妻制）下的多数成年雄性不能染指雌性，故同性恋的倾向有适应性，即具有积极的功能，其一，操练性技巧，为着果真取代首领时来之能战；其二，抑制自己的抑郁；即那里的雄性普遍搞同性恋，它是大概率。前文说过，人类与大猩猩、黑猩猩的共同祖先的婚配方式是多偶制，雄性中流行同性恋。而考虑到与人类分手更早的长臂猿也有同性恋行为，只能认为同性恋行为在灵长目动物中源远流长。一个物种演化到一夫一妻制的时代，我们想象不出同性恋还有什么积极功能。故只能认为，人类身上的同性恋倾向是进化过程留下的顽固遗产。而人类的同性恋具有两个特征，其一，绝大部分人在少年时都能开发出同性恋倾向。诺奖获得者生物学家坎德尔说20世纪初叶的欧洲犹太中产阶级家庭常常雇用一个年轻美貌的女佣为其男孩破身，以防止他日后受到同性恋的诱惑（坎德尔，2006，18），这一习俗证明着男童性倾向的可塑性。其二，人类中的一小撮人，固化为同性恋，绝缘于异性恋；此一特征是灵长目动物中的独特现象，也是人类同性恋现象中的真正问题，而关于人类同性恋的其他诸多问题几乎都是伪问题。这一小撮人的同性恋倾向是刚性的，即便在法律的压力下，也是不可更改的，寻求医治更属胡言。且同性恋不同于伤害同类或偷盗。若说给亲属带来压力，皆为当下的世俗舆论与家人的传统观念所使然。正因为人类同性恋的此种特征，在漫长的历史中，针对同性恋的法律走过来U字形的路径——古代的流行，近现代的法律禁止，当代的解禁。虽然在当代人类中同性恋是少数人，但其中一部分人的此种性情是刚性的。我们姑且不谈一个行为是否伤害他人是其涉及法律的原因，人类历史中更长的时段中法律与同性恋相安无事，说明法律是不与人性为难的。

从以上三种行为与法律的关系可以看出法律的特征：不与多数人的性情对立，不做无法完成的事情。不是曾经有过惩罚同性恋的法律吗？不错，还有过企图改造人性的乌托邦政治，但那只是人类历史中短暂的插曲。能持久存在的法律，不是与人性对峙的。

当代致力于打通基因与文化之关联的学者说：

> 在赐予纯粹文化传递的特定意义上讲，基因并没有给精神以自由。它们在适中的程度上掌握着思想与文化对它们的依赖。（拉姆斯登、威尔逊，1983，100）

因为乱伦禁忌符合多数人的情感，遭遇冲突是小概率，需要管束的是少数人，所以成功了。其实法律和文化从来是这个样子。可能是法律的冷酷面孔，使得人们误以为法律是与多数人的自然倾向对立的。这实在是天大的误解。

十一、违规者

不管学者们怎样解释乱伦禁忌和族外婚，一个不容忽视的事实是，族内婚似乎并未灭绝。为什么生理上与之悖逆的性倾向和文化上强悍的禁忌都未能灭绝族内婚？反例常常是帮助我们认识常理的向导。

韦斯特马克一方面，认识到历史上的此种现象是无法漠视的，他对王室的内婚作出了自己的解释。另一方面，他也仍然表示出在事实层面上的将信将疑：

> 一般来说依照惯例实行兄妹通婚的最确凿的事例，乃见于王室或酋长家庭之中，虽然就其中多数情况而言，通婚的男女双方究竟是否为胞兄妹的关系，仍然是不能确知的。（1922，560）

韦氏既解释又疑惑的态度是颇可理解的，其存疑不无道理。好在当代的DNA（脱氧核糖核酸）检测终于可以帮助我们确认了两起古代埃及王室的胞兄妹通婚。

2010年埃及文物委员会宣布，从经历两年多对图坦卡蒙等16具木乃伊所做的基因分析中获得的最新发现。对木乃伊的基因分析搞清了他们间的血缘关系。图坦卡蒙的父亲阿肯纳顿有两位王后，铭文和浮雕说明其中的奈费尔提蒂王后生了6个女儿，另一个基雅王后肯定只生了1个女儿。基因检测证明两位王后均不是图坦卡蒙的母亲。基因检测识别出图坦卡蒙的母亲，并惊讶地发现，图坦卡蒙的父母是兄妹关系，他们是阿蒙霍特普三世和提伊的亲生子女。埃及学家加博尔德评论：或许是因为两位王后没有为阿肯纳顿生出儿子，于是阿肯纳顿转而与他的一个姐姐结合。过去不知道图坦卡蒙有过子女，其墓中有两具分别为5个月和7个月大的女性胎儿。基因分析认为，她们99%是图坦卡蒙的女儿。由这两个胎儿又识别出她们的母亲，即图坦卡蒙的妻子。而其妻子是奈费尔提蒂王后的女儿，即图坦卡蒙的同父异母的姐姐。对图坦卡蒙木乃伊的扫描和基因分析，显示他脊柱后侧凸，跛足，腭裂，科勒氏症，身上有恶性疟原虫的基因。而他的祖父母均染过疟疾，他的祖母也有脊柱后侧凸。（Rauscher，2010，68—77）

DNA检测证实了盛传已久的古埃及王室的近亲通婚，我们可以在这个较少疑问的平台上讨论了。

韦斯特马克说：印度的内婚制本质上实为种姓制度。（1922，534）又说：

> 内婚制规则在很大程度上本是源于一种种姓的或阶级的自豪感，或是源于宗教上的不宽容性，而在其实行过程中，又反转来巩固并强化了这种情感。……血亲通婚毕竟是酋长们的一种特权。至于普通百姓，则是不行的。（1922，541，561）

我们可以从两个层面讨论乱伦禁忌制度的违规现象。其一是性倾向，其二是社会文化制度。

有个别人违规，从性倾向上很好理解。没有例外的是物理现象。《左传》云："文姜通与齐侯"（文姜嫁给鲁桓公，与桓公一同来齐，与自己的哥哥齐襄公私通，导致夫君鲁桓公丧命），直到今天学者们还在争论，左丘明对200年前发生的事情的记述可信与否。（刘金荣，2009）但即使存在这个事实——有一对亲兄妹疯狂相恋，也不会颠覆人类普遍喜欢非一同长大的异性的理论。但是若非个别私通，而是族内婚统统实行于王室、酋长、贵族中，则对性倾向理论构成挑战。这种婚姻在性生活的满足上不是味同嚼蜡吗，不管为了什么，上层阶级肯于付出如此代价吗？韦斯特马克说，夏威夷的酋长通过血亲通婚有了孩子后，男方可以再娶，女方可以再嫁。（1922，560）是不是酋长、君王都以血亲异性为正室，以族外异性来欢心呢？无论如何，酋长和王室的族内婚给予笔者的启示是，性倾向是存在的，但人类性能力的弹性是很大的，一个屋檐下长大的男女成婚不是不可接受的。若如此也就说明，乱伦禁忌与族外婚不是靠性倾向可以独自造就的。

其二是社会文化制度。违规在这个范畴是最好说明的，社会规则在说与做上从来都在一定程度上脱节。特别是，王室与首领常常是不与百姓遵从一个规范的，在前现代这不是一个问题，在今天也常常可以见到。酋长与王室为什么实行族内婚呢？道理也是简单的：保持神圣性，减少权力竞争者，降低财产流失。当然这么做其实收效是有限的，但他们常常顾不了长远。列维–斯特劳斯说：

> （异族通婚）可以使结合多样化并从中得到好处（但代价是冒某些风险），（族内婚）则使已经得到的好处巩固和持久（但暂时更强大的家系不会逃脱将旁系变为对手的危险）。……一个符合统计学模式，一个符合力学模式。前

者使人们向历史开放，利用偶然性的资源；后者保证遗产、地位、头衔不变，或有规律地返回。（列维–斯特劳斯，1983，107）。

十二、目的与副产品

从以上对一夫一妻制与外婚制的演化轨迹理论的检讨中，我们可以看到一个个令人惊讶的反差，即人类动机与这动机驱动的行为后果间的巨大偏离。容笔者一一道来。

以笔者一孔之见，武器的发明在人类走向一夫一妻制中发挥了作用。人类与大猩猩、黑猩猩的共同祖先当初的婚配方式是一夫多妻。此种婚配方式下，雄性凭借身体力量争夺异性。身体就是它们内生的武器。何以还要发明外在的武器？为了在与猛兽的对峙中获得优势。但武器是双刃剑，也作用于人类内部，甚至其日后的主要作用在人类内部。其功能一时一变，匪夷所思，既能扩大，也可弭平内部各方力量的对比。在其弭平差异的时期，成员间的武力对比竟然小于他们先天身体力量的差别。武器初始发明时恰好如此。借此，凶强的头领与众多弱男完成了一项妥协：从此一夫一妻制在人类社会落户。这是此前无人敢想的制度。个人纵然做起白日梦，无非是：愿他速衰，我快壮大，夺其妻妾。人类武器的发明本是野兽压力的产物。如此动机的后果诱发了人类进化史上划时代的剧变。固然武器过后有拉大双方力量对比的时候，但一夫一妻制一旦建立，便难复辟。道理浅显。其一，夺回所有男人已经得到的妻子，绝对是天下第一难。其二，在今日世界的多数国家和地区，权势者满足于自己婚外搞个二房、三房，无意冒天下之大不韪，在全社会重振一夫多妻制；一些阿拉伯国家中，一夫多妻是合法的，但古兰经和现行法律都规定：企图拥有多妻者必须证明自己有足够的经济能力，故现实中多数男性实行的是一夫一妻。就是说，走入一夫一妻制后，人类社会中虽有少数人多妻，大范围的一夫一妻制已成定局。

接下来说解释外婚制起源的体质论。体质论离开了性倾向将是不完备的自然选择理论。达尔文的伟大贡献是将上帝创世论，即最初的目的论，逐出对生物世界的解释。但因人类在有神论的世界观中浸染太久，我们从前门逐出了一种目的论，却从后门迎来了另一种目的论。体质论，即以体质的进化与退化来解释乱伦禁忌和外婚制，极易走入另一种目的论。如果找不到，或根本不去探究事物发生的机制，却坚称该事物必将发生，便入目的论之窠臼了：它必然会发生。为什么一定会发生呢？威廉斯告诉我们，南美洲有一种猴子可以用尾巴抓住树枝，这技能对非洲的猴子也一定有好处，但是后者做不来，因为特定的基因突变没有在非洲猴子的群体中当中发生。同理，如果没有一部分，哪怕是少数人类的男性成员，喜欢外部的女子甚于内部的，就不会发生最初的外婚，毕竟就近择偶来得便利。换句话说，外婚的发生不外两种动力，其一性偏好，其二认识到族外婚的后代更健康。摩尔根和恩格斯的学养使得他们在以自然选择解释外婚制时力避言多语失，竟都是一言蔽之。但可以料到，在二位留下的想象空间中，很多读者会走向这样的推论：因为人类“认识到”近亲交配将导致后代体质退化，故选择了外婚制。此说有严重的漏洞。没有族内婚与族外婚产生的两组孩子的对比，如何能得出上述“认识”？而当此一对比存在的时候，必有一些外婚已经出现。即外婚最初的发生，必在有了对比后果、获得“认识”之前。概言之，以体质进化解释外婚制的产生，是目的论或循环论证。

人类未陷于会导致物种退化的近亲通婚，既不是遵循其他灵长目动物幼仔一朝成熟就离开父母的机制，也不是因为认识到了乱伦退化的道理。而是因为另外两个因素。其一是为了抵抗成员相互间的性冲动对内部秩序的摧毁，而建立乱伦禁忌。其二是人类性情上对一同长大的异性之“性趣”弱于陌生的异性。外部的“性趣”使得内部的禁忌得以实行。退化与否关乎物种存废，而免于退化非我物种对其认知所致，完全是与其不相干的动机与举动的副产品。

人类学家一再说，初始的外婚制是氏族的外婚，部落的内婚。但外婚制与时俱进，渐行渐远。最终带来的是人类基因的大交换。一个微小的、无关人类之宏旨的动机——保护氏族内的秩序，造就了这一奇迹——我们这个60亿成员的庞大物种在其两百万年的进化历程中没有分裂出亚种。

人类与动物本质的差异，体现于特定之三位一体：群体生存方式，高智商及语言的使用，成员间有着更多的“关系”。关系的本质在于利他和互助，而在生物的世界中利他和互助几乎囿于血缘和家庭。外婚制一旦开展，假以时日，便释放出其可持续的伟力，将关系极大地拓宽。或为血亲，或为姻亲，每个家庭，每个成员，都有了自己颇为宽阔的关系网络。从远古开始，人类成员在血亲、姻亲的媒介下，实践着交换、合作、互助。无数次牢固媒介下的双赢，启发着人类将交换与合作的关系从血缘推向地缘。于是，人类的“关系”有了新的含义。而关系的最初扩展源于姻亲，姻亲源于外婚制，外婚制源于乱伦禁忌。还是这个无关人类之宏旨的动机——保护氏族内的秩序，造就了今天人类无所不在的交换关系。

为对抗天敌发明武器，为内部秩序建立乱伦禁忌，这些动机与举动堪称大制作，但其初衷无论如何也高攀不上一夫一妻制，免于物种退化和分裂，无所不在的交换网络，这些无法想象的高难度目标和文明的里程碑。

动物没有理性和意识，其行为遵从体内的基因配置，它们被动地处在自然选择所导致的演化之中。人类的行为有了目的，人类有了参与的能动性，随之自命不凡，屡屡以为一部文明史，是人类计划的产物。只是在我们回首上述轨迹时，才发现这些最伟大的收获都在预期之外，而非计划之中，它们是人类行为的始料不及的副产品。

参考书目

霭理士 1933/1987:《性心理学》，生活·读书·新知三联书店

这样的译本可遇不可求。译者潘光旦的中英文自然不在话下，且他从20岁起就阅读霭理士的作品，19年后翻译此书。中译本全书34万字，其中7万字是译者自中国文献中摘取的见解和事例，意在与原著相互印证。

奥尔森 2002/2006:《人类基因的历史地图》，生活·读书·新知三联书店

本书从600万年前人类与黑猩猩分手说起。十万年前一小撮现代人从非洲走向欧亚。渐渐形成了各个族裔。

奥菲克 2001/2004:《第二天性：人类进化的经济起源》，中国社会科学出版社

本书是从人类进化的视角讨论交换的起源。作者认为，最初的交换必须

克服巨大压力，因为一厢情愿将导致吃亏，乃至戒心根植于每个个体。交换的最初推动力来自兼有排他性和非竞争性的物品。电脑软件堪称典型的例证，你给人软件你付出很小，而对方收益极大。史前人类曾拥有两个这种类型的物品：大型猎物和火。前者你吃不掉，明后天就腐烂；而别人得到非常感谢你。火就更突出了。作者讨论了远古时代人类部落中火的保存和供应。

戴蒙德 1997/1998：《性趣探秘》，上海科技出版社

这是作者的早期著作，但一点不逊色于《枪炮、病菌和大炮》等书。时下关于性的书太多了，不同的是本书是进化生物学家的著作。他们的关注点不同，关注的每每是深层原因。比如，男女间冲突的本质原因是什么。群婚制、多偶制、一夫一妻制，三种婚配方式的由来，演化顺序及其原因，物种的身体特征（比如二态性、睾丸占体重的比例）与婚配方式的关系。

恩格斯 1891/1973：《家庭、私有制和国家的起源》，人民出版社

费孝通 1947/1981：《生育制度》，天津人民出版社

对照《两性社会学》，可以清晰地看到作者继承了马林诺夫斯基的衣钵。

弗雷泽 1890/1987：《金枝》，中国民间文艺出版社。

弗洛伊德 1913/1986 ：《图腾与禁忌》，中国民间文艺出版社

古尔德 1996/2001：《生命的壮阔》，生活 · 读书 · 新知三联书店

"进步"或"进化"，堪称近现代全世界人民笃信的观念。古尔德如此轻而易举地完成了其论证：进化是偶然的，不是必然的。笔者阅读这本书的瞬间惊诧莫名，几天内都深深地陷入失语，回不过神来。古尔德的观点，还是您亲自来读吧。

基辛 1976/1988：《文化、社会、个人》，辽宁人民出版社

蒋学龙、马世来、王应祥、L. Sheeran、 F. Poirier，1994："黑长臂猿的配偶制及其行为、生态和进化的关系"，《人类学学报》，11 月

哈拉威 1991/2012:《类人猿、赛博格和女人——自然的重塑》，河南大学出版社

坎德尔 2006/2007:《追寻记忆的痕迹》，中国轻工业出版社

作者是生物学诺贝尔奖获得者。他以自己为例，告诉我们儿时的环境可以决定一个人日后的性取向，是异性恋、同性恋，还是双性恋。这样人类就和灵长目动物挂上钩了，同性恋的功能也就可以理解了。对此有兴趣，可读拙作《神似祖先》第四章七节。

科塔克 2008/2012:《人类学，人类多样性的探索》，中国人民大学出版社

拉姆斯登、威尔逊 1983/1990:《普罗米修斯之火》，生活·读书·新知三联书店

列维-斯特劳斯 1956/2007:“家庭”，《遥远的目光》，中国人民大学出版社

列维-斯特劳斯 1983/2007:“论近亲通婚”，《遥远的目光》，中国人民大学出版社

列维-斯特劳斯 1962/1987:《野性的思维》，商务印书馆

刘金荣 2009，“‘文姜之乱’献疑”，《浙江社会科学》第5期

洛伦兹，康罗 1966/1987:《攻击与人性》，作家出版社

动物行为学的开山之作。对领地、进攻、种内嗜杀之抑制等，做出精妙的分析。

马林诺夫斯基 1927/1986《两性社会学》

功能学派人类学的代表作，具有极强的逻辑性。

摩尔根 1877/1971:《古代社会》，商务印书馆

莫斯科维奇 1972/2002:《反自然的社会》，天津人民出版社

涂尔干 1898/2006:《乱伦禁忌及其起源》，上海人民出版社

恐怕是这位社会学伟大奠基人的最为失败的著作。

瓦尔 2005/2007:《人类的猿性》，上海科技文献出版社

作者是当代研究灵长目动物行为的权威。本书从猿性出发，讨论道

德。作者认为，高尚的原则从卑微的起点开始上升，起点是你对吃亏的怨恨，然后转移到你如果得到更多，别人会做什么反应，最后得到一个普遍的认识：不公平是不好的事情。正义是在复仇的转变中建立起来的。这是一个自下而上的途径：从情绪到公平感。下面的看法则是错误的：公平感是一个聪明的人沉思后提出来的，这是自上而下的认识观。我们依靠更多的是我们的感受，而不是思考。怀着道德牢固地植根于感情的说法，很容易接受达尔文和韦斯特马克的进化观，而不是文化和宗教的观点。宗教只有几千年的历史，很难想象经它们唤醒后人类很不一样。不是说它们不起作用，而是说道德的基石远比这古老。

威尔 2001/2005：《类人猿与寿司大师》，上海科学技术出版社

与上书为同一作者。他的书本本都好。

威尔逊，爱德华 1978/1988：《人类的本性》，福建人民出版社

威廉斯 1962/2001：《适应与自然选择》，上海科学技术出版社

现代生物进化论思想的里程碑著作。作者最早开始质疑进步观。

韦斯特马克 1891/2002 ：《人类婚姻史》，商务印书馆

社会科学家中第一位吸纳了达尔文自然选择和性选择理论的人。其思想至今读起来一点不落伍。该书由两部分组成：人类学材料，进化论的思想。读者可各取所需。作者提出：是婚姻起源于家庭，而非家庭起源于婚姻。很多民族是在怀孕后婚姻关系才最终确定。人类与动物的区别是四季做爱。两性长期结合源于全年可以交配。

张鹏 2012：《猴、猿、人——思考人性的起源》，中山大学出版社

作者提出父系重层社会，如埃及狒狒的三层社会：群，族，一夫多妻的家。探讨了形成父系多层的生态原因。多层可分离聚合。

张鹏、渡边邦夫 2009：《灵长类社会进化》，中山大学出版社

肇嘉，鲁伊基 2000/2006：《父性》，中国社会科学出版社

周江 2008：“海南黑冠长臂猿的生态学及行为特征”,（东北师范大学博士论文，未发表）

祖父江孝男 1987/1989:《文化人类学百科辞典》，青岛出版社

Rauscher，2010：“基因分析让木乃伊吐真言”,《新发现》，7 期

从标题即可看出文章之趣味，那是图坦卡蒙和其亲属们的木乃伊。

第二章 农业的起源

一、农业起源，文明之天问

笔者在拙作《神似祖先》中说过：在人类大脑增量和语言萌生的进化阶段，“发生了三者——交换、语言、大脑，即行为、机能、结构间的互动。”（郑也夫，2009，73）

这一范式或可用于农业历史地位的思考。在结构、机能、行为这三个方面，人类与动物都存在着巨大的区别。结构，即人类的身体形态与动物有别的主要特征是：超大的头颅、直立行走的身体构造，等等。机能上的最大的特征是语言、学习能力，等等。行为的展开，构成了活动，乃至生存方式。换言之，特定的生存方式是由一系列特定的行为组成的。但与上述二者相比，生存方式的差异则一言难尽，因为它不像结构与机能那样恒定，相反在并不长久的历程中人类的生存方式不断变化。但寻根溯源，人类与动物的生存方式，在绝对说不上遥远的一万多年前，还是极其相似的。我们与它们一道走来，在一个三岔口前分道扬镳，动物兄弟们依旧是采集或捕猎，而我们步入了农耕。踏上这条道路后，便是万花筒般的行为变迁：恒久的定居、储藏和积累，人口的激增，劳动分工与社会分层的开启，最终是一个复杂社会的来临。这种种变化宛若不久前发生的故事，历历在目，不容置疑。与牢固的事实相对应的是巨大的不解之谜：人类何以走上了农业的道路。

二、难与采集说再见

一个流行已久的便利解释是：进化与福祉。这一解释之前提是前农业时代的艰辛：

> 几乎所有人类学的教科书，都会谈及石器时代生活的艰辛，使人难以想象当时的狩猎者何以维生，更要令人多虑，这算哪门子生活？满纸望去，唯有饥魂饿鬼如影随形。据此一说，石器时代的人们技术落后，劳作终日仅能维持生计，更无休歇与积余，遑论“闲暇”来“建立文化”。即便这样，狩猎者们倾注全力也只能获得数值最低的热力学单位——每人每年所获能量都少于其他的生产模式。而在经济发展的理论中，石器时代的狩猎者们就注定成为反面教材：成为了所谓的“糊口经济”。（萨林斯，1972，1）

既然狩猎采集者的生存苦不堪言，农业便可望以其巨大的福祉吸引着人类扑向这条金光大道。或许可以说，岂止人类学，从各科学者到常人，长久以来都是这么认识原始生存方式的，这是先祖转向农业的当然逻辑，怎么可能不是如此呢。毫无疑问，这是“进步观”的思想方法所使然。它早于达尔文的进化论就产生了。笔者确信，可以便利地从达尔文之前的文献中，找到对原始人艰辛生活的定性和讲述。达尔文进化论的问世，当然加固了常人乃至学者的这一判断。但吊诡的是，其实达尔文的学说能否支持原始人生活艰辛是可疑的。当代生物学思想史家已经证明，达尔文学说中的核心概念是“适应与自然选择”，而非进化。凡存活下来的物种，均为环境中的“适应者”。海阔鱼跃，天空鸟飞，所有的飞禽走兽，都不可能一直惨淡艰辛，苟活至今。除了濒临灭绝时期，在其大部分历史阶段，它们“适应着”环境。自人类成其为人类之后的最为漫长的历史阶段，当为采集与狩猎时代。在这漫长的时代中，他们应当同其动物兄弟姐妹一样是“适者”。苦不堪言的当为“不适者”。漫长时代中的“不适者”能存活下来吗?

新的事实的寻找与狭隘进步观的批判同步发生。萨林斯说，埃尔曼·塞维斯（Elman Service）自60年代始，独树一帜地反对狩猎者贫穷这一传统观点。（萨林斯，1972，6）以后越来越多的人类学家努力寻找真相。当然，真相已经不复存在。现存的原始部落只能提供一个差强人意的参照，因为在湍流的历史长河中无法原封不动，更因为他们在不同程度上受到现代文明干扰，他们置身的环境在很大程度上有别于远古时代。但多种资料和思想工具的结合，毕竟可以帮助我们去构想那一时空。

现代社会中的人们接触到我们这个世界上的原始部落，得到的第一印象是他们身无长物，什么值钱的东西也没有，这状况不可能不令现代人感到他们很“穷”。当代一些人类学家以为，这是肤浅的误判，判断者根本没有理解原始采集者的生存方式。其生存方式是不断地移动。如果有了储存、家当、器物、装饰品、复杂的工具，带着它们则行动不便。如果安营扎寨，则意味着附近的食物将逐日递减，他们便只好到更远的地方去采集，于是增加了寻找的成本，并且将越走越远，即成本与日俱增。就是说，储物与移动之间有着不可调和的矛盾。衡权利弊，他们放弃了财产，选择了移动。移动是那个时空下最经济的选择，因为他们不需要储存，大自然帮助他们完成了储备，食物就在他们周边，他们随吃随拿，只要不断移动，食物便常吃常在。为了移动的便利必须轻负，“偏爱最少的装备，若有选择，更小者为上”，乃至他们的身外之物少到极点。（萨林斯，1972，38—41；宾福德，1983，208—213）说到根本，原始人的时空中没有“穷”的概念得以产生的根据。“穷”是另一时空下的产物，它依赖两个前提：拥有权，人际间的对比。原始人那里不存在拥有权的问题，他们事实上拥有周边的一切，也就将之交付给了大自然，放弃了名义上的与刻意储存意义上的拥有。同一地带中没有人与他们对比，更没有人与他们竞争该环境中的资源。

贫与富更属于相对的概念。但毕竟有一些物质指标关乎生存，超越相对。营养便是一个硬性的、较少相对性的指标。人类学家麦肯锡和麦克阿瑟1960年对澳大利亚阿纳姆地原始部落的调查显示：“在老人湾，每人每天平均消耗2160卡路里（只有4天的观察），而鱼溪是2130卡路里（11天）。”（萨林斯，1972，22）这指标同当代医学为当代人制定的正常指标相仿佛。他们二位还指出：阿纳姆地人“不满足于固定的食谱，他们在很多时候为了追求食品的多样性，已经突破并超出了丰裕的范围。”（同上）

另一个硬性的指标是劳动时间。根据麦卡锡和麦克阿瑟的调查，狩猎采集者“每人每天用于获取和备置食物的时间平均长度是四至五个小时”。（同上书，21）根据理查德·李的调查，朵贝布须曼人的营地中65%的人口是有效劳动力，其他是老人和孩子。劳动力“每周需要工作一天半到两天，一天的工作大约6小时，因此朵贝人每周工作时间接近15小时，即平均每天2小时9分钟。”（萨林斯，1972，27）这显然够清闲的。而笔者以为，如此劳动状态颇为近似于动物。就是说，动物的觅食大多也不似人类在后来的生产方式中特有的长时间劳作。

还有一个不可或缺的指标是挨饿的情况。狩猎采集者告诉参与观察的人类学家：“我们有时候可能两天、有时三天没有食物，一餐未进。……虽然我们无所果腹，但我们从未停止欢笑。”（同上书，39）从这种说辞看，其挨饿没有达到现代灾民的程度。

很多狩猎采集者不愿进入农业。巴西政府曾经提供开垦了的土地和种子，引导博罗罗人——一个狩猎采集部落进入农业，最终以失败收场。非洲狩猎采集的瓦西喀利人对劝告他们从事农业的传教士说：“难道猴子会饿死吗？我们了解森林和水道，我们从一个地方迁到另一个地方，是神要我们这样的。”（里普斯，1949，84）

笔者对原始时代狩猎采集的生存方式的最后评价是，它是可持续的。道理是简单的，他们不断迁移的生存方式导致低生育率，因此保持着地广人稀的平衡生态。

狩猎采集的生存方式所持续的时间，在人类的历史中占据压倒优势。那时候没有文化和科技，可是人类凭借火、粗陋的石器、族群内的语言交流，已经在生物竞争的世界中占据了优势，他们是适者。

对以后发生的农业的后果，我们可以从宏观和微观两个视角来分析。宏观指人口，微观指个体。宏观地看，农业改变了人口的数量和质量。农耕导致了定居和食物的积累，遂导致人口的激增。对这一似乎明确无争议的判断，我们后面会进一步论述。农业还改变了人口的质量。这质量不是指人类的体质。说到根本，物种的进化就是该物种身体的变化。而农业对此并无贡献。在人类成为独立物种的四百万年的历史中，农耕已有的时间不过一万年，仅占微小的比例。自农业开始后，人类的体质没有重大的改观，从身手、智力到语言，都在前农业时代已经定型。我们此处说的农业对人口质量的影响，指的是人口成员的构成，即成员社会角色的改变。食物的积累养活了官、商、兵、工，乃至有了劳动分工和社会分层，进入复杂社会。即农业没有在物种进化的层面，而是在文明起源的层面上，改变了人类。微观地看，一个明显的、悲哀的、与伟大文明的发轫似乎逆反的事实是：个体更辛劳了。我们刚才说到采集狩猎者的平均劳作时间，当代人清楚昨天和今天的农民的平均工时大大超过他们。当代考古发现暗示着早期农民的生存状态："他们不愉快的状态表现在他们的骨骼中，这些骨骼的时间是人类首次与农业相识的时代，骨骼的总体尺寸小，关节疾患，骨骼外层的骨质疏松，并且有脓肿和龋齿，所有这些都证明了饮食的严重失衡。食物生产的专门化引起人类饮食严重地失去多样化。这种现象也明显地表现在食物遗迹当中。"（奥菲克，2001，239）此种落差在人类文明史上无独有偶，即工业革命初期工人阶级的境遇。但农业的起源与工业不同。后者中有资本家清晰、明确的动机，他们诱惑和制约着工人的就范。而很多采集狩猎者们，因为生存方式的惯性与自身的惰性，在目睹了临近成型的农业后，仍拒绝选择它。于是微观的境况与宏观的问题碰头：农业是如何起步的？何况除了辛劳，农耕中包含着采集狩猎所没有的巨大风险。那就是播种与收割的间隔，即投入与产出间的时间差。不错，采集狩猎也有风险。

> 但是这里有一个基本的区别，这就是狩猎—采集是在观察到情况以后才做出决策的，而农民的重大决策（和投资）通常是在观察到情况之前很久就做出了。这些意想不到的自然灾害损害了二者的收获，但农民有双倍的损失，他们不仅损失了要收获的庄稼，而且还损失了种子。（同上书，220）

凡此种种，都令后人不解：祖先因何选择了农业。很可能这样发问本身是颇成问题的，那全然不是理性的选择。我们只好转问：那又是怎么发生的，如何走上了这条不归之路？

对此尽可以思考和解释，却不能搬出那个宏大的进步观，那将窒息思维。当代进化论思想家认为，达尔文学说中的“自然选择”，只能导致物种适应其当下的环境。个体当事者们的动机和行为不可能是为了物种日后的伟大进步，自然选择更不会服侍该物种成为万物之灵的野心。一个令人信服的解释必须是微观、具体、符合当事人之情境的。

三、起源方法论

人类学和考古学是最早开始思考农业起源的两大学科。在科学发展初期阶段，人类学比其他学科对起源问题做过更多的思考，因而在思想方法上影响了其他学科。早期人类学中曾存在过两大学派。

第一派别是以泰勒和摩尔根为代表的单线进化论。他们认为，各民族在生理和心理上基本一致，因此他们是以同一方式进化的；各民族的差别，不过是因演进速度不同而在进化上处于不同阶段而已。因为沿着同一路径进化是规律，不是相互影响所决定的，单一进化论又被称为平行进化，即各自独立走在相似的路径上。该学派其实对达尔文的进化论思想理解极其肤浅。按照达尔文的学说，如果同一物种中的两支群体相互隔绝，在各自对不同环境的适应中，换言之，经不同环境的自然选择，彼此的差异必然越来越大。如果时间足够漫长，它们将分化成两个物种。灵长目动物中最晚近的例证就是400万年前因一个地堑的产生，同一物种分化成黑猩猩和倭黑猩猩。消弭差异的不二法门是沟通和传播。

第二派别正是传播论。其代表人物为英国的格拉夫顿·埃利奥特·史密斯和德国的格雷布纳。他们认为，文化是人类的创造，而人类的创造力是极为稀罕的，因此历史是独特的、文化创新是一次性的，文化特征非平行演化，在不同地带独立创造出同样的事物几乎是不可能的。一个地域共享一种文化是传播造成的。每个民族的全部文化中的百分之九十以上的内容来自传播。而传播的方式又有不同。衣服、饰物、麻醉品容易学到；而冶金、马具的学习，常常离不开传人。其中的极端认识是，人类的文化最初都是产生于埃及。温和的认识是，产生于几个中心。（托卡列夫，1978，138—165，275；恩伯，1985，58—59；墨菲，1986，246）

今天看来，两派的思想都嫌粗糙，但也都认识到一些要紧的东西。进化论派认识到人类的共性，传播学派认识到发明创新的稀缺。其后的心理学家，从塔尔德到博伊德都通过论证得出结论，模仿而非创新才是人类智力中的长项。（参阅郑也夫，2001，36）

与上述两派思想方法相呼应，便有了农业一地起源和多地起源的分歧。好在农业起源的认识随着各大洲的考古发现，较快得到澄清：一个中心是不可能的。但这证据不必、也不可能令我们皈依进化派人类学。传播论强调的创新稀缺毕竟有其道理。且考古学能够证实的农业起源地也没有无限之多。其实，将农业与人类早期的若干重大发明发现放在一起，比如酒、历法、纺车、冶炼、马镫、造纸术，会有所领悟。有些东西必然是多地起源，比如酒，因为各民族都无一例外地会得到自然的赏赐，而一旦尝试极易上瘾，便有了效仿的动力。造纸则与酿酒以及食物大不相同。一方面，我们领受不到大自然对于造纸术的直接启示；另一方面，书写载体缺乏造成的不便与食物匮乏产生的饥饿是不等值的，何况纸张是地道的人造物。在人类发现与发明的连续谱中，有些几乎被所有民族独立洞察，有些专属一个民族，还有些居中，正如农业。其中的机制，颇费思量。

苏联植物学家和遗传学家瓦维洛夫（1887—1943）是人类农业起源研究的开拓者，1923—1931 年他对几大洲做了大量考察并提出八个中心地。如果不是在斯大林—李森科的迫害下死于牢狱，瓦维洛夫当有更大的成就。1971 年美国植物学家哈兰（J. R. Harlan）利用新的考古资料、古植物学、花粉学、古生态学、碳 14 测定等知识，修正瓦氏的理论，提出三个中心地（新月沃地，中国北方，中美洲）和三个非中心地（非洲，南亚及南太平洋，南美洲）的看法。1997 年美国生物地理学家戴蒙德在其书中列出“能举出详细而又令人信服的证据”的五个动植物驯化地和四个候选地区，如下（戴蒙德，1997，84）：

表 2–1

西南亚	小麦、豌豆、橄榄	绵羊、山羊	公元前 8500 年
中国	稻、黍	猪、蚕	不迟于公元前 7500 年
中美洲	玉米、豆、南瓜	火鸡	不迟于公元前 3500 年
安第斯山脉和亚马孙河地区	马铃薯、木薯	羊驼、豚鼠	不迟于公元前 3500 年
美国东部	向日葵、藜属植物	无	公元前 2500 年
撒赫勒地带	高粱、非洲稻	珍珠鸡	不迟于公元前 5000 年
热带西非	非洲薯蓣、油椰	无	不迟于公元前 3000 年
埃塞俄比亚	咖啡、画眉草	无	?
新几内亚	甘蔗、香蕉	无	公元前 7000 年?

抛开尚未被考古发现的情况，偌大地球上为什么只有这5—8个地带成功驯化了动植物？若干地区没有可堪驯化的野生动植物，是驯化中心地少之又少的最主要根据之一。这一立论是毋庸置疑的，从而也可以雄辩地反驳“单线进化论”的思想。同一物种的成员们分隔在各地，会发生不同的适应，这是环境使然，而环境的因素中就包含野生动植物品种分布的地域差异。没有野生的麦、稻、粟、玉米等等，自然无从驯化。但这只是事情的一个方面。另一方面，有了这些野生植物，就一定会发生和完成驯化吗？戴蒙德做了确定的答复，他说“我们的一般结论是：人们能够认识有用的植物，因此大概也会认识当地适合驯化的更好的植物，如果这种植物存在的话，而且他们也不会由于文化保守主义和禁忌而不去那样做。但是，必须对这句话加上一个重要的限定语：‘从长远观点看和在广大地区内’。”（戴蒙德，1997，151）我从戴氏的这部著作中受益良多，但在这一判断上我要比他保守。我相信戴蒙德的一个判断：原始人

对自己生存地的全部植物了若指掌，但仍以为仅此是不够的，在迈向种植的道路上，还依赖一些极其特殊的、可遇不可求的因素。这因素不是人种之优劣。戴蒙德在农业起源上反对种族歧视。但其根据与推论都大可不必是：农业的起源谁都做得出来。同种族的成员们，都居于存在着野生稻麦粟的地带，却绝非个个都独自走向农业的道路。这里“独自”是关键。传播论的主要的，堪称“人性上”的根据是创新是稀有的。其实，传播论还有一个“实践中”的根据，即“长远地看”或许他们有可能走上这条道路，但实际情况是他们是受到传播而上路的。就是说，独创在于传播赛跑，不管人们潜在的独创力如何，现实中发生的是：独创是稀有的。换言之，传播的效果，甚至消除了继续“长远地看”的可能性。我读书少，不知这番管见被当年的传播论者们说过与否。在近代和前近代，迟缓的传播还可能等待独创，在现当代是一刻不等的。牛顿和莱布尼兹发明权的争议，达尔文和华莱士间的美谈，在今天都不太可能存在，因为一项发明会立刻传遍世界。

我们不知不觉说到了发现和发明。多数伟大的发现或发明理所当然地成为重大事件，因为它迅速改变了人类的生活。一些当代考古学家称农业起源为“重大的非事件”(转引自拉德卡，2000,73)，堪称一语中的。有漫长的、渐进的历史，无突发的、井喷式的收益，注定了农业起源不是一个事件。但我们不能说农业起源不是发现和发明，只能说它是特殊的发现和发明，它是一连串发现与发明、认识与技能的积累和辐辏。石磨、石镰、锄、犁，毫无疑问都是技术发明，却必须辐辏在一起才有效益，才成其为农业。当然这还不够，因为其核心是植物的驯化。因此可以说，农业的起源中包含着双重的渐变：一连串的技术发明非一蹴而就，驯化更要借助植物的无数个世代的生命历程来演变。

重申笔者的看法，即使某地有野生的麦稻粟，等等，能走向农耕和驯化也是超小概率。原因异常简单，惯性是生存中的最大的道理。为什么要转型呢？习惯才有舒适，转型包含风险。人们爱说压力造成转型。不对，生存压力的更大的可能性是物种成员的减少，这就是物种对生存压力的最通常的调节。若压力极大，灭绝不是稀罕的事情，而是生命的世界中一再上演的曲目。（威尔逊，1996，11章）极大压力下，灭绝的概率大于生存方式发生革命，绝地逢生。反观农业，它的问世依赖一系列的技术积累。应对突然降临的压力，企图靠农业来解围，来得及吗？那又是什么样的压力？最通常说到的便是人口的增长。

四、定居与人口增长

在促进农业起源的因素中，被谈论最多的是定居与人口增长。反向地看，农业对这二者的影响不会弱于二者对农业的影响。而定居与人口增长之间，似乎也有着某种关联。故思考农业起源问题，离不开对三者间互动关系的认识。

人类属于动物。汉语的构词法赋予了“动物”这一词汇一种先入为主的含义，就是“动”。其他语种的构词法大多决定了该词汇（比如英文的animal）无此暗示。汉语“动物”一词中的这种含义，及“植物”一词的对应部分，引导中国人最先从这一视角理解动物的属性。“动”的属性还可细说。第一个判断是确定的：动物能行动，植物不能行动，至少是其主体。第二个判断则考验判断者的动物学知识了，笔者感觉上：植物是“定居”的，大多数动物不固守一个巢穴。很多动物虽有自己的领地，却是多个巢穴，因为它们要游动。笔者不敢确定大多数动物的行为方式，却可以大致确定：早期人类的大多数成员是游动而非定居的。这是生存逻辑所使然：游动更能保证食物的可持续获取。

既然游动是为了食物，食物源的某些特征也会导致人类做出个别的、异类的选择。而当发生定居的选择时，定居地的食物资源必定异常丰富，且可以长久持续。因为如此地带实属难得，故定居是少见的，但不是没有。“定居渔人”即为例证，爱斯基摩人和澳大利亚的一些土著是其“最后的代表”。（卡博，1985）“19世纪加拿大太平洋沿岸的渔猎部落，都拥有结实的、装饰华丽、几近奢侈的大木屋，并且形成了永久的村落。”（柴尔德，1951，57）综上所述，定居是早期人类生存方式中一个很小的选项；而这些较为少见的例证，每每证明，定居未必诱发农耕。比如，大马哈鱼的丰盈，既导致爱斯基摩人定居，也锁定了他们的渔猎生存方式，不可能旁顾种植。但在道理上农业的起源应该发端于相对定居的生存地，因为定居可以令人类更密切地与某种野生植物接触，唯定居可以有种子的储藏、工具的备置。即，不能泛泛地说，定居会诱发农业，能诱发农业的必是一种特殊类型的定居。另一方面，农业也有迁移，甚至早期农业往往少不了迁移，因为地力不能持久，必须让土地轮休。考古学家安志敏分析中国新石器文化仰韶遗址的特征：“遗址分布稠密，不能作为人口比后来多的证据，反而说明仰韶文化人类迁移次数频繁，耕作落后，不得不抛荒迁居，因此遗址较稠密。”（转引自黄其煦，1983B）信哉斯言。早期的农耕者必须不时地迁移，但那显然不同于狩猎采集者们的迁移。因为农业必须以一段时期的定居为前提。也就是说，农业与定居的关系是微妙的。可能是某种极其特殊的定居类型诱发了农业，初始期的农业只是相对性定居，经历了极其漫长的过程才步入永久性定居。寻找农业起源的关键，是寻找诱发农业的那种特异的定居。

物种成员的数量从来是该物种的第一课题。达尔文学说的核心概念“适应”的含义是生存和繁衍，而繁衍是关键，繁衍数量的差异决定何种品性被筛选。现代考古学认为农业产生于新石器时代。而在前农业时代，即旧石器时代，自人类制造出粗糙的石器始，他在物种的竞争中就脱颖而出，成为当然的“适者”了。适应就是繁衍。用这个硬指标看，人类作为适者乃名副其实。繁衍成功取决于两个因素：生育和存活。存活的首要保证是抵御天敌，当人类有了武器并转守为攻，生存竞争中存活的概率已经高过其他物种。诡异的是，这位日后的“大适者”，除了存活，在早期的生育中，于灵长目表兄弟中竟然也渐渐占据优势。

> 雌性黑猩猩每6年才生育一次，而雌性倭黑猩猩（它们生活在一个食物更丰富的环境中）则约每5年生育一次。倭黑猩猩的生育率几乎是猿类可以承受的最高的了，因为它们要花4—5年时间哺乳，还要花差不多同样的时间背着它们的孩子。有时它们生育时间相隔过近，会不得不同时哺育两个后代。……一只雌性倭黑猩猩可能会抱着一个紧紧抓住它肚子的婴儿，再帮着一只大点儿的骑在它背上的小倭黑猩猩在森林里爬上爬下。这似乎是一副无法忍受的重担。倭黑猩猩们把单亲社会系统发展到了极致。（瓦尔，2005，71）

人类初始期生育上的优势靠什么获得？一夫一妻制。

父亲的协助使早点断奶成为可能，这解释了为什么是人类，而不是猿统治了整个地球。（同上）

人类的生育优势在继续扩大，如果说首先是靠一夫一妻婚配制度带来的，第二个促进生育的手段是定居。

一个经常变换营地、以狩猎采集为生的母亲只能带一个孩子和很少几件随身物品。在前一个蹒跚学步的孩子能够快步行走，赶上大伙儿而不致成为累赘之前，她是不能生第二个孩子的。事实上，到处流浪的以狩猎采集为生的人通过哺乳期无月经、禁欲、杀婴和堕胎等办法，把孩子出生的间隔安排为大约每 4 年一个。相比之下，定居的部族由于没有在迁移途中携带小孩这种问题的限制，他们可以多生多养，只要养得活就行。（戴蒙德，1997，70）

就是说，一夫一妻制使得人类女性的生育从黑猩猩的 6 年一胎进展到 4 年一胎，定居成就了 2 年一胎。定居的雏形见于前农业，其最终定型是农业的产物。有学者这样估算人口增长的轨迹：

世上人口从约 15 万年前的 2 万人左右缓步增加至 6.5 万年前的 100 万人，然后又在农业发明（1 万年前——笔者注）之前增至 600 万人。……到了公元 1 世纪时却增至 2.5 亿，增幅达 40 倍。1 万年前，所有人类都靠渔猎采集为生，但到了公元元年，全世界大部分人口都依靠栽种、豢养的动植物过日子。（奥尔森，2002，93）

步入新石器后的人口激增是有考古学根据的：

> 仅欧洲的新石器时代人骨，就比整个旧石器时代的人骨多了几百倍，而欧洲新石器时代最多不超过两千年，它与旧石器时代所占的时间相比，还不及百分之一。(柴尔德，1951，57)

戴蒙德这样概括人口与农业的关系：

> 在世界各地，凡是可以得到充分证据的地方，考古学家们都发现了人口密度增加与粮食生产之间出现相互联系的证据。哪个是因？哪个是果？这是一个长期争论不休的先有鸡还是先有蛋的问题：是人口密度增加迫使人们求助于粮食生产，还是粮食生产促使人口密度增加？……这是一个在正反馈循环中自身催化的过程，这个过程一旦开始，速度就越来越快。(戴蒙德，1997，98)

戴蒙德此说的妙处是提出了“相互的、自身催化的过程”。笔者以为，其看法中有两个欠缺。其一，传统意义上的人口增长，不会诱发农业。关于生态问题不是有过一个老段子吗，即狼、羊、草的关系：如果狼多了，羊将减少；继而因吃不到羊狼将减少，因吃草者少了草将增加；其后草多、狼少又将导致羊的增加；此消彼长，周而复始。这模式虽不是生态之全部，却可能是生态中的一种情形。在这情形中，任何一方的增长都不会持续。因此，人口增长的后面，通常发生的将是人口减少。不能说，人口增加本身将造成其可持续的增加；也不能说狼多了，压力之下它们将走上新路，而不再一味地扑捉羊。能走上新路，重要的是新的因素的进入，人口增长只是背景条件。背景条件可能常常出现，转型却是稀罕的，其中新的因素才是关键。其二，除了农业与人口的相互催化，还须进一步认识到农业所具有的“自我锁定”的逻辑。不管原初是先有鸡还是先有蛋，一旦农业开启，便是不归之路。因为农业造成了人口激增，如此规模的人口已经不可能靠旧时的狩猎采集方式讨生活，只好牢牢地依赖农业，即使其劳作远比采集更艰辛；且随着农业的扩展，狩猎采集的地域被严重挤压；只消几代人的时间，狩猎采集的技能便将生疏和失传。其后天下便是农业的了。

而人口的增长一发不止。人口与土地的矛盾导致移民，由此产生了无穷多的副产品。很可能自其初始阶段，移民就与农业起源相关联。此容后议。

故探讨农业起源的关键在于，那个最初诱发农业并造成人口增长的特殊的定居地在哪里，是何种类型。

五、天赐圣米

笔者从何炳棣的书中第一次读到古代文献中记载的野生稻，即“圣米”，抄录如下：

1. “吴孙权黄龙三年（公元231年）由拳野稻生，改由拳为禾兴。”（《宋书》。由拳、禾兴系地名——笔者注）

2. “宋文帝元嘉二十三年（446年）吴郡嘉兴盐官县野稻自生三十余种。”（《宋书》）

3. 梁武帝大同三年，（537年）九月，“北徐州境内旅生稻稗二千许顷。”（《梁书》）

4. “梁武帝中大同三年秋，吴兴生野稻，饥者利焉。”（《文献通考》）

5. 开元“十九年（731年）四月一日，扬州奏，穞生稻二百一十顷，再熟稻一千八百顷，其粒与常稻无异。”（《唐会要》）

6. “大中六年（852年）九月，淮南节度使杜悰奏，海陵高邮两县百姓于官河中漉得异米，煮食，呼为圣米。”（《文献通考》）

7. 沧州鲁城县“乾符元年（874年）生野稻水谷二千余顷，燕魏饥民就食之，因更名（乾符）。”（《新唐书》）

8. “太平兴国四年（979年）八月，宿州符离县卑湖穞生稻，民采食之，味如面，谓之圣米。”（《文献通考》）

9. “大中祥符三年（1010年）二月，江陵公安县民田获穞生稻四百斛。”（《文献通考》）

10. “大中祥符六年（1013年）二月，泰州管内四县生圣米。”（《文献通考》）

11. “天圣元年（1013年）六月，苏、秀二县湖田生圣米，饥民取之以食。”（《文献通考》）

12. 山东蒙城“万历八年（1580年）九月，四乡生圣稻数百（亩？斛？）（《图书集成》）

13. 山东肥乡“万历四十一年（1613年）癸丑，秋七月大水，野稻大获，有一亩收十二石者。”（《图书集成》）

何炳棣又引证两条史料以说明事实与记载的落差：

按历代各地野生稻实际出现次数，必远较今存史书所列为多。马端临在《文献通考》中按言，即系明证：“右三朝瑞符志载，自乾德以来至天禧，郡县所上嘉禾、异麦、野谷，殆不胜书，姑摭其尤异者一二著于此。”明清史档中类皆不载此类事，其原因《大明会典》解释最明白：“祖宗克谨天戒，后祥瑞而先灾异。洪武元年（1368）敕天下有司，但遇灾异，具实奏闻。二年令灾异即奏，无论大小。四年，又令天下勿奏祥瑞。”

并论证，上述一些“圣米”记载的月份与“一般栽培稻成熟日期之迥然不同，必系特殊种属。”（何炳棣，1969，151—153）

读过上述，笔者大为震惊，终日陷入这一思绪中。翌日以为顿悟：“圣米”或许就是特异定居类型和农业起源的诱因。遂开始寻找有关“圣米”的著述。读到的是德国著名人类学家利普斯（Julius E. Lips，1895—1950）的惊世之论：收获者是农业的发明者。他从希罗多德的著作中搜索到收获者的身影，并在当今的原始部落中看到活着的野生作物收获者。他说：

> 这样的民族集团是存在的，他们的经济类型在一切方面都能补足采集、狩猎和生产经济之间的缺环，我们把他们称为“收获者”。他们依靠收获一种或几种野生植物，作为全年的食物。他们既不从事畜牧，也不从事农业，把全部经济体系建立在收获而不是采集野生植物的基础之上。……收获者虽然没有计划性农业，其对待野生植物的态度，却不同于采集者或狩猎者，而与农业民族的精神状态相类似。他们在唱歌和举行仪式时，对收获的果实加以颂扬，并祈求丰产……收获地成为部落和社会活动之中心。生活有了保障，使部落成员增多，比起狩猎者和采集者来，收获者的公社要大得多。温尼巴戈人每个居住地都有300人。新几内亚瓦卡蒂米人和奥布图斯人每个公社由1000人

组成。……只有这些不从事耕作却和农业部落同样收获的人，才能看作是农业的发明者。”（利普斯，1949，86—91）

利普斯的惊世之论竟大大早于何炳棣的“圣米“记述。从何炳棣著作的参考书中可以看出他不知道利普斯的著述。相互隔绝下的论点与材料的符合，更具说服力。自利普斯之后，野生稻麦方面论证迭出。农学家哈兰和佐哈里这样描述土耳其的野生小麦：

现在可以在几千公顷的土地上，收割同栽培小麦田上一样稠密的自然生长的野小麦。如果现在的丰盛，能够表明一些一万年以前的情况，那时的食物采集者肯定会被吸引到土耳其东南部这些野麦地里来。（转引伊萨克，1970，78）

其他学者对别处的野生稻麦的描述：

在印度不同地区至今仍然生长着野生稻，而且很多地区如奥里萨的杰普尔区人们仍然采集野生稻，尽管现代水稻也在这些地区种植。这种采集与农业并存的现象在印度流域的梅尔格尔地区距今8000年的农业最早阶段就很明显了。（Evans，1993，47—48）

明尼苏达州的湖稻现在已经成为一种美食，而在以前，它就是当地人的主食。他们付出少量的劳动就可以收割到大量的湖稻，非常经济合算。（阿莫斯图，2001，94）

哈兰的亲自尝试，成为多个学者笔下的美谈：

哈兰在土耳其仅仅用手和石镰每小时就能从野生的小麦植株上采集1公斤以上的干净籽粒（阿莫斯图说是4

> 磅——笔者注)。他随后得出结论:“一个家庭单位……在三周或者更多的时间里能够很容易地采集到野生谷物,而且用不着非常辛苦,就能采集到这个家庭在一年内可能消费的谷物或更多”。(Evans,1993,3;参阅阿莫斯图,2001,94)

一个地带的野生稻麦的收割是一次性,还是可持续的呢?伊萨克说:“收割并未减少一个地区的生产力,反而增加了它。(伊萨克,1970,89)利普斯《事物的起源》的译者汪宁生在该书再版后记的页下注中引用明代朱孟震《西南夷风土记》中的话:今滇西地区有“野生嘉禾,不待播种耘耨而自黍食,谓之天生谷,每季一收,夷人利之”。也分明透视出其可持续性。难道收割不会造成地力衰减吗?可能的解释有二。其一,未驯化的稻麦易脱落,因此只能收割到一部分,甚至一小部分,脱落的种子有些发了芽,有些化作肥料,故此地野生稻可以持续生长。其二,很可能,既有一次性收割的地带,也有可持续生长的地带,毕竟大自然中也有土壤肥力极高的地带。而只要有这样的地带存在,便会有上述数百人在此地的定居和村落。可持续生长野生稻麦的地带肯定是极其稀少的,而农业起源的条件若非极端苛刻反倒超出我们想象了。

但这些地带要走向农业依然存在一个中间环节的空缺。大自然的给予这样充沛,三周就能收割一年的食物,为什么还要自己种植呢?这是一个实实在在的问题。苏联考古学家卡博说:

> 马克西莫夫曾经提出,诸如澳大利亚土著这样的人群,在文化发展上属于中石器阶段典型的狩猎—采集者,

> 但与生产经济（在卡博笔下，采集狩猎被称为“依存经济”——笔者注）关系非常密切，他们已掌握了照管植物的技能，懂得在特定的季节收获，并用各种方式把植物加工成食物（包括去掉有毒植物中的毒素，脱粒、筛壳、磨粉及烤制未发酵的面包）。后来，研究人员认为，这些土著在某些方面比马克西莫夫所认为的还要更接近于农业。例如已有了灌溉的初始形式（水坝与水库的建筑）以防止土地在干旱季节干涸。……不过，土著缺少一件重要的东西，以土地备耕与栽培活动为开端的系统而有目的的植物栽培。……土著却没有在哪怕最原始的农业与采集—狩猎之间跨出决定性的一步。（卡博，1985）

收获者与采集者的差异比比皆是：批量的收割、加工、储藏，因此开发出了石镰、石磨、石臼、臼杵等多种工具。人类学家在考察现存原始部落中发现，他们虽然依旧靠采集生存，却熟知若干增加野生植物产量的方法。“在采集野生薯蓣时，他们把可食用块根的大部分切下来，但把茎连同块根的上端重新埋入土中，这样块根就又可以重新生长了。”（戴蒙德，1997，92—93）相信与野生植物有着更密切接触的“收获者们”早就明白，种子入土会发芽生长结果。漫长的收割历史，已经积累了种植所需要的大部分知识。

有大量野生资源却去种植是愚不可及。那么这“决定性的一步”是因何迈出的？我以为是人口压力。寻常发生的人口压力，与农业起源无缘。只有在如此特异的情形中人口压力才发挥了作用。即只有在“收获者”群体中，人口压力令其中一部分人“迈出决定性的一步”。哈兰和佐哈里认为：农业可能起源于野生谷类植物最为丰富地区的附近而非该地区内。（Evans，1993，49）我的看法是，农业是“收获者”群体中的移民们开启的。我们可以想象这一情形：沿着丰饶的野生谷物区定居的收获者群体，因天赐资源的不可思议的持续获得，人口激增，且终致食物供不应求，于是团体内达成妥协，一部分人带着不薄的谷物移居到周边，开始了种植、采集、“收获”的综合经营。种植在其经营中占据一席之地，是因为他们梦寐以求的是能自己造就一块源源不断地出产圣米的地带。不期圣地不再，农耕却一发难止。

> 哈兰给出了许多例子，他相信不论是在地中海，还是中国或南美洲，农业都是上帝馈赠给人类的礼物。（Evans，1993，41）

笔者相信，“上帝”只是哈兰的一种修辞。那是包含巨大多样性的大自然将一种特异的小环境呈现出来，踏遍世界去采集和狩猎的人类，发现了这福地，环境的力量微调了人们的行为方式——收割、加工、储藏、制造新型工具，在人满为患后一部分勇敢者带着积累的知识和种子，去尝试种植。圣米与福地，是其中的第一要素。农业不是产生于压力和困苦，相反，产生于野生谷物最丰饶的地带。

迄今被考古学家判定为农业起源第一中心的新月沃地，证实着福地诱发农业的判断。该地自然条件之优越，在这个星球上几乎绝无仅有。新月沃地远离太平洋、大西洋、印度洋，使得此地屏蔽了大洋环流造成的大洋沿岸气候的不可预测性。且新月沃地被五大水域环绕：西面地中海，北面黑海、里海，东面波斯湾，南面红海，五大水域为“新月沃地上空的大气提供了丰富的多样性，但很少是出人意料的。这种可预测性与有利于庄稼和牲畜多样性的环境良机结合在一起。”（奥菲克，2001，234）除了气候的多样，这里在短距离内的高度和地形上富于变化。凡此种种，形成了这个一年生植物品种最多的地区。全世界56种最有价值的野生禾本科植物，这里有32种之多。这里还有一个资源上的弱项，即缺少水产品，却恰恰消除了替代物，促进该地人口走向农业。在本文的叙述中，可供收割的野生谷物是关键所在。在今天中国、印度、伊朗、澳大利亚、美国的地面上，从公元3世纪到今天，都记载和发现了野生谷物和收获者。可以料想，远古时代的新月沃地在这一项目上不会是空白。也可能正是在本地野生麦更强烈的诱发下本地农业更蓬勃的发展，导致在步入有文字记载的年代后，这里的土地已尽数被农田覆盖。戴蒙德未能拿出证据，但其论述中假设了新月沃地曾拥有大片野生麦地令人们永久地定居下来。（戴蒙德，1997，129）一句话，新月沃地的历史，亦为“上苍馈赠人类的礼物”之例证。

理论和解释必须面对反例。上述的“礼物”其实只包括稻和麦。人类最早驯化的作物是：麦，稻、粟。其余作物的驯化要晚些。何炳棣搜集的13条历代文献记载的“圣米”，竟无一条涉及粟。稻的驯化历史很可能不晚于粟，但在中华文明的早期历史中，粟发挥了更大的、无与伦比的作用。粟以何种禀赋牵引着先人，多数情节还扑朔迷离。我们在最后一节，将讨论粟与稻。

六、相互驯化

讨论农业起源的多数著作涉及作物的驯化。这颇可理解，种植作物与野生植物的巨大差异，吸引着人们思考它们是何以完成的。但驯化在农业起源中的地位没有想象的那么重要。这里，鸡与蛋的关系是清晰的。农业不是始于驯化，虽然驯化是农业的重要组成部分。

笔者读到过两种驯化定义。Johannessen于1982年给出的定义："自栽培耕作开始以来持续且受人类控制的有效改良基因型的进化过程。"（转引自Evans，1993，38）另一条出自戴蒙德："植物驯化可以定义为：栽培某一种植物并由此有意或无意地使其发生不同于野生祖先的、更有利于人类消费的遗传变化。"（戴蒙德，1997，102）

植物驯化所完成的主要变化是：谷类和豆类的果实不易脱落，快速而整齐地发芽，同步开花与成熟，果实大、皮薄、无毒，多倍性。成熟后果实易脱落，利于果实入土为安。而发芽和生长不整齐，体现着物种成员的多样性，它有助于物种在突发的灾变前不至于全军覆没。上述两种品性，都是野生物种的适应性所在。毫无疑问，果实不易脱落、整齐的发芽期和成熟期，是谷物和豆类中最符合人类需要的两种品性。谷类和豆类，特别是前者，是人类最主要的食物，便格外凸显这两种品性之重要。而有趣和幸运的是，得来全不费工夫。人类最初用石镰收割野生稻麦时的一大难题是，种子易脱落。可以想象，每一镰刀割下去，大半的种子会脱落，到手的只是小部分。但筛选也在瞬间完成了，即到手的多半都是不易脱落的。遗传规律决定了，易脱落者的后代多数也易脱落，不易脱落者的后代多数也不易脱落。这样，不种植便也作罢，一旦开始种植，第一次收获时，不易脱落的性质便大大高于其母代。这一茬中虽依旧不乏易脱落的，而它们中的多数恰因脱离而未被收割，即此次收割是又一次筛选。故在数代的种植收割中，完全在无意中，人类获得了种子不易脱落的作物。野生植物群中，各株禾苗的发育期和成熟期是不整齐的。在野生稻麦丰饶的地带，“收获者们”只需在较多禾苗成熟时开镰，因收获不菲，晚熟的禾苗可以放弃了。这样，虽然野地里的禾苗发育期和成熟期不一，但“收获者们”到手的种子的发育期和成熟期是大致整齐的。不种植便作罢，一旦种植，多数种子会比较整齐地发芽和成长。经一代代的种植—收割，作物的发育和成熟期便日趋一致。事实上，早发芽的种子安度成长期的可能性更大，当“收获者们”选择较早开镰时，就获得了早熟品种。与此同时，也选择了皮薄者，因为皮薄与早熟密切关联。上述几项品性的获得是无意识的。作物果实更大、无毒，在一定程度上是有目的、有意识的行为的产物。草莓越来越大，毫无疑问是筛选的结果。稻粒麦粒的增大，应该是播种前选种所致。选择饱满的种子，应该是最初的农人可以想到的、刻意的，但主要动机有可能是为了保证发芽，不管怎样是有意识的。无毒的获得，很大程度上源自对苦味的逃避，苦味常常与毒素结合。若同一物种中包含苦味的和无苦味的，人类会挑选出后者，加以繁殖。若某一物种虽有价值但统统有毒，对今天的科研者尚且是难题，早期的农人是无能为力的。

从以上分析可以看出，最重要的两项驯化完全是无意识间获得的。个大、无毒，也未必是直接的追求目标，动物同样是追求个大与味甜的。事实上，动物与植物在互动中进化。水果未成熟时是青绿的，成熟后是鲜红的。鲜明的色差提醒品尝过水果的动物：回避青涩的果实，不在未成熟时啄咬它们；快吃鲜艳的美食，借此帮助它们传递种子。互动中，水果“驯化”

了动物的判断力，动物“驯化”出水果不同时段的色彩。戴蒙德说：“但没有人会一本正经地把这种演化过程称为驯化，因为鸟儿、蝙蝠和其他动物不符合那个定义的另一部分：它们不是有意去栽种植物的。”（1997，104）进化是无意识的，不诉诸理性的。与之对比，驯化似乎应该是有意识的、有目的的。但吊诡的是，人类的意识仅在于种植，目的仅在于收获，早期驯化中某种品性的获得，诸如果实不易脱落、整齐的发芽期和成熟期，完全是无意识、无目的的。这与动物何异？当然驯化的道路一经开启，目的性行为便与日俱增。硕大的苹果很晚才获得，因为它要靠嫁接，远非无意识行为的产物。

虽然在诸多方面是无意识，但是人类与小麦、水稻、玉米完成了生物史上最伟大的合作，一同成为这个星球上最大的赢家。

> 小麦有一点比较特别，因比其他大多数草本具有更强的适应性，它与人类一道将很多草本植物驱赶出了自然界，使其自身能在世界范围内广泛繁殖生长，但小麦的适应能力仍然比不上人类……人类的生存能力超过了所有环境中的一切生物种类。（阿莫斯图，2001，113）

与小麦异曲同工的是水稻。二者都在一万年前完成了驯化，共同养育着人类。玉米姗姗来迟，大于5000余年前完成驯化，但后来居上。2006年世界总产量：小麦6.07亿吨，稻米6.35亿吨，玉米7.78亿吨，各自要单独占据约一百万平方公里的田地，无疑在植物的世界里高居三甲。

再看人类，其总人口已达70亿，这个数字相当于世界上现存所有大型动物个体数的120倍。（参阅威尔逊，2002，54）今

天，人类占有了陆生植物将太阳能转化的生物能的20%—40%。（威尔逊，1996，12章）

以上三种作物不仰仗人类当然不可能获得今日的地位。但它们也各具潜能，才成此气候。小麦和水稻，营养价值高，口感好，易于驯化，有抑制杂草的特征。易于制作成食品也是它们的优势。米饭最易制造。小麦最初不好加工，其颗粒蒸煮后口感很差，面粉做出的糊糊亦非美食，发明了面包的做法后，小麦才高居西方食品王座。而面包制作法发明于何年，恐怕已经淹没在人类摸索烹调术的历史中，永无解答。中国的馒头异曲同工。玉米则在不断的驯化后，产量超过两位大哥。人类与小麦、水稻、玉米联手通吃的局面，对世界生态构成将发生什么影响，颇堪寻味。

讨论驯化自然少不了谈动物。第一个问题就是，动植物的驯化，谁在先？传统的观点是，狩猎采集—畜牧业—农业，近几十年来主流的观点早已转变为农业在先。（参阅柴尔德，1951，53；伊萨克，1970，60）我国学者从中国考古和历史的材料中得到的认识与当代主流认识相似。李根蟠等学者认为，我国大量新石器时代遗址的发现，基本上都呈现了以种植业为主的综合经济面貌，至今未发现一处是以畜牧经济为主的早期农业文化遗址。在整个原始农业的发展中，畜牧业是新生的、发展中的经济成分，其发展在一定程度上依赖于种植业。羌、匈奴、东胡等游牧民族是从定居的农业文化中孳生或分化出去的。（转引自游修龄，2008，序言）

颇为神秘的动物驯化有过怎样的起始过程呢？柴尔德说：

（种植者）刚刚收割过田地中的残株，可成为绿洲中最

> 好的草食。一旦谷子入仓，种植者可让半饥的欧洲盘羊和野牛进入他们的园子。这些野兽太弱了，以至于无法逃跑，由于它们太瘦了，不值得杀了作为食物。……也许还会把储存的剩余谷子喂它们。这样，这些动物会变得驯服，并习惯与人接近。……如果人们认识到在他们聚落周围徘徊有这样一群半驯化的动物，来作为易获猎物的一种储存的好处，那么他们就会走上驯化之路。……他们在利用这些储备的肉类时，必须实行禁忌和鉴别。……禁止宰杀幼崽和驯服的动物……只杀那些最胆怯和难以驯服的公牛和公羊。他们很可能开始选种，剔除难以降伏的野兽，结果则更有利于那些温顺的动物。……随着时间的流逝，一群羊不仅被喂养得驯服，而且实际上依赖人类。（1951，61—62）

伊萨克说：

> 某些动物驯化可能是自然发生的。例如，被驯化的狗、猪和鸽子的祖先，可能“在心理上自然适应于”驯化。野猪并不躲避人类聚落，很可能最初是猪和狗在寻找人类，而人类则逐渐地取得了相互关系上的领导地位。野生的小猪很容易被圈养，它们的行为强烈不同于野猪的凶猛，“它们的个性”显示出“一种惊人的、想象不到的就范性”（里德《考古的证据》中语）。（伊萨克，1970，137）

当代生物学家揭示出大自然中存在的诸多不同物种间的互惠关系、寄生关系。峨眉山等旅游景点中的猴子，非但不躲避，而是追逐游人索要食物。就是说，当人类凭借农业有了多余的粮食，有些动物与人类的关系几乎是相互寻找，驯化不是难事。

当然绝不是所有动物都好驯化，都能驯化的。动物驯化的原因，我们下节还会继续。

生命的世界中充斥着互动、博弈，在人类驯化动植物的时候，人类也被动植物“驯化”着。阿莫斯图说：

> 博物学家大卫·林多斯（David Rindos）描述早期农业的用词非常精辟。他认为这是“人类与动物的共同性”，是“共同进化”的结果，这是一种无意识的关系，就好像蚂蚁无意识地对真菌的培养一样。那些在人类选种移植后才出现的粮食作物需要人工的培养才能存活繁殖，比如草本植物的种子没有人工辅助剥去表壳就不能落地发芽。农业是偶然发生的变革，是在进化过程中无意间涌现出的一种全新机制。（2001，104）

成功地驯化并从此靠种植养殖谋生的人类，不再是过去的人类。人类极大地改变了被驯化物，后者也同样极大地驯化和改变了人类。走入农业后，人类的大部分成员在数千年的时间中再也离不开土地，他们的全部生活节奏要跟随被他们驯化的作物，他们必须严格地按照时令耕地、播种、除草、收割、储藏。游动的自由从此诀别。农业民族的文化深深地浸染于农业，夏历二十四节气即是明证。他们的语言每每要借用被他们驯化的作物，周族之祖取号“后稷”，国之象征物曰“社稷”，祖与国尚且联名作物，遑论其他。

七、阶级、市场与宗教

农业产生了阶级社会，这是流行的观点。无独有偶，时下有了与之对应的观点：阶级产生了农业。前者近乎常识，后者似乎悖理。但前者的逻辑是需要推敲和辨析的。其实，阶级的种子不在农业之中，而在基因当中。卢梭说，人，生来是平等的，却无往不在枷锁中。达尔文则说："柏拉图在《斐多篇》中说，我们'想象的理念'来自预先存在的灵魂，而不是来自经验。然而预先存在的是猴子。"（转引自古尔德，1977，9）在一切群居的灵长目动物中，在食与性这两个最基本的需求上，我们看不到平等。人类是和这些表兄弟们一道进化而来的，平等的根源在哪里呢？相反，我们看到的是人类成员们彼此身心的差异，以及本性中对差异的追求，有理由说，这二者都是基因使然。农业的作用不过是为已经被基因注定了的人际关系充填内容，不过是将成员间的差异以物化的形式展现出来。换言之，如果人类的本性不是这样，农业所开启的社会将完全是另一番面貌。当然虽根源在基因，农业完成的绝非小事情。

阶级（而非其种子），以及市场、宗教，均与农业前后脚降临人类社会。以三者的巨大力量，如若不对农业——当时人类新兴的生存方式发生影响，倒是怪事了。问题应该只在于影响的程度。又因农业的起源扑朔迷离，因素甚多，殊难定案，对这三大力量思考一番，不无意义。

很多作者在讨论农业起源时提到园艺。拉德卡说：

> 在那些尚未从事大面积农业的原始耕作的地方同样也存在花园。"几乎所有的12000种人工培育的植物（疑此数字有误，或者"种"系"类型"之意——笔者注），在它们还没有被移到大田作为多种经营的对象而大批种植之前，都曾经经历过园林培养。"（弗兰次语）在近代早期，花园

> 成了提高农作物产量的实验室。从一定意义上讲，花园不仅仅存在于耕作的起始阶段，而且在它的结束阶段也会一样存在。（2000，63）

园子因何存在？戴蒙德说："差不多11000年前最早的菜园的一个可想而知的作用是，万一在野生食物供应短缺时提供一个作为预防的食物储备地"（1997，94）笔者的判断是，园子因重要的人物、重要的事项而建立。以防短缺或许是其中一项，但绝不是全部。

重要的人物是权势者。加拿大考古学家海登在20世纪80年代突发奇想，提出：富人发明了农业。

> 海登指出，在世界各地不同文化中，最早由人类栽培的作物都是麻醉品和美味食物，甚至包括制作宴会器皿用的植物（葫芦）。……在他看来，古时候的宴客是一项政治需要。……这些人一旦明白如何能借栽培的作物增添自己的威望与宴会价值，既而就会发现栽培作物还有实际的用途。他们用栽培的小麦酿出啤酒之后，又发现可以用小麦粉揉面做饼吃。人类便这样一头栽进了务农的生活。（康尼夫，2002，72—74）

这思想并非荒诞。阿莫斯图也说过：

> 当一部分人开始掌握比他人更多的食物资源的时候，食物就开始成为社会阶层的分化器，成为阶级的标识、衡量社会等级的尺度。……现今发掘的石器时代的墓地通常都表明，死者的营养等级与其地位等级息息相关。（2001，125）

农业除了我们说过的自身具有的锁定作用，其雏形一旦形成，权力者会加以巩固。因为它可以为统治者提供物质基础，因为农民要比猎人，定居者要比游动者，容易盘剥。（拉德卡，2000，74）

一个如果当时存在就不能说不重要的事项是交易，其背后的力量是市场。奥菲克是农耕起源市场说的辩护者，而他的浓重笔墨用在市场对畜牧业，特别对驯化羊的分析。

从狩猎向畜牧业的转变艰难得不可思议，其中必有一支力量发挥了力量，那就是市场。在那里肉不是营养品，而是商品。狩猎能成为人类的生存资源，仅在人类紧邻野生动物的情况下，在农业社会里已不再可能。因为肉类易腐烂，猎杀动物后送达遥远的用餐之地时已无法食用。每个农户饲养也存在问题。除了照管不过来，更重要的是一般人想不到的，放牧必须成规模，少了反倒更困难。这样，肉类在农业社会几乎出局。而驯化了的羊有一种特殊的性质，它可以持久地储存鲜活的羊肉达数年之久，并有极好的运动能力，可以从牧场迈开四脚走向市场和买主。是漫长的狩猎采集时代形成的人类的杂食需求，转化成市场购买的力量，催化出羊的驯化及畜牧业。（奥菲克，2001，第十三章）当然，这样的买主与市场，必与阶级之形成相关联。

另一支力量是宗教。苏尔相信，鸡的驯化中没有经济动机，因为下蛋和长肉的特征，是晚近的结果。养鸡的宗教目的是再现神话中神的战斗仪式，斗鸡也被用于宣示神谕。（转引自伊萨克，1970，149）苏尔、伊萨克的志向当然不限于鸡，他们认为，驯化的动机不在经济上，常常是非理性的；只是驯化完成后很快转向了经济。（同上书，第六章）

上述种种都不乏道理。菜园子很可能是权势者建立的，羊的放牧亦可能是市场催化的。但笔者以为，若说阶级、市场、宗教是农业起源的第一推手，或发挥了决定性作用，似乎勉强。如上所述，第一推手来自上苍馈赠的巨大的诱惑，以后是技能积累、人口激增，被迫移民。而阶级、市场、宗教，几乎一定在领受农业刺激的第一时间，以它们彼此不同的举措，反馈、推动和加固农业。

八、粟与稻

本章最后落到中国农业起源的讨论。中国人对人类农业起源的贡献，即我们的祖先最早驯化出的两种作物是粟与稻。戴蒙德说，中国人最早驯化出的两种作物是黍与稻（1997，84），这是错将“粟”说成“黍”。混淆粟黍，由来已久，波及中外。以至于我们对中国农业起源的讨论要从正名开始。

粟（Setaria italica）与黍（Panicum miliaceum）是不同属的植物，亲缘甚远。虽植物形态各异，但种子酷肖，故“小米”的称呼一般来说是兼括二者的。且二者地理分布与栽培条件极其相似。乃至不仅国人常常混淆二者，在外国的产地和中外学术界都同样存在这一问题。（游修龄，1999，11）

我们的先祖最早驯化出的，且养育了中国早期文明的是稷。古人说稷为“百谷之长”，稷就是粟。但恰恰在这里发生了分歧。从明代李时珍到当代何炳棣，这派观点认为稷是黍。笔者简述“粟”派学者对此的匡正。

自《孟子》以来，古籍中便出现“五谷”一词。五谷有两个说法，其一是稻、黍、稷、麦、菽，其二麻、黍、稷、麦、菽。两说法中均有黍与稷，故二者不该是一物。那么“百谷之长”的稷是何物呢？先看新石器时代考古发掘。游修龄在其著作中列出了1949—1990年的49处新石器时代出土黍与粟的情况。其中粟黍8处，粟36处，“谷子、谷灰、谷壳、谷痕”共7处（狭义的“谷”是粟的别称，但广义的“谷”包括粟、黍、稻、麦、玉米等等，故为慎重起见，此处将谷类分列），其中有两个出土地黍粟共存。（1999，31—32）以上可见粟在新石器时代的压倒优势。并且“粟不但在人类居住址的窖穴中出现，而且出现在随葬品中。这对我们考察粟在当时人们的意识观念中的地位，是一个极有启示的证据。……粟是迄今发现的唯一一种出自随葬品的作物。”（黄其煦，1982）史前遗址中黍的数量远逊于粟，但于省吾指出，商代甲骨文中黍出现的次数特别多。原因何在？有人判断与商代嗜酒之风相关。张光直说，远古人以为酒能通神。（张光直，1990，63—64）而甲骨是用于占卜的。早期作物中，能酿酒者当为尤物，其能与占卜文字联姻似合乎情理。黍若毫无地位，在后人眼中也不会与粟混淆。黍是黄河流域自新石器时代起仅次于粟的作物。（黄其煦，1983A）

关于粟的起源曾有埃及、印度之说。黄其煦的研究表明，埃及之说无考古证据，而印度发现的是龙爪稷，与粟根本不是同一种属。墨西哥的塔毛利帕斯遗址有过粟的发现，年代为公元前4000年，玉米出现后粟被放弃。中欧的湖居文化中也发现过粟，年代为公元前3000年。西亚只有黍，没有过粟的发现。粟系中国人最早种植，是明显的事实。黍的起源有几家意见。德堪多认为，原产于埃及—阿拉伯地区，传入印度，再传至中国。赫尔拜克则认为，源于埃塞俄比亚。野生黍的存在是判断的关键——考古遗址发现早期作物，若该地区没有其野生物种，则前者系传入的可能性很大。中国学者李璠指出，我国存在野生黍。我国野生黍与栽培黍的亲缘关系或已被实验证明或有待证明，笔者尚不得知。即中国最早种植黍的可能性很大。（黄其煦，1993A）

游修龄还指出，稷黍同物一派的成员主要是植物学家和草本专家，而稷粟同物一派的成员多为农学家，如贾思勰等人，后者更内行。粟之正名简述如上。

堪称奇妙的是，除了粟，我们的先人还最早种植了稻。甚至很可能，种植稻在粟之前。南中国阳光充足，雨水丰沛，气候温暖，且稻米颗粒硕大，香润可口，易做食品，挟持着这些主客观条件它似乎应该成为“百谷之长”。特别是如上所述，在农业已成主导生存方式的时代，尚且不断有大片野生稻的存在，在前农业时代，这种可能性必定更大。凡此种种，昭示着稻米被人类拣选的无与伦比的优势。但中国早期农业历史的走向非但没有偏向稻米，甚至未成双峰并峙之势，而是粟独家坐大，成百谷之首。从以粟为代表的农业中，孕育出历法、度量衡、文字、城市、王朝，并呈现出华夏文明自北向南传播之势。稻与粟历史作用上的落差，令人费解。农业起源赖多重幸运之因辐辏而成，少了一个便不知延宕多少年月。须知，在远古华南的土地上，享有这诸多利好——日照、气温、降水量——的不是野生稻一族，甚至在诸多植物们的生存竞争中，水稻这样的草本植物只是个小角色。那个时代江南大地覆盖着丰茂的林木，人与稻均奈何不得。考古学家夏鼐认为，石斧和铜斧的砍伐力不足，只有铁器出现后，才有可能变森林为农田；且水稻田的耕作，也需铁犁；所以长江流域只有在春秋战国利用铁器后，才开始其灿烂的文明。（转引自何炳棣，1969，88）

反观粟的成功，则仰仗着多重特异的优势。先说地利。今天不被看好的黄土高原在农业初创的年代却有着难以匹敌的优势，此诚所谓此一时也彼一时也。其一，黄土高原没有变林为田的伐木劳作。其二，土质疏松，易于浅种直播；且黄土有垂直的纹理，利于下层的肥力、水分被毛细作用带到地表。（黄其煦，1983B）再说粟的品性。其最大特征是耐干旱，无需灌溉。在此北方的干旱正与粟的超强耐旱性相匹配。粟所开启的旱地农业颠覆了农业起源于大河泛滥平原的理论。（何炳棣，1960，107—120）其实新月沃地也只是位于两河之间，那里的农业源于山地、丘陵，它们并不依赖幼发拉底河与底格里斯河的灌溉。（参阅戴蒙德，1997，13；奥菲克，2001，223）尼罗河的农业方式并无普世性。

但是粟的成功中仍有一个巨大的不解。我们前文强调“上苍的礼物”是农业起源的契机。古今中外都有大片野生稻麦的记载，却鲜见存在过大片野生粟的史料。遵循本文的逻辑：启动非常之举，必借非常之诱惑，不然生存方式的根本转型是不可思议的。遵循如此逻辑，寻找粟的非常优势成为关键。粟的最大优势被一句小学生都会背诵的唐诗道破：“春种一粒粟，秋收万颗子”。多年以来我一直认为这是“飞流直下三千尺”的太白式修辞法。读高成鸢书才知：粟每株有九十多个小穗，每穗有一百多粒，合计每株产籽万粒。（高成鸢，2001，105，120）其实这在亲近农作物的古人那里是常识，朱熹便说过：“一穗百粒”。只是今人已昧于农事。再看小麦，每株一穗，每穗30—40 粒。即粟与小麦的产籽率相差 250 倍，堪称霄壤之别。主要作物每亩地的播种量分别为：玉米 7 斤，水稻 9 斤，小麦 40 斤，粟半斤。粟的播种量比其他三种作物少得多。做这一对比仅为帮助我们获得一个印象。在一万年前先人准备种植粟的时候，并不存在这一对比，南方的稻和西亚的粟都尚未传入黄土高原。虽无对比，粟的这一包含巨大优势的品性，足以构成激励：如此微不足道的投入何乐不为？那么产出如何呢？初始种植粟的产量当然是永远无从知晓的。我们仅能获悉的是学者们对 4000—5000 年前的产量推断。战国时代粟的亩产 247 斤，多位学者相信，汉代“每亩三石”，换算成今日的计量单位，每亩 281 斤。（吴慧，1985，125，130）如果昔日的播种量是半斤，则投入产出比在 500 倍以上。即使最初种植仅收获 100 斤，也意味着只需省出一天的口粮作种子，便可望收获大半年的食粮。无妨再比较一下三种作物的亩产。

表 2–2

作物	1931	1932	1933	1934	1935	1936	1946	1947
水稻	336	383	351	281	347	355	339	247
小麦	146	146	154	153	137	151	140	138
谷子	164	167	161	168	172	176	166	139

民国政府农林部 1948 年统计手册，转引自吴慧，1985：201

敏感的读者会首先发问，汉代粟亩产 281 斤何以跌至 1931 年的 164 斤。对此学术界至今未能彻底解释，也因此有学者一直不肯相信汉代亩产 200 余斤。笔者认为，原因之一是水稻与小麦随播种面积增大，单产逐渐增加；粟则在漫长的年代中单产随播种面积的缩小而减少。播种面积的此消彼长，是稻麦口感上的优势所使然。1931 年播种面积中稻麦分别是粟的 2.4 倍、2.8 倍，1936 年稻麦分别是粟的 2.6 倍、2.9 倍。（吴慧，1985，201；经笔者计算）倚重愈大的作物，钻研愈深，故单产愈高；

反之，日益边缘化的作物，难免呈现包括种子退化在内的全面颓势。且内中亦有复种因素的存在。但是仔细对比1931—1947年的单产数据，可以看到，已经衰退的粟的单产仍高于小麦。如果对比1931年的粟与水稻在每亩地上的投入和产出，则粟是半斤/164斤；水稻是9斤/336斤。收获比率上粟占优（328：3.7），收获绝对值上水稻占优（163.5：327）。这是今天的算术逻辑。而如果放到原始时代，将守成既有与规避风险的考量加入，则粟是罕见的少风险、无风险的选择。不要说“春种一粒粟，秋收万颗子”，就是“秋收千颗子”也是巨大的诱惑。粟没有“圣米”的天降礼品的性质，其超群的繁衍力却是绵延不绝的。或许正是这一品性，令其身价百倍，成为百谷之长，也诱导先人走入农耕。

参考书目

阿莫斯图 2001/2005：《食物的历史》，中信出版社

作者的一些观点：早期的农业往往发生在有丰富野生食物的地区，表面上看他们没有理由要搞农业栽培。农业和工业的初期，生活状况都在恶化。面包的出现（之前小麦做出的食物很难吃），还没有令人信服的解释。它使小麦成为庞大的食物。

奥尔森 2002/2006：《人类基因的历史地图》，生活·读书·新知三联书店

奥菲克 2001/2004：《第二天性：人类进化的经济起源》，中国社会科学出版社

作者说：农业没有给农民带来舒适，考古中骨骼检测可以证明。他引用屠能（Thuren，1783—1850）的话：城市的起源在于农耕的分工，而不

是城市的分工。

宾福德 1983/2009:《追寻人类的过去》, 上海三联书店

作者说:变化的来源不是内在的原理的作用,也不是外在的压力,而是生态关系变化的累加。

柴尔德 1951/2008:《人类创造了自身》, 上海三联书店

作者认为:农业使得孩子成为可用之人,对猎人来说孩子是负担。还讨论了野兽的驯化之途。

戴蒙德 1997/2000:《枪炮、病菌和钢铁》, 上海译文出版社

一本奇书,极好的书。书中最振聋发聩的观点是回答为什么非洲、澳洲和南北美洲早生的农业未能像欧亚大陆那样走向普及。其解答是各大洲纬线长度的差异。欧亚大陆的横轴(即纬线)长度超过纵轴(即经线),其他各洲都是纵轴长度超过横轴。同时,欧亚大陆的纬线的长度是其他洲的一倍以上。同一纬度往往意味着温度、雨量、昼长、季节变化、疾病等方面的近似。从而造成驯化成功的植物在传播上的易行。他说:农业"是在不知道会有什么结果的情况下所做出的决定的副产品。""是自身催化过程,这个过程一旦开始,速度就越来越快。""草莓是通过自然选择来演化的。"——因为人总是采摘大个的野生草莓,人类排泄出草莓的种子,其排泄处成为作物栽培的试验场。书中新异的观点俯拾皆是。

恩伯 1985/1988:《文化的变异——现代文化人类学通论》, 辽宁人民出版社

高成鸢 2001:《食·味·道:华人的饮食歧路与文化异彩》, 紫禁城出版社

何炳棣 1969:《黄土与中国农业的起源》, 香港中文大学

作者提出:中国农业起源于小河流域,沿小河台地,近水而无水患。江南农业晚是因为森林的原因,要等到铁器来临才能伐木和开垦。仰韶时期栽种小米(粟和黍稷),耐旱(耐旱系数)、高产、成熟期短。迟至西

汉，关中仍不好种麦。

黄其煦 1982：“黄河流域新石器时代农耕文化中的作物——关于农业起源问题的探讨”，《农业考古》，2 期

黄其煦 1983A：“黄河流域新石器时代农耕文化中的作物——关于农业起源问题的探讨（续）”，《农业考古》，1 期

黄其煦 1983B：“黄河流域新石器时代农耕文化中的作物——关于农业起源问题的探讨（三）”，《农业考古》，2 期

作者说：粟类作物对灌溉无要严格要求。笔者以为，这是它的优势所在。作者在结语中说：人类驯化的多数农作物属于禾本科，科内包括大量的野草。其祖本与其他植物激烈竞争，占据了更适合自己特点的环境区。土质优良、水肥充足的地方没有其立足之地，被乔木灌木占据。土质贫瘠、干湿明显，大型树木无法生存的地方，野草才容易扎根。农业的契机可能就在林地边缘的杂草地中。

卡博，弗拉基米尔 1985/1988：“食物生产经济的起源”，《农业考古》，1 期

康尼夫 2002/2004：《大狗，富人的物种起源》，新世界出版社

作者提出：不是农业产生了有钱人，而是有钱人产生了农业，他们的宴会需要特殊的食物。

拉德卡 2000/2004：《自然与权力》，河北大学出版社

作者提出：园艺种植比耕地要早。农业的推广与权力有关。农民比狩猎者容易剥削，为统治提供了基础。政治在定居中起了作用。

利普斯 1949/2000：《事物的起源》，敦煌文艺出版社

这本书初看不起眼。后来才发现，我关心的诸多起源问题，比如树皮布，作者都讨论过。

墨菲 1986/1991：《文化与社会人类学引论》，商务印书馆

萨林斯 1972/2009：《石器时代经济学》，生活 · 读书 · 新知三联书店。

其观点耐人长久深思：狩猎者并不贫穷；储存意味着放弃了流动；采集

者的劳动时间大大低于工人。

托卡列夫 1978/1983：《外国民族学史》，中国社会科学出版社

瓦尔 2005/2007：《人类的猿性》，上海科技文献出版社

威尔逊 1996/2004：《生物多样性》，湖南科学技术出版社

多样性已成为当代社会中最时髦的词汇。而能够解释多样性存在之基础的，非博物学家莫属。而爱德华·威尔逊无疑是最恰当的人选。该书中的闪光思想不胜枚举。生物多样性的基本单位是物种，不是基因。每个物种是个封闭的基因库。生殖隔离是生物多样性的原因。

每隔几千万年或一亿年就有一次大灭绝，地球上发生过五次。从大灭绝中恢复，500 万年只是启动，恢复要数千万年。物种能恢复和增加，为什么担心灭绝呢？新物种多是低劣的。人类的活动使物种灭绝的可能性增加了一千至一万倍。存在着三种财富：物质、文化、生物。生物多样性被挽救的越多，人类发展的潜力就越大，更安全。

威尔逊 2002/2003：《生命的未来》，上海人民出版社

吴慧 1985：《中国历代粮食亩产研究》，农业出版社

伊萨克 1970/1987：《驯化地理学》，商务印书馆

作者说：游牧是农业的次要分支。在不与使用牲畜的农民居住区临近的地区，没有从游猎社会发展来的游牧社会。

游修龄 1999：《农史研究文集》，中国农业出版社

对长久以来粟与黍的混淆做了很好的梳理和澄清。

游修龄 2008：《中国农业通史·原始社会卷》，中国农业出版社

该书说：马南传很困难，因为马水土不服。中国先农业，后转为畜牧业是春秋战国时代降温导致的。

张光直 1990：《中国青铜时代，二集》，生活·读书·新知三联书店

郑也夫 2001：《信任论》，中国广播电视出版社

郑也夫 2009：《神似祖先》，中国青年出版社

Evans, L. T. 1993/2005：《作物进化、适应性与产量》，中国农业大学出版社

作者说：作物的驯化，引起多学科的兴趣：人类学、考古学、生物化学、遗传学、地理学、语言学、分子生物学、生理学、社会学、系统分类学。诚哉斯言，因为动植物的驯化意味着人类生活方式的根本改变，其实就是人类文明的开始。

第三章
文字的起源

一、两千年定义之争

本文的主旨是讨论文字的起源。我们将从定义去破题。与其说这是因循当代学术的习惯，毋宁说是因为中西先哲在两千多年前就罕见地为我们留下了“文字”的定义，提供了一个可遇不可求的便利视角。

亚里士多德（公元前 384—322）在其《解释篇》中说：

> 口语是内心经验的符号，文字是口语的符号。

扬雄（公元前 56—公元 13）在其《法言·问神卷》中说：

> 言，心声也；书，心画也。

《法言》问世于纸张发明前，故“书”字不作“图书、书籍”解。许慎（公元 58—147）在《说文解字叙》中屡屡说及“书”字：“初造书契”、“仓颉之初作书”、“秦书有八体”，其“书”的意思显然是“文字”。而“画”可解作“视觉符号”。故

扬雄之“言，心声也；书，心画也”可译作今文：“口语是心之声音，文字是心之画符”。（参阅曹念明，2006，28—29）

以上两个定义的不同已经不是高下之分，而是正误之别了。显然是晚亚里士多德三百余年的扬雄正确地理解了文字。而造成这一认知差别的，与其说是二者的能力，毋宁说是他们各自的母语。用当代学术语言说，汉字是自源文字，古希腊文字是借源文字。自源文字起于象形，它们是被指物的符号，而非口语的符号。字母文字在文字的谱系中统统是后来的产物。如果亚里士多德说古希腊文字是“口语的符号”，是不错的。但这位古希腊文化的集大成者的志向当不囿于雅典城邦，必在人类与世界。他做出上述定义后紧接着说：

> 正如所有民族并没有共同的文字，所有的民族也没有相同的口语，但是语言只是内心经验的符号，内心经验自身，对整个人类来说都是相同的，而且由这种内心经验所表现的类似的对象也是相同的。

由此可知，其定义旨在覆盖人类的口语与文字。不幸的是其母语是借源文字，以那个时代的信息传播，他无从知道古埃及文字，楔形文字和汉字。扬雄是幸运的。他虽然亦有自己的局限性——不知拼音文字，但其母语给了他理解文字本源的恰当指引，遂洞悉口语与文字的差异及文字的特殊性质。

不管缘由与运气如何，毕竟在文字的定义上，正误昭然。但二人身后的影响力却天差地别。究其原因，系母以子贵。西方文化自近代后来居上，将亚里士多德的学说传遍东西方。扬雄的先知慧眼不仅不被西人知晓，在其本土竟也尘封。

1988年出版的《中国大百科全书·语言文字》中的“文

字”定义（该书 2002 年版的定义只字未改）如下：

> 文字：语言的书写符号，人与人之间交流信息的约定俗成的视觉信号系统。这些符号要能灵活书写由声音构成的语言，使信息送到远方，传到后代。（周有光撰）

这一定义显然在更大程度上接受了亚里士多德，而非扬雄的思想。

其匪夷所思者二。其一，数典忘祖。固然这不是最重要的。孔子说：见贤思齐，入太庙每事问，三人行必有我师焉，在在暗示着与其“有教无类”对应的“有学无类”。如他山之玉胜过吾地之石，便该从善如流。其二，也是最重要的，我们的汉字和汉语不可能支持亚里士多德的定义。不要说长期浸淫在汉字中，且有了日益丰富的小学和甲骨学的知识，即使是西方的智者只对汉字惊鸿一瞥，便再难深信亚里士多德的文字定义。这之中最好的人证是莱布尼茨。

以利玛窦为先导的对华传教士们为欧洲带来了前所未有的中国的信息。这些远不充分的信息给予欧洲知识界的一大冲击是汉字：偌大的中国各地有自己不同的方言和语音，但是汉字可以帮助他们完成彼此间的交流；汉字与其所指有直观的联系；中国与日本语言不同，竟然可以通过汉字完成一些交流。听闻汉字的这些特征，环顾与中国面积相仿的欧洲语言文字上的分裂，借鉴汉字创造“通用字符”的想法在欧洲产生。或许威尔金斯（John Wilkins）是第一人。其后的约翰·韦伯（John Webb）认为中华帝国语言是巴别塔混乱之前的人类语言。此种误解更神化了汉字。沐浴这一思想的莱布尼茨（1646—1716）在他 20 岁（1666 年）时就矢志借鉴汉字搞出“通用字符”。性格怪异的米勒（Andress Muller）因号称掌握了“中文之钥”而令众人钦佩。1679 年莱布尼茨在转给米勒的信中针对汉字提出了 14 个问题，其中一些颇具思想深度，譬如，既然汉字如人们所知是从物而不是从名的，我想知道是否有一个由数目有限的汉字构成的基本文字表，所有其他的汉字皆由它们组合而成？非物质性的事物是否也是借助物质性的或可见的事物来表达的？汉字是不是人为地一时间创造好了的，抑或也像其他语言一样随着使用和发展而发生变化？（莱布尼茨，1699，107）米勒在回信中对这些问题不置一词。后来莱布尼茨给米勒寄去《孟子》请他翻译而未果。怪异的米勒拒绝他人造访，并在去世前将遗物付之一炬。莱布尼茨只好通过在华传教士了解汉字和中国文化。从其获取的信息中汇编了《中国近事》于 1697 年出版，此书在欧洲知识界颇有影响。翌年在华传教士、法国皇家科学院院士、康熙皇帝的教师白晋读到此书，与莱布尼茨开始了长久的联系。1699 年《中国近事》第二版收入了白晋所撰《康熙皇帝传》。莱布尼茨以其卓越智慧，洞悉中国文化的价值，对之保持着持久不衰的兴趣。在他创造“通用字符”受挫后，仍心系中国文化的方方面面。他一直呼吁请华人到欧洲而未果。他无法学习汉字。但从白晋等传教士的介绍中，莱布尼茨形成了自己对汉字的如下认识：

> 考察一下天生聋哑的人对那些不具形状的东西可能有的观念也很重要，这些东西我们通常是用言语来描述，而那聋哑人应该是以完全不同的方式来描述的，虽然它可能也和我们的描述等值，就像中国文字的写法也和我们的字母的写法有等值的效果。虽然它和我们的字母的差别简直

大得无限，并且可能显得像是一个聋子发明出来的。（莱布尼茨，1765，115）

我们从中国文字就看到这一点。……可以有助于和隔得很远的民族容易地相沟通。……这种文字将真正是对眼睛说话的。（同上书，461）

在这里偶然性有某种作用，有时是精神方面的，在这里就有选择在起作用。也许有一些人造的语言完全是由于选择并且完全是武断的，如有人认为中国的语言，就曾经是这样。（同上书，296）

语言是通过发音提供思想符号。文字是通过纸上的永久笔画提供思想符号。后者不必与发音相联系。从汉字中可以明显地看到这一点。（莱布尼茨未刊稿，转引自德里达，1967，115）

汉字也许更具有哲学特点并且似乎基于更多的理性考虑，它是由数、秩序和关系决定的；于是，只存在不与某种物体相似的孤零零的笔画。（《致白晋信》，转引自上书，116）

从以上论述中，可以准确无误地看到莱布尼茨走出了亚里士多德的文字观。创造一种易学的“通用字符”，以使操不同语言的欧洲民族能顺利沟通，其文字观上的这一理想要比中国人更中国人。这理想曾经盘踞在一小撮欧洲知识人心中，莱布尼茨只是更执着罢了。上述前三段文字取自莱布尼茨的《人类理智新论》。该书致力于反驳洛克，完稿之年（1704）恰逢洛克去世，莱氏慨叹：没了对手出书何益，遂放弃出版。该书在其死后的1765年问世。以莱布尼茨的声誉，其关于汉字的论述，无论是见诸已经发表的著作还是他与友人的通信，都应该被欧洲文化界熟知。

卢梭便是一个证明。卢梭在其《忏悔录》中明言：莱布尼茨的著作是他最初的哲学读物之一。莱氏对语言文字的论述也反映在卢梭的作品中。但与莱布尼茨的观点相反，卢梭崇尚口语，贬低文字，认为前者属自然，后者是人为，文字与人类社会道德的堕落有不解之缘。两位对文字的看法如此不同的思想家，若对文字享有一些共识，恐怕在相当程度上反映出当时欧洲思想界的认识。卢梭1761年完成了《论语言的起源》之论文，1763年加工、划分章节。死后，1781年出版。该著作的英译者说："这是卢梭最用心的一篇著作。"卢梭在书中说：

> 文字的最初形式并不描绘语音，而是要么像墨西哥人那样直接描绘对象自身，要么像古埃及人那样以象形的方法来描绘对象。……文字的第二种形式是用约定俗成的字来表示词语及命题；只有在语言有了完善的发展，整个民族为共享之法律所凝聚，这种文字形式才有可能；因为这种形式包括了双重约定。汉字就是这种类型。（1781，25—26）

不管他对汉字的描述准确与否，卢梭的一个认识是明确的：人类最初的文字并不描绘语音。卢梭在语言研究中收益颇多，《论语言的起源》结尾引用其语录的同代人杜克洛（1704—1772）说得鲜明：

> 汉字，它对应的是思想，而不是语音（转引自德里达，1967，435）

卢梭的巨大争议性与超凡影响力是合一的。有莱布尼茨在前，卢梭在后，我们可以深信，至 18 世纪，欧洲的文字起源观已经走出亚里士多德的阴影。

卢梭之后语言学的研究大多进入专业学者的领地，而语言学著作能在专业领地之外发生重大影响的或许首推索绪尔（1857—1913）。有趣的是，其代表作《普通语言学教程》（1916）不仅同莱布尼茨的《人类理智新论》、卢梭的《论人类语言起源》一样是死后出版，且该著作非其手稿，是后人对其三期“普通语言学”的听课笔记整理而成，更有过之的是，这不是索绪尔的未竟之业，他根本无意写作，他自白：“厌倦了，关于语言学的问题，甚至正正经经写上十行也感到困难。”（卡勒，1976，12）这样一部书竟成为语言学史上的所谓里程碑。索绪尔书中讨论的主要是奠基于音位学的语言，讨论“文字”的笔墨很少，我们摘录一些：

语言和文字是两种完全不同的符号系统；后者存在的目的只是为了表示前者。语言学的对象不是词的书面形式加上它的口语形式；只有口语形式本身才是语言学的对象。但是口说的词与词的书面形式结合如此紧密，以致后者可能反客为主。人们会认为声音符号的书面形式比这个符号本身更重要。这种错误就好比认为一个人的照片比直接看本人能了解更多的情况。

文字的影响该如何解释呢？首先，词的文字形式让我们觉得它是某种永恒的和稳定的东西。……多数人更多地注意到了视觉印象。……文学语言增加了文字本不该得到的重要性。……于是，文字就取得了本不应有的重要地位。

文字只有两套系统：表意系统，每个词由一个独立的符号代表，而该符号与词本身的声音无关。……通常被认为是“表音”的系统则努力去重现构成词的连续声音序列。……我们将只讨论表音系统，特别是我们今天使用的这个源自希腊字母的系统。（索绪尔，1916，29—32）

上述文字颇耐人寻味。有人认为，索绪尔在重语轻文上回归卢梭，在文字观上回归亚里士多德。还有人认为，索绪尔是全面公允的，他分明提出了表意和表音两套文字系统，且明言他在讨论后者，故其文字定义限于后者。（曹念明，2006，16）亚里士多德根本不知世界上有表意文字的存在，故现代学者回归亚里士多德的蒙昧已不可能，而回归卢梭的重语轻文是可能的。但在阅读索绪尔时，笔者最感震惊的是这位大师论述中混乱的逻辑、无法调和的矛盾。矛盾之一，也是最外在和触目的，刚言之凿凿“只有口语形式本身才是语言学的对象”，接着便说“我们将只讨论表音系统”（即拼音文字系统），后者毕竟是文字系统啊。矛盾之二，索绪尔在文字的重要性上不能自圆。他说文字不过是“照片”，接着又说“但是，字母的专横还不止于此。通过将自己强加于大众，拼写能影响并改变语言。……现在，人们实际上是按照第二种形式发音的。”（索绪尔，1916，38）如果文字只是照片，没有力量，因何专横与僭越呢？索绪尔自己明言：他的口语研究离不开文字。矛盾之三，既然知晓有两种文字系统，为何只讨论其一，而不兼论二者，对此索绪尔没有给出理由。因为两者中表意系统在前，放弃了它，就是放弃了文字起源的研究。笔者明白，能指（亦有学者译成“施指”）与所指，共时与历时，语言是个系统，口语立足于音位——这些卓见形塑了这座语言学研究的里程碑。但是在看待文字上，他岂止是回归亚里士多德，后者是不知晓表意文字的存在，索绪尔是知道却麻木不仁，不思探究。索绪尔的文字观支配了西方语言学界几乎半个世纪之久。其后的反叛，其后“文字学”在西方的兴起，正是通过刺穿索绪尔的软肋，颠覆其理论大厦后横空出世的。

其实，在这半个世纪中，文字学的讨论，乃至其大名正号不时浮出水面，但不在西土，而在中国。陈望道在《修辞学的中国文字观》中说：

> 假若追溯源头，文字实与语言相并，别出一源，决非文字本来就是语言底记号。人们知道用声音表达思想，也就知道用形象表达思想。知道从口嘴到耳朵的传达法，一面就又知道从手指到眼睛的传达法。口耳和手眼两条思想交通的路径，现在固然有了合并的地段了，当初实非如此。(1925)

1935年唐兰的《古文字学导论》问世。1939年陈梦家的《中国文字学》问世。1949年唐兰的《中国文字学》问世，他在书中为文字学寻宗明义：

> 口上说的语言，笔下写的文字，两者显然是不同的。因为西方人的语言和文字差不多一致，研究语言也就研究了文字。……反之，中国文字是注音的，语言和文字在很古的时期就已经不一致，从文字上几乎看不到真实的语言，所以，在中国，几乎可以说没有语言学。但是，中国人把文字统一了古今的殊语，也统一了东南西北无数的分歧的语言，所以，从纪元以前就有了文字学，而且一直在发展。西方的语言学，中国的文字学，是两个不同的学科，充分

表现出两种倾向不同的文字里所造成的极明显的差别。……文字学固然不能包括语言学，同样，语言学也不能包括文字学。……真正的语言学是在十九世纪建立的，中国的语言学刚在开始，我们相信它会有很大的发展，但千万不要以为这一套新兴的科学是万能的，忘记了中国文字的特殊情形，把语言和文字的界限混淆了，而抹杀中国两千年来固有的文字学。（1949，3）

德里达惊世骇俗的《论文字学》（1967）是索绪尔《普通语言学教程》后，西方思想界厚积51年的井喷。这部书中与我们当下主题相关者有以下三层意思。

其一，是对“亚里士多德—卢梭—黑格尔—索绪尔”一脉相承的重语言、轻文字思想的批判。这些语言中心主义者，认为文字是语言的附庸；而语言所以是中心，因为它“与存在绝对贴近”。（德里达，1967，15）用他们的框架来表达，语言是内在、现实、在场、自然，与之对应，文字是外在、印象、再现、人为。在卢梭看来，文字是“尸体”。（卢梭，1781，82）在索绪尔看来，文字是“照片”。（索绪尔，1916，29）德里达评述卢梭和黑格尔的文字观：“文字本身通过非语音因素所背叛的乃是生命。它同时威胁着呼吸、精神……威胁着实体性。”（德里达，1967，34、35）索绪尔认为，音位是语言的基础，音位学使语言学成为科学，这是没问题的，是他的贡献。但是，德里达认为，索绪尔以为意义与感官的唯一自然纽带是声音（同上书，48），是不成立的，视觉和听觉同为纽带，“气流和墨水流（都）是语言本身的组成部分”，“没有独一无二的实在”，“我们可以说汉字系统是一种尚未完成的字母系统吗？”（同上书，

83，136）上述三位都声讨过文字的暴力和僭越，而德里达说：

> 解构这一传统并不在于颠倒它，也不在于宣告文字的无罪……之所以存在文字的原始暴力，是因为语言首先就是文字，并且这一点日益明显。“僭越”早已开始，正当性的意义出现在神话般的轮回效果中。“科学与艺术”决心生活在这种暴力之中，它们的“进步”以遗忘为代价，并且“伤风败俗”。（同上书，50，51）

其二，德里达提出了文字学，并探讨其方法论。他认为，以往文字史研究的毛病是：对关键问题的简短的目的论式的说明后迅速转向对事实的说明，理论脆弱和文献丰富的鲜明对照。（同上书，39）他承认：

> 由于文字完全是历史的东西，对文字的科学兴趣便始终采取文字史的形式。……（但是）一方面，文字学必定不是一门人文学科，另一方面，它必定不是一门分支学科。……对文字的沉思表现出来的这种元合理性和元科学性不可能隐含在一门人文学科中。……只有以所有科学为根据才能把握文字史学家的问题。对数学、政治、经济、宗教、技术、法律等学科的本质的反思与对文字史的反思和有关文字史的信息，有着深刻的联系。（同上书，107，123，129，132）

其三，文字起源问题。德里达说，语言中心主义对文字的起源和地位存而不论。（同上书，59）而“文字学家几乎不能回避以提出起源问题的方式追问其对象的本质：‘什么是文字’？”（同上书，38）但是在面对这个无法完全交付给经验和实证研究的起源问题上，德里达陷入了两难，一方面，显露出他不可知论者的面貌：

语言科学必须恢复言语与文字即内与外之间的自然关系——简单的和原始的关系。它必须恢复它的全部青春以及起源的纯洁性，这种起源没有历史。（同上书，48）

起源问题一开始就与本质问题混淆不清。（同上书，107）

对痕迹的思考无疑向我们表明不存在起源，即不存在单纯的起源；起源问题本身就包含在场形而上学。（同上书，106）

另一方面，又表现出他的按捺不住的积极思考：

没有痕迹的可能性就没有法律。（同上书，139）

文字的起源在千差万别的文化中始终是相似的，并且它以复杂而合乎规律的方式与政治权力的分配息息相关，与家庭结构息息相通；资本积累的可能性、政治—行政机构的可能性始终要经过文牍之手。（同上书，138）

独立于口语的经验多样性证实了文字发展的某种自律。文字不仅可以独立于“民族的绵延”而或迟或早、或缓慢或突然地产生。（同上书，435）

正是一种突发事件使书写符号突然出现，并且使狭义上的文字的突然产生成为可能。（同上书，123）

文字的起源问题与语言的起源问题难以分开。一般通过训练而成为历史学家、金石学家和考古学家的文字学家很少将他们的研究与现代语言科学联系起来。（同上书，39）

我们不可以奢望一位不曾研究过古代表意文字史的学者揭示文字的起源，我们重视和力图呈现的是一位西方智者的态度、方法论、对语言中心论的批判，及其批判前后西方文字观的走向。

从莱布尼茨到德里达，我们可以清晰地看到，亚里士多德—索绪尔狭隘的文字定义绝未笼罩近现代西方学者的文字观。1986 年《简明大不列颠百科全书》中译本（该书英文版每年更新，但中译本只注根据第 15 版，竟未注明译自哪一年的版本）中的文字（writing）定义是：

> 人类用来进行交际的约定俗成的可见符号系统。这个广泛的定义包括了两个重要的历史发展阶段。1. 早期阶段：用单个图形或若干图形的组合记事，图形本身能表明意义，无需跟语言成分对应。各种类型的文字雏形均属于这一表意符号阶段。2. 晚期阶段：不管是图形文字还是线体文字的书写符号，都成为口头语言符号（词、音节、单音）的视觉替代形式。这叫表音符号阶段，包括充分发展的文字。

而该书第 15 版 2005 年版的 writing 定义如下：

> Writing, system of human visual communication using signs or symbols that are associated by convention with unites of language—meanings or sounds—and are recorded on the surfaces of such substances as paper, stone, clay, or wood.（书写：人类视觉的信息交换系统，使用因惯例而同语言的意义或声音成分相联系的记号或符号，并记录于纸张、石头、泥土或木头上。注：笔者不认为 convention 翻译成“约定

俗成”是恰当的。语言中有约定俗成，文字中这种现象是稀少的，其惯例源自人为规定后的反复使用；而“俗成”是无意识的，无“人为的规定”。）

西方权威辞书中的上述定义显然不同于亚里士多德的“文字是口语的符号”和索绪尔“文字存在的目的只是为了表示口语”。但最令我们惊讶的是中国人自己编写的《中国大百科全书》中的“文字”定义为“语言的书写符号”，这是罔顾母语特征，顽固追随亚里士多德。特别是《中国大百科全书》（1988）的出版是在《简明不列颠百科全书》中译本（1986）出版两年之后，我们的词条撰写者全然无视国际学术界的进展，不思人家更新的定义与汉字更兼容。

此种顽固僵化匪夷所思，偏偏此类荒诞无独有偶。在中国古代的政治家和文人眼中，几乎没有比“封建和集权”更易区分的概念，柳宗元的《封建论》哪个文人不知。毫无疑问，基本上秦代以后的政治体制是集权而非封建。马克思的“封建社会—资本主义社会”是根据欧洲历史提出的，他对自己不甚了然的东方社会审慎地提出“亚细亚生产方式”，而不奢望以“封建”去概括。但中国的诸多学者，硬是要荒谬绝伦地给自己的社会贴上“封建”的标签。文字定义在中国的遭遇告诉我们，思想方法的扭曲固然肇始于意识形态，但它日后的走向却几乎无所不至。

二、陶符不是文字

人类文字起源探寻伊始，便有一源说与多源说之分。

一源说中，有认为人类文字起于两河流域的，也有认为起于埃及的。面对人类几大早期文字间的巨大差异，一源说提出了“激发式传播”的思想，即文字巨大的实用性和象征性，刺激接触到它的周边民族，创造出类似的具自身特征的文字。（费希尔，1999，62）

更为流行的多源说则认为极其稀少的几个地域分别独立产生了几大文字系统：公元前3500年古埃及的圣刻，公元前3200年的西亚楔形文字（也有学者认为两者实为一个起源地），公元前1200年中国商代的甲骨文，公元前800年中美洲的文字。

一源与多源之外的另一争议是，上述几大文字系统是人类最初的文字吗？一些学者将它们探源的目光投向了陶器上的符号：陶符。

笔者赞同多源说，所以将文字与陶符之关系的讨论聚焦于三地：中国、埃及、西亚。

在甲骨文研究获得其最初的成果后，便有学者从陶符那里寻找文字源头。此类著述甚多，大多是从细节上展示陶符与甲骨文相同、相似之处。其核心论点有三。其一，甲骨文太成熟了，之前必有漫长的文字形成历史。其二，与甲骨文的形成晚于古埃及圣书和苏美尔的楔形文字相对照，出土发掘的中国陶器和陶文的历史最久，数量最大。这能否证明甲骨文是从陶符演变姑且不论，但颇可挑战一源说之埃及中心论，因埃及可能影响两河流域文字形成的不是自己的文字而是陶符，而其出土的陶符晚于中国，后者为何不会发生其影响呢？其三，上述三种古代文字中都有与本地陶符形同或形似的，而形同形似数量最多的是中国，埃及次之，西亚再次。（拱玉书、颜海英、葛英会，2009，141—144）

笔者以为，回顾陶符说的提出与反驳，可以帮助我们深入思考文字的起源。陈梦家说：

> 现在看到的甲骨文字，前后不过两世纪半，在武丁时为象形字的，以后变为形声，我们可以看出不到三百年间文字变迁的速度。早期的甲骨文象形的多，可以推想它离原始文字还不很远。……我甚至于疑心文字是商民族特有的文化。……辛店期陶器上的画文，我们或以为它就是花纹，最多不过是“以画记名”的族铭。族铭只是一种征帜。……辛店期画文不能算作“有意的文字”。（1939，11，16）

徐中舒说：

> 夏代是否出现了文字或原始的汉字？据现有的出土遗存和文字发生发展的历史，我们的回答是否定的。……河南偃师二里头……郑州二里冈，南关外，槁城台西村和江西清江吴城等地遗址……这些陶器上的符号，亦不能认为就是正式的文字，基本上还是一些记事符号。……夏代社会经济似尚无力产生一个较为庞大的卜人集团，因而当时似无将现有的刻画符号等图像进行约定俗成的条件，故无法出现殷商后期的象形文字。……没有文字而能形成一个发号施令的国家，其例甚多。（1981，203，204，215）

张光直说：

> 我的意见是绝大多数的陶文符号，包括商代和史前的在内，皆为一些家庭、家族、氏族或者他们的分支等的符号和徽号，试图把它们与我们已经认识的字进行对照并把

它们破译成有意义的句子在很大程度上不大可能。……半坡村的陶器很可能是由每个家庭自己制造。(1978, 230)

裘锡圭说:

丁公遗址1235号龙山文化灰坑中,发现了一片刻有十一个符号的陶盘底部残片。……这些符号显然不是图绘,也不是无目的的任意刻画的产物。……不过我认为这并不是一种处于向成熟的文字发展的正常过程中的原始文字,而是一种走入歧途的原始文字。……只为极少数人所使用,并且只使用在一些较特殊的场合,成了一种行业"文字"或秘密"文字"。在这种情况下,"文字"符号完全有可能变得为一般人所难以辨识。(1993)

我们说汉字吸取了一些记号,并不等于承认这些记号本来就是文字。上举的原始社会晚期(注:仰韶、马家窑、龙山和良渚文化)的记号显然不可能构成完整的文字体系,同时也不像是原始文字。……某些记号为汉字所吸取,并不能证明他们本来就是文字。……大汶口文化象形符号应该已经不是非文字的图形,而是原始文字了。……已发现的大汶口文化原始文字只是用作族名的一些单字。……在商代后期,不少象形字已经变得很不象形,写刻文字的技巧也已经极为纯熟,看来汉字脱离原始文字阶段大概已经有一段时间了。但是另一方面,在商代后期文字里也仍然可以找到一些比较原始的迹象。……从上述这些迹象看来,商代后期距离汉字基本形成完整文字体系的时代似乎也不会很远。……汉字基本上形成完整的文字体系的时代,可能是夏商之际。(1978)

文字产生之前，埃及也广泛使用陶符。埃及出土陶器最多的遗址是涅迦达（公元前4000年上埃及的权力中心，已发现2200座史前坟墓）和塔尔罕（距开罗40公里，已发现2000座坟墓）。涅迦达的陶符有几百种之多，并呈现出从具象到抽象的演变过程。埃及陶符中的一个独特的现象是“王名框”，即一个方框，上面常常站着鹰神荷鲁斯，框内上面部分写着国王的名字，下面部分用竖线代表宫殿。多数前王朝晚期的王名框刻写在葡萄酒陶罐上。王名框经历了一个演化过程：从早期的图画到后来的较为抽象的无名框，再到后来的有名框。学术界普遍认为，埃及陶符是其文字取材的源泉之一，但不是埃及文字的前身。（拱玉书、颜海英、葛英会，2009，74—96）带有王名框的陶器无疑是专门服务于王室的，因王室在文字起源中的不可替代的作用，期待对王室陶器做出深入的探讨。

古代西亚陶器及陶符的出土遗址非常广泛。学者们做过这样的分析：有些遗址出土物中有陶符、无文字，有些有文字、无陶符，有三处遗址陶符和文字皆有。其一，亚赫亚一个IVC文化层中出土了文字泥版和一个陶符，年代难断先后，但是这些文字不是本地原生的，而是借用的原始埃兰文字，而埃兰文字的产生远远早于IVC。其二，布拉克出土了公元前3500年的陶符和公元前3200年的文字。文字系外部传入，且文字与陶符在外形上没有相通处。其三，埃布拉出土的文字也是外部传入的，与本地陶符是完全不同的两个系统。西亚陶符的研究者就陶符的功能提出了九种可能性：陶工符号，工厂标记，顾客标记，容量标记，容器内容标记，生产陶器家庭的标记，数字，魔力符号，死者姓名。（同上书，40—70，130—132）

对上述事实及其论辩的梳理诱导笔者产生了以下的问题和思考。

其一，为什么在迄今仅存的两种远古时代人类创造的符号——陶符和文字间，得不出一种因果的、单线的关系？原因很可能是我们所能发掘和看到的只是残缺的历史。石头、陶器、泥版、甲骨——我们所能见到的远古符号载体，都是凭借坚固的质地，穿越历史长河。很可能还有多种其他质地的符号载体已经消融在泥土和空气中，乃至事实的全貌永远不可呈现。于是非要在仅存的遗物间建立线性关系，必然是局部上似乎相像，整体上勉为其难。陶符很可能是文字前的历史中人类创造的诸种符号中的仅存硕果。比如，既然原始时代的很多陶符是王名、族徽等等，先人为什么独一无二地选中陶器做此类标识的载体？前陶器时代就没有族徽吗？为何不曾选中陶器与青铜之外、更易加工的质料去刻写族徽？很可能前文字的时代中人类曾经创造出诸多符号的载体，它们构成了文字符号的多个源头，陶符仅系其中一支。

其二，从考古发掘看，甲骨文自出现至成熟分明只有200余年。这是一个完善的文字系统真实的孕育—成长期吗？换言之，它一定需要更长的成长期吗？在何种条件下短时期亦可以成就一种文字系统？一方面，笔者接受陈梦家、徐中舒的论断：文字是商代特有的文化。另一方面，笔者承认文字系统孕育—诞生颇费时日。但却以为，那可以是一个漫长期和一个短暂期之结合，前者是多种视觉符号形式（包括陶符）的呈现期，后者是文字系统的初创时。即，超过总体百分之九十九的刀背做不足百分之一的刀锋的后身，尽管最终为文明之旅开路的是刀锋。

其三，陶符是文字吗？该如何完成这一关键的判定？不做考古研究的哲学家之所以能为古文字学家提供帮助，正在于方法论之重要。德里达说，尽管语言学拒斥文字学，文字学要成为一门科学必须借鉴语言学。（1976，39）倒掉洗澡水的时候，我们不可抛弃索绪尔澡盆里的婴儿。他的现代语言学基石是：“语言是一个表达概念的符号系统。”（索绪尔，1916，18）卡勒诠释索绪尔的这一思想：“只有知道了棕色和其他颜色的关系，他才会明白什么是棕色。这个道理就在于，棕色并不是由某些根本的性质所规定了的一个独立的概念。它是许多表示颜色的词汇中的一个，它的意义是由和其他词汇的关系所确定的。”（卡勒，1976，28）初期的语言是否不具备系统性呢？索绪尔断然否定：“假如认为早期特征不同于永恒的特征，那么这种看法完全是一种误导。我们不过是在恶性循环里面转圈。”（1916，10）如果我们拨开了方法论上的迷雾，陶符与文字的性质便泾渭分明。陶符的功能是什么？标识。无论其作为王名、族徽，还是陶工名、作坊名、顾客名、死者名，抑或表示容量的数字，统统是孤单的标识和记号，不要也不必与任何其他事物关联，所以一器一符是大多数陶器上的陶符的特征，两符以上的陶器少之又少，遑论“系统”。

其四，陶器及陶符的制造者是陶工。张光直认为：“半坡村的陶器很可能是由每个家庭自己制造。”（1978，230）西亚的陶器研究者指出，陶符的一种可能性是陶器生产家庭的名称。（拱玉书等，2009，58）我们不能排除稍大规模的陶器生产。裘锡圭说：陶符是行业“文字”。文字打了引号，说明他不认为陶符是狭义的文字。而行业文字，或曰行业符号，似乎暗指其内在的某种统一性，而一个内部沟通的陶器行业的存在超乎我们的想象。即使是一个超越家庭的作坊，其对象只是需要其产品的用户，一个作坊绝无与另一陶器作坊交流的必要，且因一作坊必覆盖较大的地域，作坊间交流的成本必定不菲。再者，也是关键所在，作坊间有统一陶符之需要吗？一作坊有一统诸作坊之陶符的权力吗？就是说，零散、孤立、不成系统的作坊与陶工，决定了陶符是不统一的，不一致的。它只能在狭小的时空中被识别。或许也有超越家庭作坊的例外，埃及陶器上的王名框令人想入非非，惜令人所知的点滴信息，难以支持更大的想象和推论。

其五，讨论语言与文字的形成机制时，人们常用一个词概括，即“约定俗成”。“约定”对语言与文字都适用，但对文字“俗成”是存疑的。费希尔说，语言可能是进化，书写则是人类有目的的制造。（1999，63）这话有点意思，可惜粗疏了些，唯将其深入和展开方见思想者的功力。“约定俗成”在《辞海》中的解释是：谓事物名称是依据人们的共同意愿制定的。这在语言中行得通，文字中却见不到。同一套语言可以不知不觉地覆盖广大的人群和地域，机制颇合约定俗成。文字则不同，它出现在接货人面前时送货人不“在场”，且没有“语境”和解释，只有干巴巴的一句话或几个词汇，不理解只能保持为不理解。故一套文字的形成中，“人们的共同意愿”是依靠不上的。文字这个符号系统，传播时靠的是某个“社会系统”。系统内成员已经知晓该文字，纵使天各一方，看到该文字时都能理解。已知晓此一文字系统是其沟通异地的前提，而同处一个社会系统是“知晓”的前提。表意文字系统很难约定俗成，其延展必要依赖一个特定的社会系统。市场系统可以自生长，却无力帮助文字系统自生长。启动文字的最初社会系统几乎非国家权力莫属。这是我们以下两节将要讨论的内容。这里需要特别说明的是，何故其近亲可以自生长，即作为文字之兄长的语言，为什么可以不诉诸社会权力便能覆盖广大的人群和地域。笔者以为，这是母语、幼态持续和人口不断迁徙三个因素辐辏而成。母亲养育其子女的同时不知不觉地教会了他们说话。人类幼子漫长的成长期，导致一个孩子有能力告别母亲和生长地，是他成长到十几岁时的事情。此时母语已经扎根在心，如若不然就必定是他追随长辈一同迁徙，母语在其长辈那里已经生根，他们还要不断使用母语。无论一个移民群体落脚到何方，不管他们在新地又开发出多少新鲜语汇，母语是他们的语言中不可动摇的底子。同根的群体相遇时，各自带着七八成的母语，二三成的新词，便既可畅通地交流，又能相互增添彼此的语汇。或许这就是语言的自然进化。这机制管不了文字。

三、泥筹与泥版

1929 年德国学者在乌鲁克（现伊拉克南部）发掘到大量楔形文字泥版，年代约为公元前 3200 年，这是迄今发现的最早的楔文。其形状与大家预期殊异，即其中相当一部分不似象形文字。凡此种种，诱发着学者们探讨楔文的起源。如前所述，陶符系原始楔文的假说难以成立，此消彼长中，另一解释渐渐成形。

1921 年法国学者雷格兰（L. Legrain）认识到苏萨的某一出土物是封球。1959 年欧本海姆研究了努吉出土的球封上面的楔文，文中多次出现一个近似于“卵石”的词汇。可惜上述两封球内的物品早已遗失。1966 年法国学者阿密见到了全套装置：

封球及其内存物，识别出后者即欧本海姆所说的卵石，阿密称之为calculi（筹码）。其后的学者更认识到封印。此一探索的集大成者是史蔓特–白瑟拉特（D. Schmandt–Besserat）。她自1969年始遍访14个国家的30个博物馆中的相关文物，1992年完成其著作《文字之前》。（拱玉书等，2009，150—151）

我们将史氏的理论称为“泥筹”。国内学者拱玉书系统地介绍了这一理论，但他称封球中的筹码为“陶筹”，笔者认为不妥。史氏称此物为“小型泥制物”，她统计分析的此物14%是石头和沥青制作物，其余皆为泥制物。故笔者认为，应该将clay token译为“泥筹”。首先，泥制品经晒干、风干或烘干，与陶坯入窑烧制的工序截然不同，称其为“陶筹”易与陶器混淆，误导读者。其次，此物的原料和制作与楔文“泥版”相同，故称其为“泥筹”合情入埋，名正言顺。

大约自公元前8000年始，西亚人，特别是苏美尔人，开始使用泥筹记录物品，此一传统渐渐光大。以后有了货物的运送，为防止丢失，送货人想出了一种让接收人验货的方式。大约公元前4000年时，bulle出现了。国内学者也有译为信封的。苏萨出土的bulle或为圆形，或为椭圆形，译为封球较好。送货人将与货物一一对应的泥筹放入球内，并在泥球未干时印封，最初是平印，后来是滚印。此时的泥筹已有长足的演变，原初的泥筹无孔、无刻记，此时或有孔，或上面刻有种种线条，后者的含义尚待揭晓。如此，接货人破球后对比泥筹和货物，如同今人照单收货。很可能是送货人在印封后常常忘记内中泥筹的数目，为自己方便，在印封时将带有刻写线条的泥筹一一按在未干的封球之外。初衷为弥补自己遗忘的这一方法，也给收货人带来了便利，他们不再破球看取泥筹，只看球外的印记便可验货。不期这一讨巧的举措完成的竟是一项极大的变革，人们开始以印纹代替泥筹，以二维代替三维，以符号代替实物。当然其实泥筹也是实物的符号，如此说来，印纹就是“二级符号”、“符号的符号”。既然印纹可替代泥筹，球内不必盛装泥筹了，不装泥筹还费心制球作甚。当印纹代替泥筹后，印纹的载体封球转化为泥版便势在必行。这就是“泥筹论”对楔文起源的解释。（费希尔，2001，15—18；拱玉书等，2009，149—157）

该理论受到的最大质疑是“大约1500多个苏美尔符号，该理论的解释只涉及其中很少的一部分。如果tokens（泥筹）符号造就了苏美尔系统，那么它们就应该影响了大多数符号。”（费希尔，2001，18）辩护者则说，楔文的来源除了泥筹还有陶符、滚印。（拱玉书等，2009，68—69，289—292）笔者在上节曾说，陶符很可能是同期产生的多种人造符号中硕果仅存的遗物。笔者以为，泥筹说的贡献在于探索楔文初创时的动力机制，而不在于指认楔文的前身，或指出该地区此前哪一种符号对楔文的造型构成发生了最大的影响。

但是还有一个问题，笔者不知史氏是否论述过，亦不知遭遇挑战与否。泥筹最初是模拟和象征实物的，要收货人明白不难。在其转化成泥版楔文的过程中，收货人凭什么能跟上送货人在符号制作上的变化和扩展。当面交换，则一切都好办。而一个渐变的文字系统传到四方商人手里，他们凭什么就能解读呢？

费希尔在介绍“泥筹理论”的第一句话是“完整书写的出现无疑是出于记录日常生活的需要”。（费希尔，2001，15）“日常需要”存在于远古时代一切人类群体中，为什么只有极为稀少的地区中产生了文字。商业需求与日常需求同理，呼唤不出文字。雅各布森说，在导致文字产出的诸多社会力量中，经济需要占据突出位置。美索不达美亚的楔形文字是响应经济需要而出现的，并被苏美尔人发展为一个高度成熟的管理机构的工具。这个机构控制着物品、服务及社会特权的分配。（转引自库尔马斯，2009，384）埃及圣刻和中国甲骨文，都是因宗教而非经济原因而产生的，这似乎质疑着“经济需要占据突出位置”。但是如同笔者并不认为宗教是文字起源的最重要原因，笔者也不认为经济是其最重要的原因，最重要的原因应该是在埃及、中国的宗教追求和苏美尔人的经济追求后面的那个力量，即国家权力。三大国家权力分别在各自的宗教与经济追求中促进了文字的产生。雅各布森记述的前后关系有误。不是先有了经济需求，其后产生了楔形文字，再后变为管理机构的工具，相反，管理机构是文字产生的第一推手。

对上述论断的微妙之处，还需补充说明。唯国家权力可望产生文字，并不意味着所有国家权力都一定会创造文字。换言之，文字依赖国家权力，国家权力依赖文字——这两个命题是不对等的，前一关系是非它不可，后一关系是有它方便。徐中舒说：“没有文字而能形成一个发号施令的国家社会，其例甚多。”（1981，215）成吉思汗的蒙古帝国当然不是唯一例证，唯其统治地域之广阔，堪称无文字国家权力的典型。

> 1204 年乃蛮王国失败时，成吉思汗收留了已故塔阳的掌印官，回纥人塔塔统阿，为他服务。塔塔统阿负有责任要教会成吉思汗的儿子们用回纥字体写蒙古文，同时，使他们用皇帝印玺以签署公文，这就是一个国务衙门的雏形了。（格鲁塞，1939，246—247）

之前无文字，之后也不会短期形成文牍管理系统，故引入乃蛮王国的回纥人与其说证明了成吉思汗帝国的文字管理，毋宁说揭示出其无文字管理的本色。印加帝国是无文字国家权力的又一例证。我们通常说“史前”其实就是“文字前的历史”。因为在器物的考古和基因的生物学鉴定出现之前，古代文献几乎是唯一了解当时历史的手段。复杂社会的无文字管理一定是凭借精炼的口语转达，卓越的记忆力，以及帮助记忆的非文字手段。了解其具体入微的管理术既是超难的，也是价值非凡的。但不管他们凭借什么，恐怕都颠覆不了无文字国家权力曾经存在过的事实。

我们回到苏美尔文字与经济生活之关系的讨论上面。泥筹与封球是用于经济生活的，故何种经济生活成为问题的关键。

前述法国学者阿密认为：苏美尔的生产者将他们的产品和清单，即封球和其中的泥筹，一起交给中介人，后者将之送至国家管理中心。（拱玉书等，2009，300）沙尔瓦特认为，在乌鲁克中期，出现了物资“再分配”。（同上书，299）笔者理解，再分配通常是由国家权力实施的。按照二位所述，泥筹不是在一般经济生活中，而是在国家权力管理下的经济网络中，演变为楔文泥版的。

苏美尔国家权力的形成先于文字，是不乏旁证的。其一是早期楔文中的内容。乌鲁克的 5000 多块早期泥版中有 650 块属于词表。共 15 种词表中包括人表和官职表。两表中呈现出多种官职。另一佐证是在公元前 3500—3200 年前已经出现的大型建筑：神庙和宫殿。（同上书，293，290）

如果承认劳动分工、社会等级的形成以及如此复杂的官吏等级制度的确立需要一个过程的话，就不能不承认，

> 它们早在文字产生之前，即在乌鲁克IVa之前，就已经存在。（同上书，293）

苏美尔国家权力存在于前，使得楔形文字产生的解释顺理成章。国家权力拥有自己庞大的管理系统。一方面，国家权力在此前社会上广泛存在的、形形色色的人造符号的基础上，制定出一套文字；另一方面，培养出识别这套文字的文牍官员，遍布其管理系统中。只有文字系统与识别文字的人员系统的匹配，才能使文字成为有效的媒介，运行于商业之中。

远古的历史必是极度残缺的。依赖不同民族的远古历史事实的互补和对照，我们对人类早期文明才有了较多的理解。我们至今对楔形文字的创作者们一无所知。所幸从人类早期的另一支自源文字系统中，我们依稀看到文字创作者们的模糊身影。这就是商代的甲骨文与贞人群体。

四、贞人与甲骨文

1890 年前后，河南小屯村的农田中常有殷代甲骨出现。村中的理发匠李成将之碾成粉末医治刀伤，后又卖给当地药店，如此经营竟十年左右。有心的古董商看到了甲骨上的契刻，便携带至北京见示于王懿荣、王襄、孟定生等人。深通金石学的王懿荣“见之狂喜”，断定其为上古文字。此为 1899 年（光绪二十五年）的事情。（参阅陈梦家，1956，647—648）此消息不胫而走，并带动了小屯村民的发掘和售卖。自 1899—1928 年当地村民有过 9 次私掘，所得甲骨近 10 万片。1928 年中央研究院历史语言所成立，就在同年殷墟发掘开始了。自 1928—1937 年共发掘 15

次，获得甲骨 24918 片。1949 年后发掘获得 5669 片。

须补充说明几点。其一，以上所说仅为有字甲骨。发掘出的还有无字甲骨。李济总结殷墟前六次（1928—1932 年）考古发掘时曾说："有文字者不过十分之一。"（转引自宋镇豪，1999）刘一曼说，即便在卜辞甲骨出土最多的小屯，"无字甲骨之数则难以统计，估计比有字甲骨之数量更大。"（刘一曼，1997）她统计了 1950—1991 年 22 个地点的出土甲骨，无字卜骨 5975 片，有字卜骨 5604 片，无字卜甲 1690 片，有字卜甲 662 片。（同上文）其二，"片"，"只是'数'而已，'量'却不可捉摸"。（董作宾，1955，15）原因是大小片差距悬殊。完整的龟甲长达 20—30 厘米，刻文多者近百字，破碎的小片只有指甲大小，上面仅有一两字。"从'数'上看，后期没有前期的多；从'量'上看，前期没有后期的多。"（同上书，17）其三，早期的私掘和私售推动了作伪刻字者，且因多刻在殷代的无字甲骨上，易于乱真，为研究设置了障碍。

埋藏地下三千多年的甲骨，在二三十年间出世十万余片，引起的轰动可想而知。董作宾在甲骨问世五十年时说："五十年之内，这种学问，竟逐渐蔚为当世的显学，全世界的学者竞相研讨。"（同上书，11）到今日甲骨学已成透视人类文字起源最重要的学科。而围绕甲骨文一百一十年的研究，无论在纵深还是宽广上，都有长足的进展。

甲骨文为殷代占卜文字，即殷代王室施灼龟甲或牛肩胛骨，通过裂出的"卜"字纹解释所问事情的凶吉。以后的学者发现，施灼占卜之术起源甚早，几乎是世界性的。（傅罗文，2009，86，89）中国最早的施灼占卜遗物为内蒙古巴林左旗高河沟门的牛肩胛骨，年代为公元前 3318 ± 181 年，距今 5300 年左右。

最初鹿、熊、羊、猪、牛骨均被使用，以后牛肩胛骨更为普遍，再后才使用龟甲。艾兰说：

> 为什么选择用水牛（或黄牛）的肩胛骨来占卜的原因很容易推测，它们的平面在普通兽骨里是最宽的，容易在兆旁边刻写卜辞。（1991，132）

问题在于牛肩胛骨用于占卜早于卜辞的发生。考古学家基本共识早于殷墟的白家庄、二里头遗址中均有牛肩胛卜骨。故牛肩胛骨最初是因骨面平阔而被选择是站不住脚的。当然可以认为，当刻写卜辞的需求产生时，此前已使用的诸种兽骨中牛肩胛骨成为首选。但是也可以认为，施灼占卜后平阔的牛肩胛骨诱发占卜者萌生了最初的契刻的欲望。龟甲用于占卜也出现于殷墟之前的二里头遗址。（傅罗文，2009，87）占卜活动已经使用过多种兽骨，卜辞却还未产生，若再增添新的兽骨显然与卜辞无涉，那么为什么又要加上龟甲呢？可以认为，是龟的长寿及其形状特异带来的神秘感，使得人们感觉龟甲占卜最为灵验故青睐于它。极可能是占卜时牛肩胛骨与龟甲的平阔诱发了占卜者在占卜之后契刻几个符号于其上的愿望。卜辞的产生才进一步锁定了龟甲与牛肩胛骨，特别是前者在占卜中的地位。

王室接过前国家时代已经流行的占卜习惯很好理解，因为其时大家共享一种思维方式。而王室着手占卜必大大增加占卜的频次，因为王室的活动，乃至带有风险的出行更多。

> 每旬必卜“旬无祸”，这是一种例行的公事。自盘庚迁殷以至帝辛亡国，八世十二王二百七十三年间，每月三旬，每旬必卜，且不止一次。（董作宾，1955，129）

除此之外，王室及与之关系密切的大贵族在占卜方式和风格上也与小贵族和平民拉开距离。我们可从五个方面透视。其一，非王室和大贵族更多地使用牛肩胛骨，而王室更多地使用龟甲。当然这是源于骨比甲易得，甲比骨稀罕。其二，王室使用的龟甲的尺寸大于非王室。王室和大贵族所在地出土了很多长度在 30 厘米以上的龟甲，非王室和大贵族出土地未见 28 厘米以上的龟甲。原因在于，小贵族们只能使用本地龟甲，而北方不生长大龟，殷王卜用的龟甲多为来自南方的贡品，特大的龟更是产于马来半岛。其三，施灼占卜前对甲骨的整治。王室甲骨的整治极其精细。以龟甲为例，先将首尾锯掉，边缘修成弧线，然后先凿后钻，将高骨去除，在龟甲上钻出一排排整齐、深而圆的洞，但不可钻透，“留有薄层，备作正面显示兆枝之坼处。”（马如森，2007，113；以上叙述均参阅刘一曼，1997）非王室要么整治粗疏，要么完全不整治。其四，有卜辞的甲骨基本上属于殷王及与之关系密切、地位极高的大贵族，小贵族和平民的占卜甲骨基本无卜辞。其五，占卜后对甲骨的处置方式。王室与大贵族同小贵族与平民截然不同。

> 一般遗址的卜者，占卜之后，很快将甲骨如同垃圾一样遗弃；而小屯、花园庄东地的卜者，虽有随意舍弃卜后甲骨的现象，但经常是将卜后之甲骨保存一段时间，再集中埋于窖穴之中。（刘一曼，1997）

王室甲骨的散佚、废弃都是少数。（董作宾，1955，58—61）

以上诸种差异的存在，从政治学、社会学的一般意义上看待，颇易理解。举凡上等阶级，王室更不待言，一定会利用种种手段，垄断稀缺资源、知识、工艺，以赫然区别于其他阶层。

但若微观具体看待，则以上五种差异又有不同。前两种差异，即更多地使用龟甲乃至垄断大尺寸的龟甲，明白无误地显示出上述用心。后三项差异在昭示区别性上，甚至比之前两项更有过之；但却留有很大的疑问，即此三种行为是为了什么。独占和垄断是无疑的。但那不可能是虚妄的追求，其中必有某种实用价值的存在。实用性与炫耀互为表里，后者不可能脱离前者而存在，百无一用如何炫耀呢？这三项活动——占卜前甲骨的整治，卜辞即文字的契刻，占卜后甲骨的处置——中，我们最关心也最费解的是发明文字的用心，而思考前后两项活动的意义，有助于我们理解中间那项活动，即契刻文字的意义。

占卜前的凿钻很专业，非“经过专门训练、技术娴熟的卜者”不能为之（刘一曼，1997），那么整治是为了什么呢？逻辑上存在着两种可能性。其一，为了施灼占卜时省力、见效、事半功倍。一些古老技艺的作用，常常是在无法完成该项工作时才被我们意识到。请看当代日本皇室占卜的故事：

> 在日本，历代天皇举行登基大典时都要有卜部的官员龟卜。据说占卜的方法都是父子口口相传。大正天皇登基时曾命令卜部的每一家都举行龟卜仪式。据卜部的人说，纪州的一家渔夫好不容易搞到了一枚玳瑁的龟甲，就在家里灼烧，尽管是浓烟滚滚，但龟卜的效果却并不理想。看来在长达45年的明治年间，通过口口相传下来的秘诀或许把最重要的部分丢失了。（藤枝晃，1971，19）

笔者怀疑，未经专业人士整治，是那副龟甲灼烧不出卜兆的主要原因。其二，如此煞费苦心去整治，意图应不限于施灼后出现卜兆。艾兰的判断是：

（占卜的思维方式）是一种控制宇宙的手段。……商人在甲骨上制造人为的兆头去跟叙述性的建议相应。……贞人希望在占卜里包含整个宇宙，不要有任何凶兆。……它们的根本企图不是对将来做预言，而是企图确定神灵很满意收到的祭品，不会降灾，对什么将会发生的陈述是想得到一个响应，如果祭品不错，那将来就是“亡祸”（即“无祸”，卜辞中最常见的词汇——笔者注）……第一期卜辞中，不吉的占辞并不少见；但到了第五期，只是按照惯例写“吉”……这大概是因为甲骨上不再有凶兆出现，占卜只是单纯地用来证实向神灵们奉献了祭品。（1991，210，150，149）

饶宗颐描述这一争论并陈述他自己的见解：

夏含夷说：“占卜已经不再仅仅是知道未来的一种手段，而是控制未来的一种尝试。”……可见古时王者占卜并不是全部听龟来取决，而是“朕志先定”再行命龟的，换一句话说，人谋是在先的。……倪德卫教授说：“《金縢》所记的占卜，是为了祈求鬼神同意占卜者的请求，不是为了决疑而进行的。”我想古代重要的事情一定是“先蔽志”然后再去命龟，所以人事的决断是很重要的。但不能完全说不是为了决疑。——《左传》已说过：“卜以决疑，不疑何卜？”可以见之。（2009，843，844）

笔者以为，不可以静态地、不变地看待占卜的目的。但占卜到了君王手中，并开始成为频繁的常规化的事务，当事者的心态和手法都会渐渐演变。艾兰提出从第一期卜辞到第五期卜辞中凶兆的锐减是耐人寻味的。笔者以为，极可能是钻凿在其中发生了作用。笔者绝不认为古人的心态和做法会像今日的作伪者一般，而是认为，他们很可能以为凿钻龟甲是在探索、掌控而非篡改命数。模拟凿钻和分析不同凿钻形态的烧灼效果，或许可以帮助我们澄清上述猜想和争论。

殷代王室存储甲骨是精心之作，以下描述可资证明。

> 存，是有意的保存着，储，是有意的储藏起来。每一个王，常常有巡守、征伐、田猎、游观等等活动，这些活动都有贞卜、又都不在殷都。又凡是卜夕的文字，多属于王在外面的时候。因此卜夕之文，常记有“在某地卜”的字样，田猎征伐游观，也记所在之地，这些甲骨，必是用车载去而又载来的，不然就不会出现在殷代的都城（小屯村）。很明白的例子，像帝辛征人方，从十年九月到十一年七月，向东南部兜了一个大圈子，南到淮，东到海滨又到齐。迁京之后，所卜用的甲骨，都完全带回来了。（董作宾，1955，59）

1936 年 3 月 18 日至 6 月 24 日中研院历史语言所在小屯村的第 13 次殷墟发掘：

> 得完好无缺的储藏甲骨文字窖藏一所，坑为圆形，径约二米，深一米余（1.6 米），满贮龟甲。此一坑中有完整的龟腹甲二百余版，编号共为 17804 片。……紧靠北壁，有一个拳曲而又倒置的人体骨骸，大部分陷入甲骨堆中，可知是同时埋入的。这一个发现，证明了甲骨文字一部分是有意的埋藏。石君（石璋如，这次发掘的主持者——笔者注）以为此坑即不是墓葬，此人可能是保管甲骨者，因甲骨的被埋藏，随之殉职，乃一跃而入。（同上书，51，58）

我们难以想象，如果占卜不作文字记录，存储占卜过的龟甲还有什么用；那几乎是一堆毫无差别的龟甲。占卜是为了在某一行动可否实施上获得启示，既已得到神灵或是或否的答复，占卜所承担的任务便告终结，那片不辱使命的龟甲可以废弃了。在通常的、“真实”的占卜意义上，存储是匪夷所思的。只有在做出上述的“甲骨整治”的分析后，我们才能想象存储的如下意义。其一，每片卜辞记述了王要做什么。其二，每片卜辞差不多都以明白无误的卜兆，显示神灵允准商王实施此举。其三，一片两片不足为证，唯大量存储的甲骨文字才是神灵保佑商王的系列证明。内中不乏少许凶兆卜辞，更凸显其整体真实性。其实王的每日生活与百姓一样是庸常的，除稀少的大事件外，最初谁也不会觉得有记载的意义。但当它们披上了“龟甲—祖先—神灵”的外衣，并串联起来，就成了伟大的史诗，区别性、合法性、神圣性，尽在其中。以文字记载的动力或许就是如此沛然而生的。接下来的疑问便是甲骨文的最初创造者们。

“癸巳卜宾贞旬亡祸十一月”——这段卜辞选自“大龟四版”之四上面，从中可以看出卜辞的通常格式，即先记卜日的“干支”，次记“卜”，再次记“贞”，其后是或长或短的问卜语，很多卜辞中卜贞两字之间夹着另外一个字。自1899年发现甲骨文后的30年间，“贞”为何意始终存疑，刘铁云释“贞”作“问”，如此却无法解释“贞”前面的那个字，其他人也始终提不出更好的说法；“贞”字前不断更换的那些字，更令研究者们失语。这疑团成了释读甲骨文的一大障碍。1929年12月12日史语所第三次发掘中于“大连坑”中出土了完整的“大龟四版”。其中一块是卜旬版，上有历时9个月的22条卜辞，其中卜字后贞字前共出现6个不同的字。董作宾先后排除了它们是地名（因前面没有“在”字）和官名（做同一工作不会有6种官职）的解释，最后推断它们是人名，而“贞”就是“贞人”，比如，“宾贞”就是名叫宾的贞人，“尹贞”就是名叫尹的贞人。董作宾认为，要明确什么是“贞人”，就要区分卜、贞、王：

> 卜与贞，本是两件事，早期是太卜司卜，太史司贞，有时王来亲贞。……卜人应该是只限于太卜，才有这灼龟见兆，断定吉凶的专长。卜辞里也偶尔见卜人的名字。……“贞人”是问卜的人，大部分是当时的史官，但不全是史官，有时候殷王亲自来问卜，记着“王贞”，这王也可称为“贞人”，王妇、王子、诸侯，偶然问卜，都写他们的名字，也都可称为“贞人”。不过史官作贞人，所记卜辞都是自己写自己刻的，同时我们可以看到他们的手笔真迹，比较他们书契的艺术和技巧。若是王贞，则卜辞的书契，自然需要史臣代庖。帝乙帝辛父子欢喜自卜自贞，常见“王卜贞”的记录，而记录者却是太史，并不是王亲自书契。（董作宾，1955，96，97）

换言之，问卜的工作大部分由史官来做，史官是替王来问询神灵，所以

> 贞上的人名即代王问事情之人，称为“贞人”。（同上书，143）

董作宾“贞人”的推断是甲骨文研究的里程碑，意义有二。其一，划定了书契甲骨文的小群体，这对于文字起源的研究意义非凡。其二，“贞人”是帮助庞大芜杂的十万余片甲骨文确定年代的重要手段之一，董氏“贞人说”的提出正是其致力于甲骨文断代的。

在笔者这样的甲骨文外行看来，自董作宾之后最出色的甲骨文著作当推陈梦家的《殷虚卜辞综述》，不是因为其易懂，而在于其超越文字之考据，打通微观与宏观。陈氏从下述几个方面挑战与发展了董作宾的观点。

其一，陈梦家在其著作中多次提出，王国维、董作宾提出盘庚以后武丁以前的卜辞，是不成立、不确定的，故陈氏认为殷代卜辞始于武丁。（陈梦家，1956，33，75，139）此后，历经40年的发掘和研究，李学勤、彭裕商维持着这一判断：

> 就目前所知，全部殷墟出土的甲骨文字，凡是能确切判定年代的，都以武丁时期为最早。迄今为止，还未找出确切属于武丁以前的甲骨刻辞。（李学勤、彭裕商，1996，328）

这一判定关键且要害。因为盘庚在其统治十四年之际，将国都从奄（现山东曲阜）迁至殷（现河南小屯）。若殷墟发现了盘庚的卜辞，则可以理所当然地推理：卜辞的传统有源自商王盘庚、南庚和商都奄的可能，乃至更早的商王和商都。反之，如果小屯村的发掘与鉴别呈现出清晰的、从无到有的世代断面，则几乎澄清了甲骨卜辞的起始年代。而小屯村有限的空间和不断的发掘，几乎坐实卜辞起于武丁之说。《书经·无逸》记载，武丁“享国五十有九年”。武丁不断对周边部落和方国用兵，据《易经》记载，其中一次与西北边的鬼方作战，历时三年获胜。《孟子·公孙丑上》说：“武丁朝诸侯，有天下，犹运之掌也。”武丁时期的卜辞上记载的方、方伯、侯、子、男等诸侯，证实了上述记载。殷墟所见最大的一块卜辞龟腹甲系武丁时期的，说明八方来朝上贡与龟卜地位日隆。而“享国五十有九年”无疑为卜辞这样庞杂且无先例的事务得以开创，并成其气候遂被继承，提供了时间的保证。

其二，对贞人的辨析。陈梦家在其著“百官”一章中描述了卜辞中出现的二十多个官名，其中包括“卜”，却不含“贞”。他说：“宾、丹、即，都是卜人名，各于其名前冠以官名‘卜’。”（陈梦家，1956，519）照此逻辑，“癸巳卜宾贞旬亡”可译为：癸巳，卜人宾某询问这十天有无灾祸。殊异于董作宾的译法：癸巳做卜，叫作宾的贞人问这十天有无灾祸。陈氏接受且高度评价董作宾对“宾”等都是人名的判定，却认为，“卜事”是分工的，命龟（即占卜时询问神灵）只是其中一项，卜事由卜人做，命龟之人（董氏所谓贞人）属于卜人群体。但是当我们虑及殷王有时也亲自命龟，几乎可以断定不是所有卜人都堪此任，故可以认为命龟是卜人中的资质最高者。且笔者以为，即便当时卜辞中的“贞”不是官职名称，在今人研究中为区别命龟者与其他卜人，将前者称为“贞人”是有益而无妨的。但陈氏还有一个判断不容轻视：

> 董氏从看到有七版完甲上廪辛卜人狄许多的刻辞往往有“书法的歧异”，即连他自己的署名在一版之内可有不同的写法，他将此解释为狄书写太随便与太不规则。我们以为这种现象正足以证明卜者与刻辞者之不属于一人。我们看到许多同版的卜辞，同属于一个卜人的卜辞，其字形的结构与风格不同处，正证明了卜人并不一定是刻者。（陈梦家，1956，16）

他这里说的卜人相当于董氏所称的贞人，即贞人未必是刻者。他在另一处说：

> 董氏以贞人断代本是很重要的发明。但是他以为‘贞人’不但是命龟者的卜人，又是史官；不但是刻卜辞的人，并且是书写卜辞的人。这样的引申，就过分了。（同上书，15）

以上说法言之成理，却令我们丧气地看到：确定原初书契者群体之艰难。按董作宾说，贞人司职书契，研究文字的发明者只需关注贞人好了。按陈梦家说，贞人是命龟者，他们“不一定是刻者”。笔者猜想，贞人中可能有些亲力书契，有些则交付其他人去做，原因或许是书契技艺的问题，即不是人人都擅于书刻，但贞人似乎都应该是识字的，不然甲骨文精心储存为了什么呢？它们应该是为了殷王与命龟层次的宗教人士阅读的。即笔者以为，“卜人不一定是刻者”不是缩小了文字发明者的圈子，文字发明者在卜人群体中，必定包括贞人，但不限于贞人。

其三，陈梦家承认，其时甲骨文研究的最基本的工作是考定年代与分别时期。而断代的重要依据是世系、称谓、占人三者间的互证，三者中又以贞人，陈氏固执地称其为卜人，尤为重要。陈氏觉得董氏的“贞人王朝”的划分太粗，他企图将分期细化，最终变“贞人集团”为“贞人组”。陈氏对此有三点贡献。董作宾先后两次从卜辞中搜寻贞人，首次得 26 人，后增至 77 人。一，陈氏从甲骨卜辞中搜录到 120 名贞人。二，重新核定了贞人们所处的王朝，对董作宾的一些考定做出修正。其中最大的差别是董氏第四期的 17 个贞人，陈氏认为当属武丁时期。三，陈梦家还提出了一个在当时甲骨文界超前的观点：

> 按照我们的看法，字体文例如一切制度是逐渐向前演化的，不能机械的武断的用朝代来分割。（1956，155）

他只是有限地实施此一原则，即对那些无贞人名字且与有贞人名字的卜辞不处在同版上的卜辞，根据字体文例判断后放入贞人的“附属组、不附属组”。并对每一“贞人组”内的成员做出时间先后的一点区分。

以下为笔者根据董、陈二人著作编制的贞人断代表。（董作宾，1955，109—116；陈梦家，1956，203—205）

表 3–1

董作宾贞人断代表		陈梦家卜人断代表	
王朝	贞人数	卜人数	王朝
武丁，可能还要加上盘庚、小辛、小乙，以至祖庚	25	42	武丁
		31	武丁晚期
祖庚一部分，祖甲	18	6	祖庚
		16	祖甲
廪辛，康丁	13	18	廪辛
武乙，文武丁	17	1	武乙
帝乙，帝辛	4	6	帝乙，帝辛
共计	77	120	共计

不管是否得自陈梦家学术思想的遗产，今天的一些甲骨文研究者，注重字体与卜人的不同属性。李学勤与彭裕商说：

> 卜人分类的尺度较宽，而字体分类的尺度较窄，也就是说由卜人联系起来的卜辞比由字体联系起来的卜辞要多些。……“同一卜人所卜之辞，在字体上可能分属于不同类别”，实际上这是极少数的例外现象，例外现象在各种事物中都是普遍存在的。而我们在这里定为分类标准的卜人，事实是指卜人集团。事实已经证明，各卜人集团的卜辞在

> 字体上都互不相混，不能因为有极少数例外现象就全盘否定事物的本质。（1996，19）

由上可见，今天的研究者们断代的方法虽已更重视字体，并未颠覆，而是甄别、发展了陈梦家上述卜辞断代。就笔者更关注的武丁时代，即甲骨文初创时期贞人的规模，今天研究者们确定的数量大约一百有余。（同上书，附表1；参阅宋镇豪、刘源，2006，204）

贞人来自何处，本文关注的问题幸运地被甲骨研究者们之后的一个洞见照亮。

饶宗颐在其1959年出版的大作中说："贞人人物之名号，其中不少原为地名，此等称谓，有时不是某一个人之私名，可以指若干人。例如春秋之齐侯晋侯，可指若干世之齐君晋君，不能专属小白与重耳。"（1959，1200）不久，张秉权撰文说："甲骨文中的人名似乎不是他的私名而是他的采邑或方国之名，所以隔代之人可以同名。"（转引自饶宗颐，1987）日本学者伊藤道治继续这一探索：

> 据同为第一期卜辞的三五一零十京津一六八一……吉在第一期某个时候受到殷的征伐，然后附属于殷，其一族的一部分人在殷都为王服务，他们的本住地成为王的田猎地。……人文B零九六二号卜辞里出现的吉也是第三期贞人……第三期里，吉族出身的贞人在殷任职。（1975，51、50）
>
> 兄祖庚在位时，在野的祖甲把那时统帅的几个集团的习惯反映在他即位后的制度里；关于贞人的选用，也很有可能从祖甲在野时跟他亲近的族群中去选用。……另一方面再看"大"，"大"虽是武丁时代被征服的族，但它跟殷

> 的联系在武丁时代的旧派时更亲近，在第二期祖庚时代作为贞人出现。
>
> 殷强大之后，（在）归其支配的小国，贞人仍位于其国家的中枢。这个贞人具有判定小国内的人们行动善否的能力，就是说可称之为咒术师，殷从被征服的国家，把这些贞人叫到殷都，由此而使殷王室有关占卜方面也具备了优越于其他国家的能力。进而可能是想在精神上也支配当时的世界。在第一期标准卜辞即王朝卜辞里，占卜的判定者只限于王，而且王也以贞人的身份出现。这表明王在贞人集团中是具有最卓越的能力的贞人。（同上书，55）

饶宗颐在提出贞人名号疑为地名之后28年，推进了自己的判断：

> 主持贞问之人物既多为邦国小君，可能即夏、殷以来之巨室。（1987）

上述三位学者共认，贞人来自殷的邦国、方国，其中一些贞人为“邦国小君”。殷代王朝垄断了这些贞人，便将龟卜提升到一个前所未有的高度。正是经由这些来自四方八国的贞人之手，卜辞即文字诞生了。笔者在前文说过：文字的孕育很可能是“一个漫长期和一个短暂期之结合，前者是多种视觉符号形式（包括陶符）的呈现期，后者是文字系统的初创时”。来自诸国的贞人将各地形形色色、传之不远的视觉符号带到了殷都，为汇聚百家、熔于一炉的文字创世纪，做好了准备。也可能卜辞的萌芽间或地出现于某方国，这信息一旦进入殷王武丁之耳目，几乎必定被攫取和光大，因为他矢志且开始执龟卜之牛耳，他要占有硕大无朋的龟甲，囊括众多睿智的贞人。若邻邦有了卜辞，他焉能无动于衷？

综上所述，甲骨卜辞，是在殷王武丁治下的五十余年间，经一二百贞人之手初具雏形，并在其后八位殷王，一百五十年的时间中走向完备。与神灵通话之记录，既满足了殷王的宗教追求，又捞取了敌手无法复制的政治合法性，此说对卜辞初创之动因具有相当的解释力。但其他视觉符号也须进入视野，何况正是卜辞中出现了“乍册”二字。乍册是周代因袭商代的史官名，它与周成王诰命“唯殷先人，有册有典”相印证，“则殷代已有竹木简的册书，大约是不成问题的。”（陈梦家，1956，518）

陈梦家曾说：“我甚至疑心文字是商民族特有的文化。”（1939，11）以后又说：“在它（武丁）以前，应该至少还有500年左右发展的历史。”（1956，644）而武丁前的商代只有280年左右的历史。何故又增添了200年呢？对今日的研究者来说，与其梦想能出土更久远的文字载体，不如致力于武丁时期卜辞的精细断代，确定卜辞问世的那一瞬间，其词汇量、其稚嫩程度、其后几十年间的发展轨迹，以判断它是最初的文字，还是更有前身。至于殷代的竹简、木简是在卜辞之前，同期，还是之后，笔者持开放态度。但更愿意相信，最初的竹木简同是占卜的伴随物，即它是甲骨卜辞的姊妹篇，因为我们没有看到与文字的其他用场相配套的某个系统的蛛丝马迹。

五、象形文字与声借

我们说过了两河流域的楔文和中国殷代的甲骨文，下面要谈古代埃及最早的文字圣书文。埃及文字是否独创一直存有争议。一派学者认为，埃及文字是独创的，甚至是最早的文字。（参阅费希尔，1999，62）更多的学者认为，楔文的形成稍早于圣书文，且埃及文字的形成期正是它与美索不达米亚联系频繁的时期，滚印便是它吸收后者文化的证据。虽然圣书文与楔文在字形上完全不同，而这派观点认为埃及人受到了文字理念的影响，即所谓“激发式传播”。（参阅佛斯科尔，2009，119）如笔者上文所述，楔文产生的直接原因是泥筹在政府经济活动中的使用和变异，甲骨文产生的直接原因是殷代君王与其贞人集团从事的占卜活动。迄今为止，鲜有学者指出埃及圣书文最初的、具体而单一的用途。相反“最初圣书字使用于多种场合和多种目的，并不限于庄重和神圣的场合，而且既可以手写也可以雕刻。”后来手写体（僧书体）变得更草率，圣书体才专事神圣庄重的事物。（参阅陈永生，2013，3）自源的创造大多起于某一具体事物，借鉴他人技艺更可能起始就应用于多个方面。这一枝节或许可以给埃及文字非自源说微弱的支持。但诚如日本学者伊藤道治对其论点的自我评价“在假说上再架上假说”，（1975，232）此情形岂独伊藤君的甲骨文研究，古文字研究大多难免假说。在事实的真实无法齐备时，逻辑的真实成为争论的热点。

圣书文与甲骨文的破解几乎是前后脚的事情。圣书文的破解本有一定传奇性，后又被进一步的故事化所夸张。

1798 年拿破仑三万八千官兵远征埃及，稀罕的是法国国家研究院 150 名学者随军同往。8 月 19 日一士兵在罗塞塔镇的一面残墙下面发现了高近一米二的一块灰红色石碑，一面有铭文，由军官转呈学者。学者发现上面铭刻着三种文字：象形文字（圣书字）、希腊文、古埃及的“世俗”文体，大喜过望，判断三种文字必是书写同一内容，便以为神秘的埃及象形文字的破译指日可待。罗塞塔石碑运回巴黎后，其拓片发送到欧洲各国，掀起了全欧洲破译古埃及圣书字的狂潮。不期，破译竟历时二十三年之久。法国天才语言学家商博良（1790—1831）在接触罗塞塔石的拓片前已精通多国文字，包括埃及的科普特文。他为罗塞塔石耗费了多年心力。商博良比较三种文字，发现希腊文 486 字，象形文 1419 字，差距之大令他疑惑后者不只是表意文字，而是由两种或多种符号构成。他改变了前人拘泥单字的路子，从宏观切入，将石碑上的世俗体翻译成僧侣体，再翻译成象形体，希望如此打通宏观和微观。他先是发现，圣书字用其象形符号表音以拼写外来人名，既而发现表音之用不止于此，终于顿悟。（莱斯利、亚京斯，2000，176，174）商博良在 1822 年 9 月 27 日的学术报告中说："我认为埃及人运用表音符号来书写，已有相当久远的历史，表音符号最初是表意符号里的基本部分。"该报告在 10 月底出版时冠名《就表音象形文字的字母表致达西耶先生信》，从名称即可看出商博良的惊世发现。数年之后他为埃及象形文字下的定义："这是个复杂的书写体系，是同时兼具表意和表音作用的文字。在一段文、一个短句甚至一个字里，都可能同时出现这两种作用的符号。"（转引自莱斯利、亚京斯，2000，160—180）商博良先后看过无数的石刻和莎草纸，但他早就放弃了翻译罗塞塔石，他初以为自己拥有的拓片不清晰，后才知罗塞塔石中象形字部分本身就是残破的。但初始激发欧洲学者破译埃及象形文字的确实是这块石头，这个世俗故事也多以讹传商博良破译罗塞塔石而告终。

埃及古文字与中国古文字同起源于象形文字，比较这两种文字的构造方式是本节的旨趣所在。而商博良发现的埃及象形文字兼有的表音功能是我们对比的要点。

首先要比较的是圣书字与古汉字的造型风格。大凡见过这两种文字的人，多会有这样的直观感觉：圣书字具象、写实，古汉字抽象、写意。此非文字成熟度的差异所致，即不是古埃及文字更原始所使然。圣书字从公元前 3000 年问世，至公元 4 世纪终，不像甲骨文、金文很快随新字体（篆、隶、楷）的出现而弃用，在其使用的三千余年中，字符形式基本未变。二者造型的基本风格亦非刻写文字之载体所致，载体均为硬物，前者为龟甲、牛肩胛骨，后者多为石头。此种风格差异甚至从两民族远古时期的陶符中已见端倪。（陈永生，2013，46—55）探讨二者差异之原因几乎是不可能的。对其产生的后果或许尚有少许想象空间。笔者以为，在日后的自生长，即产生新文字上，写实的文字要弱于写意的文字，因写意的空间大过写实。事实上，甲骨文大约有 3000 个字，而“埃及文字直到公元前 342 年法老时代结束只需要不多于 400 个字符。”（佛斯科尔，2009）世所公认，古埃及文字和古汉字是全世界文字中造型最美的，而二者在审美上各执一端。古埃及文字图文并茂，活灵活现，在审美上先拔头筹。古汉字凭借单调、简朴的线条，在审美上后发制人，构造出一种无法言说的秩序、和谐与神秘。还有一个差异就是，在演化过程中，古埃及圣书字叠床架屋，古汉字却一头扎进方块字的严整模式中。这或许是各自语言的特征所致。文字虽非因记录语言而产生，却不可能不受语音的影响。大多数汉语单音节，一个音素一个意思，毫不枝蔓，这一特征很可能影响到文字造型。

我们接下来的比较是文字构造方式，用中国古代学者的话说就是“造字之本”。而其最初的理论是“六书”。唐兰说，六书是战国末年的文字学理论，西汉大学者刘歆（公元前50年—公元23年）记载六书于其《七略》,《汉书·艺文志》录之，以后被许慎光大，成为汉语世界探讨文字构造的基石。（唐兰，1949，54—60）六书理论问世之时，埃及古文字大约已寿终正寝。或许因为其逝去过早，未给我们留下埃及古文字的当世人对其文字构造方式的解释。但象形文字的演化有若干相通之处，大可从许慎《说文序》中所概括的战国末年发展起来的文字理论“六书”说起：

> 《周礼》八岁入小学,《保氏》教国子先以六书。一曰指事。指事者，视而可识，察而见意，上下是也。二曰象形。象形者，画成其物，随体诘诎，日月是也。三曰形声。形声者，以事为名，取譬相成，江河是也。四曰会意。会意者，比类合谊，以见指撝，武信是也，五曰转注。转注者，建类一首，同意相受，考老是也。六曰假借。假借者，本无其字，依声托事，令长是也。

六书虽开解析构字（词）法之先河，其中的六种方式却分属两种性质，放在一起，徒生混乱。性质之一是字面的构成，即一个字是某物之形状（象形）、还是其意思（象意）、其指向（指事）、其声音（形声）——六书的反思者称之为“体”。性质之二是文字增长、繁衍的手段，即转注和假借——六书的反思者称之为“用”。就笔者所见，此一反思开端于从明代赵古则，他说：“四书不足，然后假借以通其声”。杨慎继续这一思路：“四象以为经，假借、转注以为玮，四象之书有限，假借转注无穷也”。万历年间的吴元满几乎明确说出“四体二用”。（参阅李芳芳，2008）以后清代小学家段玉裁在《说文注》中引用其老师戴震“四体二用”之说，《段注说文》的流行令世人以为其说始于戴震。六书可分为体用之论异常深刻，既认识到六书中的两种不同属性，又认识到字不够用，才“假借以通其声”。

现代学者唐兰进一步反思六书，说“四体”中的“象事”是多余的，大可归在“象形”之中。他提出“三书”：

> 象形，象意，形声，叫做三书，足以范围一切中国文字，不归于形，必归于意，不归于意，必归于声。形意声是文字的三方面，我们用三书来分类，就不容许再有混淆不清的地方。……象形象意是上古期的图画文字，形声文字是近古期的声符文字，这三类可以包括尽一切中国文字。（1949，63，61）

唐兰继承“二用”的认识，他说“转注和假借”是“产生新文字的方法”，故不能认为他完全忽视了文字演变。其实从象形到象意，从这二者到形声，都暗含演进之意味。

但仅暗含演进，不能令热切探讨文字演进的学者满意。陈梦家在唐兰之前就提出了更鲜明的“三书”：象形，声借，形声。他说：文、名、字，代表了三个阶级。文就是形，或曰象形字；名就是声，或曰声借字；字就是形加上声，或曰形声字。（1939，18—21，69—87）很多后来人批判他扔掉了“象意”，乃致缺少了对文字构成的一些解释力。唐兰在其著作中至少两次提到：“完全用图画文字时，除了少数象形文字，就完全是象意文字了。”（唐兰，1949，62，74）这是常识，况且陈梦家批评过唐兰的三书，怎么可能不熟知“象意”之重要，他是将“象意”与“象形”合二而一于“象形”之中，其要点在“声借”。如此体会，可以说陈梦家扔掉了六书中的重复、啰唆，将其精华有机地重组。

笔者以为，上述两家“三书”堪称现代中国文字史上并峙双峰。静态地看一个个汉字，唐兰的三书皆可解析。而动态地看，汉字演进中最大的革命是“声借”打通了“象形”向着“形声”的转化。唐兰可以说，定型的汉字中已不存在“声借字”，虽然唐本人是识别出最多甲骨文字的几个人之一。陈氏则可以说，声借在甲骨文中已比比皆是，以后汉字是经“声借”而蔚为壮观的。继陈梦家之后，刘又辛划定了汉字三阶段的时限：

> 象形字阶段……时间下限当在商代甲骨文字以前。……假借字阶段……时间从甲骨文开始到秦朝统一。……形声字阶段，从秦汉到现在。（刘又辛，1981）

什么是声借字？用今人的话来说，就是别字，或曰白字。写出别字不外两个可能。其一，不小心写错了。其二，举个例子说吧，某人识字甚少，带孩子出门前给配偶留言：“孩子要看老胡和师子我们去公元了”，其中的胡、师和元，分别是虎、狮、园的别字。这可不是错误，而是手段。一个人识字少只好这么做，一个民族在其文字雏形期也只好这么做。域外进贡了一头中土没有的动物，进贡者称它shizi，皇家的刀笔吏就写成了“师子”，以后为区别起见，加个偏旁成了“狮子”，“师”即声借，“狮”系形声。声借当然不限于外来物。比如象形字中本无表达自己的那个“我”字，靠象形或象意确实都不好办，刚巧某种武器的象形字与之同音，于是表达武器的“我”被借来指示表达者自己，久而久之，表示武器的“我”同那武器一样废弃了，表达主体“我”惯用至今。（陈梦家，1939，20）

声借是象形字向前发展的必经之路。象形字一旦用于表达社会生活，就面临字库太小，捉襟见肘的问题。仅靠象形和象意，极难产生众多的新字。今日识字少者会急中生智写出别字，古人声借便是太好理解的事情了。声借既是象形字发展的通则，便有了我们比较埃及圣书字和中国古文字的可能。

声借当然是借，而不是字义或词义彻底变更，故必定发生一字两用、一字多用的现象。当事人从上下文中判断其字义不会是太难的事情。但对几千年以后的人们则是极高的门槛，所以方显出罗振玉、王国维、商博良之伟大。

圣书字与古汉字在声借上有几大差异。其一，古汉字是“整字”声借。如果不是对照埃及圣书字，整字声借甚至很难被中国人意识到。比如“师”被声借，借的是师（shi）的声音，不是其中一部分（sh）的声音——似乎当然，岂能例外。但圣书字借的正是“半个字”的声音，即辅音的声借。只借辅音，没有元音，能读懂吗？语言学家告诉我们：

> 对于大多数语言来说，只标出辅音字母（上）比只标出元音字母（下）要容易辨认多了：
>
> W cn rd cnsnnts，bt nt vwls
>
> e a ea oooa, u o oe
>
> We can read consonnants, but not vowels.——这是以上两行辅音和元音齐备的文字表达。（费希尔，2001，72）

其二，圣书字对辅音的借用是固定在某个词汇上面的，比如⌓读作t，圣书中当然还有其他词汇以t开头，却只从这个词汇借用辅音t。如此，圣书字中声借的词汇是固定的，数量是确定而有限的。其中借用单辅音30个。令中国人费解的是借用的还有双辅音、三辅音。比如从⊏⊐借到了双辅音pr，pr中间插入不同的元音以组成不同的词汇，而加入哪个元音要从上下文中判断。从借到的是三辅音spr，可以插入两个元音，道理同上。双辅音和三辅音虽不能说是整字声音的借用，但也绝不是如同单辅音那样最小声音单元的借用。或许由此可以透视出古埃及人未尝不愿“整借”，而只求“分借”，但其每个词汇的发音长短不一，音素数量不等，才有了单辅音、双辅音、三辅音的借用。双辅音、三辅音的存在，说明了古埃及人声借的初衷绝无创造字母去拼写的意图。汉字则不同，它对某声音的借用不固定于某字。甲骨文中存在很多一音多符的情况。

其三，圣书字的辅音声借方式，借词少，有单辅音30个，双辅音136个，三辅音73个，共239个。反观汉字，其声借的字太多了。裘锡圭说：“从原则上说，汉字里每一个字都有可能借用为音符，实际上用作音符的字数数量也很大（古今用作声旁的字超过一千）。同样的字音往往借用不同的字来表示。”（裘锡圭，1978，13）声借来的字少，每个字的构词量就一定大；声借的字多，每个字的构词量就一定少。据李国英统计，《说文》中有声符1670个，构成形声字8233个，平均构词量4.97个。圣书字的声借辅音共239个，构词5000多个，平均构词量20多个，因双辅音、三辅音构词量较少，单辅音的平均构词量超过40个。（参阅陈永生，2013，115）

两种声借方式的差异中蕴藏着巨大可能性。事实上，正是这一差异导致了同为象形字出身的圣书字与古汉字分道扬镳。

六、字母诞生的历史

我们话分两头，分述圣书字与古汉字日后的演变及其外部影响。先说圣书字。

在古埃及，与圣书体同时产生的还有另一种文体：僧书体。两文体完全是同一个体系，只是因为服务于不同的目的而字体有别。圣书字多用于神圣事务，多刻写于纪念碑上；僧书字多用于日常事务，多写于纸莎草上。前者求美观，后者求简便，后者是前者的线性简化体。埃及古文字的使用导致了一个簿记员阶层的壮大。这个阶层享有很高的社会地位，相似于殷代的卜人、贞人阶层，而有别于两河流域地位平凡的簿记员。（参阅费希尔，2001，36，41）服侍不同目的，形成两种文体，必定是经簿记员之手的。簿记员阶层在文字实践中利用了声借，而声借反过来也影响到他们的进一步书写。

一种说法是公元前2200年左右，埃及簿记员们为了省力，只用辅音字母来书写。（费希尔，2001，72）另一说法是，被王朝派遣到偏远沙漠地带的簿记员的书写能力赶不上中心地的簿记员，加上他们面临很多外来的闪族雇佣兵和劳工的名册登记，故他们开始了只用辅音字母来书写（王嘉明，2010，134），最微妙的契机极可能是名册登记。其作用是双向的，一方面，催化簿记员使用辅音字母，不然无法完成外籍人的姓名登记；另一方面，这种书写极大地震惊和刺激了闪族雇佣兵和劳工：埃及人竟然可以用符号书写我们的名字，而且那方法并不艰难。很难想象，还有哪一种书写所构成的刺激，能高过书写一个初见文字者的姓名。

但是只用辅音字母书写只是部分埃及簿记员的部分行为。在堂而皇之的场合，依旧是使用象形字加辅音声借合成的文字系统。对古埃及人与拼音文字的关系有两种观点：

> 重理据的汉语结构原理需要对表音的方法进行表意化的改造，使之相互和谐合拍，而古埃及语的圣书字等理应反向发展。对表意的方法进行表音化的改造，使之适应语音与意义无强制性联系的特点，但圣书字等在还没有实现这种改造的时候就消亡了。(徐通锵，2009，259)

德里夫认为腓尼基的字母不可能是在埃及的土壤上发明的，因为它会被“埃及沉重得能压死人的传统、古旧的风俗和有权有势的祭祀们‘扼杀在’摇篮里”。(转引自古迪、沃特，2009，344)

徐通锵的表述显然包含了他对古埃及人打通他们与拼音文字一层窗纸之隔的主观期待，对两千年都未“实现”的“改造”，我们只能说埃及人其实是缺乏动机的。那时文字没有广泛的用场，圣书字和僧书字大可满足不多的用场，改变它们何为所图?

反观闪米特人，几乎立即接过来埃及文字中的辅音字母。这里不是象形与拼音哪个方法更好的问题，是因为他们见到了拼音，且学不来象形字。

1993—2004年达内尔(John Darnell)在尼罗河系的Wadidl-Hol沙漠地带先后实地发掘13次，发现了记录闪族话的字母性质符号的岩石铭刻，符号明显带有埃及象形文字的痕迹。这是闪族人借助埃及象形文字形成自己的字母系统的最初印迹。(王明嘉，2010，133—134)

改造埃及辅音字母后的闪族字母不超过30个，当然闪族拼音文字中已经丝毫没有埃及象形文字表意的成分。除了借来辅音字母，他们还借来了埃及文字里面的“限定性符号”，作闪文中元音发音的提示符号。这就是产生于公元前16世纪的“迦南字母”。以后迦南字母传遍中东、地中海沿岸的闪族世界，其中包括北闪米特——腓尼基人。

公元前1225—1175年间，赫梯帝国灭亡，非利士人摧毁了爱琴海地区的很多城市，克里特文明从此消失。这之中，只有一套字母表幸存，即腓尼基字母。公元前1000年左右腓尼基字母已经发展完善，其中包括22个辅音字母，沿用了一千年后，演变成迦太基文，他们被地中海西岸各地的腓尼基殖民者的后代一直使用到公元三世纪。（费希尔，2001，76—78）

西方历史学之父希罗多德在其《历史》中说：

> 腓尼基人在卡德摩斯王子的带领下来到希腊，他们在希腊定居下来之后，给希腊带来很多新发明，其中最重要的就是文字书写。我想，这是一种希腊人之前一无所知的艺术。（转引自费希尔，2001，107）

近现代史学家大多同意腓尼基字母传至希腊的时间是公元前850年左右。希腊人对腓尼基字母表做出了大刀阔斧的改良。腓尼基字母表中的一些多余的辅音被希腊人变作元音来使用，这样经希腊人改造过的字母兼备辅音与元音，比此前任何一套文字系统更能忠实地再现口语。因尊重这份礼物，希腊人仍称之为腓尼基字母。希腊人所以能做出这样的改革，固然离不开他们的才智和魄力，但更为基础的原因是两种语言的根本差异：“腓尼基所有词都以辅音开头，而希腊语中很多词却以元音开头”。（费希尔，2001，112）语言存在差距并不意味着一定能做出改革，但若其语言与闪族相似，他们极有可能像此前受迦南字母影响的其他民族一样因袭无元音的字母表。现代希伯来文字和阿拉伯文字都是只有辅音字母，没有元音字母，这雄辩地说明，其前身闪族文字只靠辅音字母是不成问题的，那里没有发明元音字母的必要性。

公元前332年亚历山大大帝征服了埃及。以后几百年间的埃及，圣书字、僧书字、世俗字和希腊文一同使用，而其中以希腊字母记录埃及语文件使用得最多，这种使用最终定型为科普特文。古埃及人几乎触摸到了字母，但239个单辅音、双辅音、三辅音的并行，无元音在阅读时对理解力的较高要求，都意味着他们没有品尝到字母文字的便利。当然古代埃及贵族要不要这种便利也是存疑的。间接获益于埃及文字的希腊字母，返身一击，竟是哺育了字母文化的圣书字的死亡。亚历山大大帝固然功不可没，但是使用便利是第一成因，乃至在没有亚历山大的时代希腊字母仍然影响了整个欧洲。

希腊字母被借用到意大利半岛，开始了其伟力的最大释放。公元前753年罗马人从二传手伊特拉斯坎文学到了字母。公元前一世纪，严整的拉丁字母表产生。以后随着罗马帝国和基督教两大力量的扩张，拉丁文成为通行全欧洲的文字。这也使它在一个维度，即其统治的版图内文字与语言的脱节上，超过汉唐宋元明清的东方帝国。且因汉字自殷周一脉相传，它与其帝国内的各地语言毕竟有一定的相关并制约着各地语言的进一步离散。而拉丁文是在公元纪年的前后才开始支配欧洲，它与民族语言的脱节是彻头彻尾的。

一千余年后，当欧洲各民族的文字产生后（法文产生于10世纪，中古英语起始于12世纪，德语产生于16世纪），拉丁文被架空，最终成为死文字。

但全部欧洲的民族国家，无一例外地长久沐浴于拉丁文，最终其各自产生的统统是拼音文字。字母最终决定了这个世界上大多数国家的文字，包括地处远东的越南。

这是理性的胜利吗？不可以这样认识。中国文字的故事我们下面要讲。这里仅指出一点，人类文明的轨迹中充满偶然性，其中当然不乏理性的影响，但它绝不是纯粹理性的设计。拼音文字中的一个缺陷，即字母与音素的分离，算得上这道理的一个注脚。音素即音位，意指语言中的最小语音单位。如果某拼音文字是完美的理性设计，字母应当与音素对应和对等。而实际情况是：英语 26 个字母（5 个元音，21 个辅音），44 个音素（20 个元音，24 个辅音），德语 26 个字母（8 个元音，18 个辅音），42 个音素（19 个元音，23 个辅音）。这种不对等对学习和掌握语言，显然是费力气和不经济的。

我们不能无中生有。自己的语言特征、文化传统、外来文化的借用，当下有限的智慧，共同决定了一项选择。而这个绝非完美的选择很快成为新的文化传统和遗产，我们又必须在其制约下做出下一项选择，而此时我们的智慧依旧极其有限。

七、汉字演绎的过程

对提出古汉字为什么没有走上拼音文字道路的问题，德里达鲜明地认定是目的论，是伪问题：

> 这种分析似乎将“语言的语音分析”和表音文字看作一种正常的“结果”，看作一种历史目的。汉字就像驶向港口的船只一样在即将达到目的地时在一定程度上搁浅了。我们可以说汉字系统是一种未完成的字母系统吗？（1967，136）

日本汉学家宫崎市定则言辞闪烁：

> 关于汉字为什么既有音标部分而又未能发展成为纯粹拼音文字，这可以举出种种理由。而在汉字没有变成为纯粹拼音文字而白白浪费时间的过程中，越来越丧失了拼音文字化的机会。（1959）

这番言论反映出，一方面宫崎以为可以讲出走不上拼音道路的理由，另一方面，他似乎又觉得汉字曾经有过走上拼音道路的机会。

笔者的惶惑，首先是在这一层面上：什么是伪问题。认定各民族在相互隔绝的地域中也将走上共同的道路，以此为前提追问某一民族为什么未上此路——可称之为伪问题，因为是错误的前提导致了这一问题的提出。各民族的历史选择中包含巨大的偶然性，故走向差异是一定的。但是如果各民族相互间的影响加入进来，就是另一景象。讨论外部影响的可能后果似乎不能说是伪问题。具体而言，讨论似乎可以从两方面展开。其一，古汉字走的是怎样一条演化的轨迹。其二，汉字的内在特征是否注定了接触到字母拼音文字后仍与之无缘。

汉字的演化轨迹是本节论述的主要内容。汉字与圣书字的分道扬镳发生于声借及其之后。埃及语是多音节，声借的是辅音，用借来的辅音字符拼出一个个新词汇，每个新词汇的区别性在于不同的拼合。某个辅音的声借固定在一个字符上显然要比分摊到多个字符上效率更高。一声多符毫无意义地增加记忆的困难，完全是有弊无利。汉语多为单音节，都是整字的声借，没有拼合发生。借来的同一个字，须经阅读者通过上下文意会它所指的是哪个字眼。这样，同一个声借，分散在多个字符上，有抑制区别性过分丢失的作用。下表中的例证可以帮助我们认识上述道理。

表 3–2

字音	声借字	形声字
qiu	丘	邱，俅，蚯，坵，篍，觩
	秋	楸，湫，鳅，萩，螯，秋
	求	球，裘，逑，球，浗，銶，梂，殏，盚，絿，莍，蛷，赇
	酋	遒，蝤，崷，湭，煪，緧，蝤，趥
tong	同	铜，筒，桐，恫，酮，侗，茼，垌，烔，峒，哃，峝，眮，痌，瞗，秱，狪，餇，鲖，詷，絧，粡
	童	瞳，潼，曈，橦，艟，毽，燑，犝，獞，穜，朣
	甬	通，桶，痛，捅，硧，筩
ming	名	茗，铭，洺，铭，酩，詺，佲，姳，眳，榠，猽，鄍
	冥	溟，暝，瞑，螟，蓂，溟，覭，嫇，慏

我们选择上面三组声借中的一组tong来分析。如果在声借tong时只选用“同”这一个字，而不是将tong的声借分摊到“同”、“童”、“甬”上面，那么即使只涉及常用字，则“同”可能被借用到12种意义上：铜，筒，桐，恫，酮，瞳，潼，瞳，通，桶，痛，捅。阅读时要确定“同”代指的是哪个意思便非常吃力。若声借tong时用三个字来分摊，比如阅读时看到了“同”，可能代指的是：铜，筒，桐，恫，酮；看到了“童”，可能代指的是：瞳，潼，曈；看到“甬”，可能代指的是：通，桶，痛，捅，选择范围均在3—5字之间。即“一声多符”方便了阅读时对声借字此处所指的判断。

当汉语的特征决定了我们“一声多符”的声借策略时，我们已经和字母的逻辑拉开了距离。

虽然努力增加一些区别性，即可以在声借时“一声多符”，但声借后区分性与识别性的问题仍然存在。因为毕竟频繁出现了一字多义，一形多义，形义脱节的现象。为了解决一形多义丧失区别性的问题，古人选择了为声借字加上形符（或曰义符）的手段，于是形声字出现了。

象形成为人类书写的初始手段既是不争的事实，也很好理解，但这并不意味着象形有广谱的表达力，乃至如前所述：图画文字的时代少数是象形字，多数是象意字。但象形和象意合在一起，依旧有盲点，在表达力上弱于有着远为长久的进化历史的口语。于是只好倚重声借。声借可用于任意的字眼，但汉语单音节的特征导致其识别性的天然弱点，这弱点要靠加上形符或义符来弥补，便有了形声字的激增。《说文》中的九千多字中，形声字占了八成以上。形声字比重虽大，但“声符能准确为形声字表音者少得可怜”。周有光在其《汉字声旁读音便查》（1980）一文中指出：以 1979 年的《新华字典》为据，现代汉字中声符的有效表音率为 39%，这还未，当然也不该包括对音调的区分。（转引自陈舒眉，1993）时与空均为声符失效的缘由，漫长的时间之流产生了发声变异，广袤的地理之域形成了语音不一。

如果说声借距离字母不远的话，汉字的声借策略——一声多符，是其构字法背离字母的第一步。声借迈向形声——一个声借字转化为多个形声字，令其距离字母已经相当遥远了。当形声字中半数以上已发生音变，便意味着声借时代的“童贞”已失，与字母间曾经潜在的一丝恋爱的可能已不复存在。

以上是汉字演化的历史脉络，历史走向从来都包含着巨大的偶然性。埃及的圣书字曾经与字母只有一纸之隔，其语言的特征与其辅音字母的发扬者无异，自身却未能迈上拼音之路，借助马其顿统治才皈依拼音文字。汉字的不同在于，除了历史的偶然性，汉语自身的两大特征——单音节、声调语，决定了它极难走上拼音文字的道理。所谓单音节是指每个字含一个音节和一个字义。唐兰不同意这种观点，认为汉语中三音节以上的词语不常有，双音节词语相当多。他举例说，如外来语葡萄，本土语参差、窈窕等。（唐兰，1949，20—37）笔者同意汉语中含双音节语，其中的单字不构成语义，但仍认为，汉语中的单音节语大大多于双音节语。声调语的意思是我们的每个音有四声：平、上、去、入。或曰：阴平、阳平、上声、去声。同音字以声调不同决定其各自的词义。因拼音中不含声调，以拼音表达汉字理解起来将很吃力，如果拼音须加音调将极其麻烦，并且是双重麻烦，标注起来麻烦，阅读中判断仍有麻烦。计算机录入汉字中拼音录入法至今无法突破此一屏障。

汉字独步于世界文字之林，其三大特征均独一无二。其一，它覆盖了最大的地域与人口。其二，它是唯一的活化石，穿越了三千余年的时间隧道，今日中国人可以按最初的形式阅读《左传》《论语》。其三，在20世纪初叶白话文革命发生之前，这是与自己的语言系统隔膜最大的文字系统。拉丁文曾经有过相似的隔膜，但那是源于异族征服，非其母语之地创造出来的文字系统，且其历史较汉字短暂得多。正是汉字背离语言的独立性，挑战着近代西方狭隘的文字观，帮助人们重新思考文字、语言与文明史。

与语言的自然进化相异，文字从来是人为的，它是权力的产物，也是权力的工具。如上所述，契文、甲骨文均产生于王权，拉丁文的盛衰亦源自权力。汉字的命运与特征均与中国历史上的政治权力结构有不解之缘。掌握着某种文字的政权扩张到哪里，它的文字就能走到哪里。此诚所谓文治武功之特殊意味。并且在古代的传播中，一种文字覆盖地域与人口之大小多寡将极大地形塑该文字的特征。殷代近二百年间创造出的甲骨文能成为汉字的基石，而未随风而逝，直接原因是西周王朝取代殷王朝后，文字上不另起炉灶，而是忠实地继承殷代文字。周公设计了中国历史上最庞大和严谨的封建制。虽行分封制，各个封国中的史官却是周天子派遣，故在一个分封的国度中，文字高度一致。自东周至春秋战国，分裂500年的历史中，文字渐生变异。在其行将分化破碎之时，秦始皇统一了中国，并立即实施书同文。以后汉代继承秦制，其管理与文牍高度结合，汉代的文武官员将汉字带到其管理所及之地。

汉字文体的演变，既受权力的左右，又同书写工具的演变相关联。秦始皇将文字定于李斯所创小篆。小篆华丽美观，但撰写吃力。庞大官吏系统中的寻常刀笔吏哪有那份造诣、耐心和雅兴，故秦代官僚程邈创隶书，即“臣隶”使用的文体。以后篆字便专属秦皇帝，从皇家下放之后专用于碑额，终不坠其高贵地位。汉代纸张的发明，为文字开拓了宽阔的平台。纸张、毛笔合成的书写方式导致楷书字体的流行。没有纸张，推行科举是不可思议的，而隋唐科举一兴，汉字的繁荣便达同期世界之巅峰。

与中国文化对周边国家的巨大影响相比较，汉字的影响很小。

高棉文（柬埔寨文字）、泰国文、缅甸文均为拼音文字，都是随着7—12世纪婆罗门教的进入而受到婆罗米字母的影响，而婆罗米字母与腓尼基字母有一定渊源，是产生于印度孔雀王朝（公元前 324—公元前 187 年）的字母系统。梵文最初就是用婆罗米字母书写，公元 4 世纪、6 世纪又转用其他文体。泰文于 1283 年确立。高棉文的产生时间相仿佛。老挝文的字母源自高棉文。

东南亚国家中唯一曾受到汉字深刻影响的是越南。越南语与汉语共享单音节和声调语的特征。汉字于公元 186 年传入越南。（费希尔，2001，167）由于长期的宗主国关系，不仅以汉字为其国家文字，而且汉语也曾经是越南的第二语言。1174 年越南确立汉字为越南政府唯一使用的文字。14 世纪越南人利用汉字创造出自已的文字——喃字。他们为喃字取代汉字做出了艰巨的努力，如创造文学作品，将《论语》等中国经典译成喃字。但 17 世纪传教士的进入导致越南使用罗马字母作为书面语言。到 19 世纪沦为法属殖民地，他们用法文字母拼写本国语言。因喃字几乎从来普及到民间，当进入政府必须使用拼音文字时，喃字便告消退。越南人如何克服单音节、声调语与拼音文字的冲突，应该成为中国语言学家关注的课题。

朝鲜语是粘着语，与汉语差距很大。但由于与中国接壤，且与中国中心地较近，朝鲜受汉字影响很大。迄今发现的最早使用汉字书写朝鲜语的碑刻是公元 414 年。（费希尔，2001，168）利用汉字书写朝鲜语称为“吏文”，因两种语言的差距，吏文的书写非常吃力。15 世纪朝鲜成功创造出本国文字，皇家为此颁布诏书“训民正言”（1446）。这是一种易掌握、优势大的拼音文字，有学者认为，谚文的产生受到藏传佛教萨迦派五代祖师八思巴于 1269 年帮助创造的蒙古文字（亦称“八思巴文”）的影响，或受南亚文字的影响。来自中国的外来语，最初在谚文中仍保留其汉字的面貌。在金日成时代统统去除。（参阅

库尔马斯，2009）

日本接受汉字是从朝鲜转手。但日本成为我们周边唯一受到汉文化与汉字的影响，最终未走上拼音文字的国家。究其原因，恐怕是因为日本为汉字向日文的转化付出了巨大努力，且日本与朝鲜，越南为代表的东南亚诸国相比，人口多、文化发达、识字阶层庞大。这一阶层深深陷入汉文化及脱胎于汉字的日文中。乃至在日后接触到拼音文字时，不肯更大地改造已经积淀了巨大本土文化基因的日文。

汉字在周边的影响力显然弱于远道而来的拼音文字，原因异常简单：利用字母拼写自己的口语容易，利用汉字形成自己的文字艰难。如果没有字母的影响，他们只好将汉字与其口语结合，而在文化积淀尚不丰厚时接触到字母，便趋易避难了。但日本的例子是生动的。当你的文字已经同你的历史、文化密切结合时，一方面改换门庭代价巨大，另一方面，文化保守主义也一定会上升。

八、论辩与文字

在古代历史中，希腊与中国是人类文明中特征殊异的两座高峰。与此同时，二者的文字也分别位于人类书写谱系之两端。一端是硕果仅存、传递和发展了三千余年仍生机勃勃的形声文字，另一端是兼备元音辅音、直接或间接被大半个世界效仿的古希腊字母文字。两种迥然不同的文字是否深刻地影响了两民族，乃至中西方大异其趣的哲学、艺术、科技，是本节旨趣所在。在形声与拼音文字对思维和文化的影响上，笔者见识过三种看法。

其一是“不同文字的大脑加工方式”。一些学者认为：拼音文字主要由左脑来加工，汉字兼有形和声，故左脑加工语音，右脑司职图像，即拼音文字是单脑文字，因汉字开发了复脑，提升思维能力上别居优势。临床病例分析显示，中西方患有阅读障碍的病人中，右脑受伤者的比例相仿，都在4%左右。其他实验也不支持汉语更多使用右脑。沈孟坤雅的结论是：汉字认读与字母文字的认读建立在同样的阅读机制上。（沈孟坤雅，2009）

其二是“文字抽象能力”。该说认为：

> 自创文字中最早使用的“象形”造字法只能模拟有形可象的指称物，而对于无形可象的抽象概念显得力不从心；诉之于听觉的口语能够创制出表达纯抽象的语词。……运用汉字的中国人，在西方学术文化输入之前，几乎不能掌握纯抽象的概念。……正因为汉字与指称对象之间的关系是主客合一的，而西方表音文字与指称对象之间的关系是主客二分、主体指导的。所以导致中华文化和西方文化产生了非常鲜明的差异。（曹念明，2006，102，132—133）

此说的致命弱点是，汉字固然源于象形，却自商周、秦汉就进入了声借和形声的时代，其语音早就进入文字中。笔者不敢说中国古代哲人的抽象能力可以比肩古希腊哲人，但若深究抽象能力的差别，恐须另寻原因。

第三种说法是本节的主题：辩论与书写。笔者是受曹念明著作（2006）的启发而思考此一命题的，最终认为西方重辩论与演讲、中国重文章与背诵的倾向贯穿古今。且从古代说起。

古希腊的辩论之风几乎在其立法与哲学发轫之时就勃然兴起。古希腊哲学之父泰勒斯（公元前624年—前547年）和完成雅典宪法改革的梭伦（公元前638年—前559年）都赞同自由辩论的原则。古希腊科学史研究者劳埃德说：

> 米利都人（此地孕育了古希腊第一个哲学派别，泰勒斯为这一学派的创立者——笔者注）的贡献的实质是，在人对于自然世界的态度中引进了新的批判精神，这应该视为当时整个希腊世界在政治和法律环境下进行自由辩论和公开讨论这一进展的对应物，或者看作是这一进展的产物。（劳埃德，1970，13）

论辩极盛于智者时代。

> 智者是新运动的代表。智者这个词原来指聪明而有才能的人而言，但是在这个时期它指的是职业教师。他们周游各地，收费教授思维和辩论术，为青年人从事政治生活作好准备。（梯利，1914，44）

智者们同上个时代，即米利都学派、毕达哥拉斯学派、埃利亚学派的差别是，从前辈天真无畏的求索转变为对人类认识能力和普遍知识的怀疑，从而开启了思辨和认识论；在其教学和交流中开创了对话体；但因丧失了追求真理的信心，一部分智者转而痴迷于演讲和辩论的胜利，以求赢得更多学生和教学的收入。

古希腊最负盛名的医生希波克拉底（公元前460年—前370年？），基本不涉足同时代智者们的争论，故其著作中不经意地说及当时社会上的演讲与辩论，便具有了更大的真实性与客观性，可惜过于支离、简约：

> 有人听惯了演讲者讨论与医学无关的人性，对我的讲话将会一点也不感兴趣。……对同样的听众辩论同样的题目，每个参加辩论者从来不会连胜三次。这一次是这个人取胜，下一次换了另一个人，第三次又是一个人在听众面前以口才取胜。如果一个人的知识是真正的而且他能正确地表达出来，那么正常的情况是他在争论中应一直是胜者。不过，依我看，这些人由于一知半解在讨论中自相矛盾，结果确立了麦利苏斯（melissus）的理论。（希波克拉底，2007，208）

柏拉图（公元前427年—前347年）在其对话体著作《智者》（公元前357）中以一个巴门尼德追随者的口吻讲述智者群体的生活：

> 论战也应当设定为两种。其中一个，当论战发生在公开场合，涉及正义与不正义，而且表现为长篇大论与长篇大论的对抗，这就是“法庭讼辩”。另一个则相反，它在私下场合里以一问一答的方式分段进行。除了我们习惯上称之为“争论术”之外没有别的名称吧？
>
> 我们知道不仅智者自己精通于争论，而且能使其他人也如他们那样做到这点。……智者通过某种方式能使年轻人产生这样的臆见，亦即关于一切东西他们在所有人中“是”最智慧的。很明显，如果他们的争论不正确，对年轻人也“表现为”不正确，或者，就算他们“表现为”正确的，但是他们的论战对于年轻人并不“看似”更有智慧，那么就会如你所说，几乎没有人愿意付钱给这些人并成为他们在这些方面的学生。……我想，因为他们“看似”在

所争论的这些东西上拥有知识。我们说，关于一切，他们都这么争论。所以，关于一切，他们对学生们都“表现为”智慧的。（柏拉图，357BC，18—19，31—32）

古希腊哲学史专家这样看待智者运动的负面：

这里潜伏着一种巨大的危险。那就是形式简直要盖过内容。雄辩术要窒息追求真理的感情。智者学说不仅以其哲学的怀疑主义使人们怀疑科学的可能性，而且以其相对主义理论及其某些成员彻底的个人主义从根本上动摇了宗教、国家和家庭现存的权威。它所提出的问题超过了它所解决的问题。（策勒尔，1980，102）

正是在古希腊哲学遭遇重大危机的关头，苏格拉底出场了。他在保持怀疑精神的同时，怀抱着对真理与正义的充沛信心。尽管苏格拉底与柏拉图以其尖刻的笔调批判智者，究其实质，二人与智者们共享很多东西：从自然哲学转向人的研究，怀疑精神，酷爱对话与论辩，等等。柏拉图的著作基本上是记述苏格拉底与各色人等的对话，其小部分是写实，大部分是柏拉图继承此种风格，借老师之口讲述自己的心得。

柏拉图哲学的方法的主要特色是用辩证法去探求知识。……辩证法，顾名思义，起初是指论辩的艺术，后来成为以问答方式发展科学知识的艺术。（同上书，140、141）

与高度重视论辩和对话相对应的是，苏格拉底和柏拉图表达出令后人惊讶的对文字的蔑视。柏拉图从 20 岁始跟随苏格拉底学习，《斐德若篇》写于其 27 岁，也是苏格拉底被审判处死的前一年，因而有理由认为该文比较真实地记述了苏格拉底的言论。《斐德若篇》中苏格拉底表达出他对文字的三重看法。其一，文字不是帮助人们记忆，而是使人们善忘。其二，文字给学生们的“只是真实界的形似，而不是真实界的本身”。其三，也是笔者以为最重要的：

> 文字写作有一个坏处在这里，斐德若，在这一点上它很像图画。图画所描写的人物站在你面前，好像是活的，但是等到人们向他们提出问题，他们却板着尊严的面孔，一言不发。写的文章也是如此。你可以相信文字好像有知觉在说话，但是等你想向它们请教，请它们把某句所说的话解释明白一点，它们却只能复述原来的那同一套话。（柏拉图，400BC）

这确乎是文字比之对话与辩论的劣势之处，更是苏格拉底教育学的精髓所在。长久尽享这一甜头的希腊公民及其文化传人，自然珍爱而不肯丢弃这一提升与检验智慧的利器，它绝非阅读和背诵所能顶替。乃至论辩的传统穿越时间的隧道，存活在今天西方的学术与教育领地。选拔学生必经口试，因为一段默写说明不了什么，大而化之的笔试解答依然不能证明一个考生的分析能力。《斐德若篇》成文 2200 年后的西方哲学家约翰·密尔在其《论自由》中透彻地告诉我们，“讨论”在智力生活中不可替代的伟大功能：

> 就假定真确意见是深踞心中，但系作为一个成见、一个脱离论证的信条、一个反对论证的证据而深踞心中——这也不是一个理性动物主持真理时所应取的办法。

> 这不是有知于真理。这样主持下的真理，毋宁说只是一个迷信，偶然贴在宣告真理的字面上罢了。……在缺乏讨论的情况下，不仅意见的根据被忘掉了，就是意见的意义本身也常常被忘掉了。……鲜明的概念和活生生的信仰是没有了，代之而存在的只有一些陈套中保留下来的词句；或者假如说意义还有什么部分被保留下来，那也只是意见的外壳和表皮，其精华则已尽失去了（密尔，1859，37，41）

《第7封信》（公元前354）是柏拉图70岁时所写，陈述的是他自己的两重意思。其一，一个理性的人不会大胆地将其理性思考诉诸文字。其二，也是笔者更看重的：

> 然而，我并不认为把这些事情告诉人们是一件好事，除非是在少数人的情况下，这些人有能力稍加指导就能独立地去发现真理。（柏拉图，354BC）

对象多少无疑是选择表达方式的根据。而这选择中，空间要比时间更切近，当下要比未来更要紧。对哲学与科学的思考，没必要也不可能传递给众人，毫无疑问只属于一小撮怪物。而希腊的城邦制，其政治民主与法律生活，加上周边人才被吸引到雅典，都使对话成为希腊哲人最佳的表达方式。有需要和能力听取某人的某个观点，大多可以在会晤、聆听和争辩中实现。这样的交流和切磋当然非“读死书”所能比拟。

中国有句老话“听其言观其行”，本意是看某人是否践行所言。但在一个剧变的时代中，一个思想复杂的个体常常是人格分裂的，故对一个诚挚的哲人，观其行是判断其言论后面的情感及价值观的门径。苏格拉底与柏拉图都是人格分裂的。苏格拉底贬低文字，但自己并非不阅读。人格分裂最甚者是柏拉图。上述贬低书写的文章均出自他的手笔，而他的写作生涯长达50年。

> 只有很少几个希腊哲学家的著作完整地保存下来，并且真正伟大的哲学家只有柏拉图一个人的著作保存下来，而亚里士多德的许多著作，特别是他早期的著作都已佚失。（策勒尔，1980，12）

在其当下，柏拉图明言自己更看重的是对话，但毕竟会念及外邦和后人，于是书写这门新技术就不可能不牵着他走。而一个伟大的文化保守主义者的贡献正在于，面对不可一世、无法抗拒的新技术，他能冷静地意识到希腊哲人传递到柏拉图时已近两百年的论辩、对话传统的伟大功能，从而捍卫和坚守论辩、对话，达成了口语与文字罕见的和谐，正是此种和谐成就了独一无二的希腊文明。

下面转论中国古代哲人。他们中的多数人轻视乃至蔑视口才和论辩。以下语录取自轴心时代的典籍。

> 司马牛问仁。子曰：仁者，其言也讱。曰：其言也讱，斯谓之仁已乎？子曰：为之难，言之得无讱乎？（《论语》12.3。意思是：司马牛问仁德。孔子答：仁者言语迟钝。司马牛又问：言语迟钝就是仁吗？孔子说：做起来不容易，说话能不迟钝吗？）
>
> 子曰：刚毅木讷近仁。（《论语》13.27）
>
> 子曰：君子欲讷于言而敏于行。（《论语》4.24）
>
> 子曰：巧言令色鲜矣仁。（《论语》1.3）

信言不美，美言不信。善者不辩，辩者不善。(《道德经》81章)

六合之外，圣人存而不论；六合之内，圣人论而不议。春秋经世先王之志，圣人议而不辩。故分也者，有不分也；辩也者，有不辩也。曰：何也？圣人怀之，众人辩之以相示也。故曰辩也者有不见也。(《庄子·齐物论》。意思是：天地四方宇宙之外的事，圣人总是存而不论；宇宙之内的事，圣人虽然细加研究，却不随意评说。至于古代历史上善于治理社会的前代君王们的记载，圣人虽然有所评说却不争辩。可知有分别就因为存在不能分别，有争辩也就因为存在不能辩驳。有人会说，这是为什么呢？圣人把事物都囊括于胸、容藏于己，而一般人则争辩不休夸耀于外，所以说，大凡争辩，总因为有自己所看不见的一面。)

诸子百家时代洋洋大观的怪杰中，当然不可能没有好辩之徒。庄子与惠施的“知鱼乐”便是美谈。但是惠施死后庄周这样说：楚国一个木匠在其朋友鼻子上涂一点石灰，拿起斧头风一般砍去，刚好砍掉石灰，而鼻子一点不伤。后有人请他表演时他说：伙伴死了，不再表演了。庄周接着说：现在惠子死了，我没有对手了，没有对话的人了（吾无以为质矣，吾无与言之矣。《庄子·徐无鬼》)。如果想到孔子的“有教无类”，领教过柏拉图笔下苏格拉底的“有辩无类”，不难意识到庄子参与辩论的偶然与褊狭。晚庄子一两代人的荀况在看待那位隔代人惠施时，竟刻薄如是：“不法先王，不是礼义，而好治怪说，玩琦辞，甚察而不惠，辩而无用，多事而寡功，不可以为治纲纪；然而其持之有故，其言之成理，足以欺惑愚众，是惠施、邓析也。”(《荀子·非十二子》)还有比惠施更好辩的公孙龙，其招牌语是“白马非马”和“离坚白”。而可以同惠施辩说的庄子在评价公孙龙的“离坚白”时，编造老聃的口吻说“胥易技系，劳形怵心者也”。(《庄子·天地》，意思是：这是小的技术，只能使人身心疲劳。)从此一案例看，庄子对待辩者与荀况同样刻薄。

不是说战国时代的纵横家善辩吗？其实他们的目的是说服君主，儒法两家同样怀此意愿。而说服君主与驳倒论敌是完全不同的事情。前者倚重的是心计、卖点、洞察君主性格，等等，绝非逻辑缜密、善察对手破绽。其原因很简单，政治场域有别，人才买主不同。君主政治与城邦民主怎么可能以同一方式影响观念供应者们呢？

接下来看中国古代哲人对文字的态度。

> 子以四教，文行忠信。(《论语》7.25)
>
> 曾子曰：君子以文会友，以友辅仁。(《论语》12.24)
>
> 吾党之小子狂简，斐然成章，不知所以裁之。(《论语》5.22。意思是：我们那里的学生们志向高大，文采斐然，我不知道怎样去指导他们。)
>
> 行有余力，则以学文。(《论语》1.6)

诸子留下的著作数量在同期世界上几无匹敌，不是因为春秋战国之际有十余位超级作家。很可能作者并无作品这般卓越，但门下的弟子写手却远比“诸子”数量庞大。冯友兰说：

> 称为先秦某子的书都是某一个学派的著作总集，虽号称为某子，但并不肯定其中某些篇是某子所自著的，更不肯定全书都是某子所自著的。这个见解，章学诚讲得很清

楚。……题为某子，意思不过是说，这是以某子为首的某一个流派的人所作的文章。（1984，107，358）

比之古希腊智者崇尚辩论，中国古代哲人更热衷于将主张结晶为文字，为本派赢得生前身后名。作品的优异，作者群的庞大，无疑都证明着中国古人对文章的高度重视。

中国自轴心时代便有重文章轻辩论的倾向，经公元7世纪科举制的确立，达到固化。李弘祺对此有过精辟的论述：

科举考试制度到隋代才开始，这时笔试被正式采纳。在此之前选拔官吏的方法也许是依靠面试。尽管如此，口述从未系统被使用过。……笔试的好处是候选人与考官互不见面，在某种程度上可以比见面口试或论辩还公正一些，保持一定程度的公平。这一种维护公正、公开过程的努力是中国的一项发明。……这就和几乎所有的其他主要文明不同。……唐代以后，中国人没有在任何的面试和辩论上面做出什么贡献。……公元10世纪以后，演讲在中国文化传统中失去了它的重要性。……中国学者从宋代以后，已经不再重视举办大型的演讲，更不重视雄辩的技巧。……中国的贵族教育始终缺乏对讨论或辩论的兴趣。……中国人毋宁说是一个不断要避免正面冲突的民族，他们尤其不喜欢在口头上产生冲突，也因此口试及辩论就不是他们做学问的长处。（2006）

西方重辩论，中国重文字的文化差距中，当然包含着后生的因素，比如中国的科举制，西方中世纪经院哲学中的辩论，但中国与希腊的风格自源头就是有别的。早期的因素亦是不一而足。帝国的治理依赖文牍，文字克服了口语传递中信息的衰减变形，更不必说方言音异的障碍。城邦中的交流当推口语最便捷，一次演讲足令城邦内所有关注者尽悉详情。而与本文密切关联的一个因素绝不可以轻视，就是象形文字与字母文字的差异。曹念明说：

> 自源文字都是表意文字。表音文字都是他源文字，说明文字本质上是表意的。……事实上，凡是有自源型本民族自制文字的民族，都把文字的地位、作用放在口语之上。只是在希腊，由于是借用外族的文字来记录本族的口语，所以才把文字放在口语的附属物的地位。（2006，52，164）

此为洞见。大有深入探究之必要。为何使用自源型自创文字的民族更重视文字？笔者以为，是因为源自象形的文字神秘、难掌握、门槛高，三者辐辏，造就它在人们心目中的高贵。反观拼音文字，其特征是易掌握、门槛低，故很难令其使用者有特权的感受。此为中国、希腊文化特征的分野之始。

其后，古代中国，希腊，乃至各民族，在发掘文字潜力上只有先后之别，鲜有不致力于此者。倒是口语的开发上古希腊人独辟蹊径，演绎出辩论、演讲、对话的大戏。这首先是人口规模与政治体制这双重因素，即所谓城邦民主政治所使然。这一“游戏”需要辩论与演讲，且后者是此一时空下的最佳表达手段。而政治生活中的表达利器迅速移植到思想活动和教育领地中。口语的潜力得到前所未有的发掘。使用形声文字的民族，当然绝难有这一开发。而在字母文化的民族中，希腊也是唯一深度发掘辩论、对话与演讲的民族。

没有文字是不可能有希腊文明的，但是没有口语潜力的深度开发，同样不会有伟大的希腊文明。微观而言，口语与文字的并重造就了苏格拉底和柏拉图这样的人物，当然前者要借助后者的刀笔。宏观而言，口语与文字的并重，造就了古代文明的最高峰。

窃以为，在人类的智力生活中，无论过去、现在，还是未来，无论在微观上还是宏观上，口语与文字的并重，都是至关重要的。

参考书目

艾兰 1991/2010:《龟之谜——商代神话、祭祀、以上和宇宙观研究》，商务印书馆

柏拉图 400BC/1963:《斐德若篇》，载于《文艺对话录》，人民文学出版社

——— 357BC/2011:《智者》，商务印书馆

——— 354BC/2003:“第 7 封信”,《柏拉图全集》第四卷，人民出版社

曹念明 2006:《文字哲学》，巴蜀书社

策勒尔 1980/2007:《古希腊哲学史纲》，上海世纪出版集团

陈梦家 1939/2011:《中国文字学》，中华书局

笔者以为此书与唐兰的同名著作，堪称中国文字学的并峙双峰。

——— 1956/1980:《殷虚卜辞综述》，中华书局

这本书仅比董作宾的《甲骨学五十年》晚一年问世。陈梦家并未参加过甲骨发掘，但本书的视野、规模、从甲骨文透视诸多制度、文化，诚非董作宾所能相比。吴有训曾说：梦家是个打天下的人。这当然是指才华和学问。

陈舒眉 1993:“形声字与汉族的表音趋向”,《语文建设》，8 期

陈望道 1925/2011："修辞学的中国文字观"，《陈望道全集 · 第一集》，浙江大学出版社

陈永生 2013：《汉字与圣书字表词方式比较研究》，人民出版社

非常值得称道的研究，笔者从中受益良多。

德里达 1967/1999：《论文字学》，上海译文出版社

董作宾 1955：《甲骨学五十年》，艺文印书馆（台湾）

读此书，可知甲骨学的起始。董氏堪称甲骨学中的福将。

费希尔 1999/2012：《语言的历史》，中央编译出版社

作者说：语言可能是进化，书写是人类有目的的制造。

——— 2001/2012：《书写的历史》，中央编译出版社

冯友兰 1964/1984：《中国哲学史新编》，人民出版社

一般而言，笔者认为冯氏《新编》的优势是材料多，《简编》的观点更具个性。但是先秦著作多产生于门派而非个人这个观点，是在《新编》中提出的，并且反复说及。这一观点在知识社会学上具有极其重要的意义。

佛斯科尔 2009："埃及文字的起源"，载于黄亚平、白瑞斯、王霄冰编《广义文字学研究》，齐鲁书社

傅罗文 2009："贞人：官员早期中国施灼占卜起源与发展的一些考虑"，《多维视域，商王朝与中国早期文明研究》，科学出版社

格鲁塞 1939/1991：《草原帝国》，青海人民出版社

拱玉书、颜海英、葛英会 2009：《苏美尔、埃及及中国古文字比较研究》，科学出版社

苏美尔和埃及部分对笔者均有帮助。笔者觉得，三位有专长的学者在一起交流，各自都必有收获，而后各自发挥，独立成篇，放在一起出版即可。没必要有机合成为一本书，那样难度太大了。如此勉为其难怕是为课题交差所致。

宫崎市定 1959/1965："中国文化的本质"，载于《宫崎市定论文选集》（下），商务印书馆

这是作者的一次演讲。他从"文"与"质"、与"武"的对偶破题。他说："夷狄没有文字，中国之所以成为中国，正因为它有文字。……可以说，中国文化的特点就是汉字文化。"

古迪、沃特 2009："文字的社会功能"，载于黄亚平、白瑞斯、王霄冰编《广义文字学研究》，齐鲁书社

何丹、方柯 2003：《汉语文化学》，浙江大学出版社

黄亚平、白瑞斯、王霄冰（主编）2009：《广义文字研究》，齐鲁书社

卡勒 1976/1989：《索绪尔》，中国社会科学出版社

库尔马斯 2009："东亚书面语言的功能和地位"，载于黄亚平、白瑞斯、王霄冰编《广义文字学研究》，齐鲁书社

作者说：由于书面语与权力的联合，获得了一种权威的光环。又说：中国的文学语言不是任何人的母语。

莱布尼茨 1699/2005：《中国近事》，大象出版社

———— 1765/1996：《人类理智新论》，商务印书馆

莱斯利、亚京斯 2000/2007：《破解古埃及》，生活·读书·新知三联书店

劳埃德 1970/2004：《早期希腊科学》，上海科技教育出版社

李芳芳，2008："'四体二用'说倡始者再认识"，洛阳理工学院学报社科版，3 期

李弘祺 2006："中高科举考试及其近代解释五论"，载于刘海峰主编《科举制的终结与科举学的兴起》，华中师范大学出版社

李学勤、彭裕商 1996：《殷墟甲骨分期研究》，上海古籍出版社

刘一曼 1997："安阳殷墟甲骨出土及其相关问题"，《考古》，5 期

对考古发掘物如此详尽、扎实的梳理和分析，注定了这篇论文将被以后各学科的研究者不断借鉴和引用。

刘又辛 1981/1993:“论假借”,《文字训诂论集》,中华书局
卢梭 1781/2003:《论语言的起源》,上海人民出版社
马如森 2007:《殷墟甲骨学》,上海大学出版社
密尔 1859/1959:《论自由》,商务印书馆
裘锡圭 1978:“汉字形成问题的初步探索”,《中国语文》,1—4期
——— 1988:《文字学概要》,商务印书馆
——— 1993/2012:“究竟是不是文字”,《裘锡圭学术文集·语言文字与古文字学卷》,复旦大学出版社
饶宗颐 1959/2009:“殷代贞卜人物通考”,《饶宗颐二十世纪学术文集》卷二,人民大学出版社
——— 1987/2009:“贞人问题与坑位”,《饶宗颐二十世纪学术文集》卷二,人民大学出版社
——— /2009:“说筮”,《饶宗颐二十世纪学术文集》卷二,人民大学出版社
沈孟坤雅,2009:“心理语言学中汉字认读的几个观点”,载于《广义文字研究》,齐鲁书社
宋镇豪 1999:“再谈殷墟卜用甲骨的来源”,《三代文明研究》,科学出版社
宋镇豪、刘源 2006:《甲骨学殷商史研究》,福建人民出版社
索绪尔 1916/2009:《普通语言学教程》,中国社会科学出版社
唐兰 1949/2013:《中国文字学》,上海世纪出版集团

作者说:一直到近代,研究小学和研究经学的地位几乎是相等的。“小学”一直西方人不能理解的特殊学科,我们只有把它叫作“中国文字学”。作者在书中开门见山、指名道姓地批评其他学者的观点,笔者不解的是此种良好作风自何日始在中国学者中消失。

藤枝晃 1971/2005:《汉字的文化史》,新星出版社

一本很有趣味的文字学通俗书,覆盖面很宽。

梯利 1914/1995:《西方哲学史》,商务印书馆

王明嘉 2010/2012:《字母的诞生》，中国青年出版社

吴浩坤、潘悠 2006:《中国甲骨学史》，上海人民出版社

希波克拉底 /2007:《希波克拉底文集》，中国中医药出版社

徐通锵 2009:“语言与文字的关系新探”，载于黄亚平、白瑞斯、王霄冰编《广义文字学研究》，齐鲁书社

作者说：语言都很“现代”，初民的语言什么样我们不知道。（有些）文字很原始。可以假设：二者都是为认知现实而平行、独立地发展起来的。逐步并轨，最终使文字成为记录语言的书写系统。

徐中舒 1981/2009:“关于夏代文字的问题”，《先秦史十讲》，中华书局

作者否定夏代出现了文字或原始的汉字，论据是夏代社会经济似无力产生一个庞大的卜人集团，因而当时似无将现有的刻画符号等图像进行约定俗成的条件。

亚里士多德 /1986:《范畴篇，解释篇》，商务印书馆

扬雄 /1985:《法言》，中华书局

伊藤道治 1975/2002:《中国古代王朝的形成》，中华书局

笔者“贞人与甲骨文”一节中的一个关键性的观点得自这本书，即贞人是各个被征服部落的首领，殷王通过他们继承和整合了广大地域中的视觉符号。

张光直 1978/1999:《商代文明》，中国工艺美术出版社

笔者长期受惠于这本书，《后物欲时代的来临》和《文明是副产品》都一再参考这部书。

中国大百科全书语言文字编委会 1988/2002:《中国大百科全书语言文字》，中国大百科全书出版社

第四章
造纸术的起源

一、蔡伦传与纸的定义

《后汉书》的本纪和列传是范晔（398—445）445年脱稿的，内含《蔡伦传》，其部分文字如下：

> 蔡伦，字敬仲，桂阳人也。以永平末始给事宫掖。建初中，为小黄门。及和帝即位，转中常侍，豫参帷幄。伦有才学，尽心敦慎，数犯严颜，匡弼得失。每至休沐，辄闭门绝宾，暴体田野。后加位尚方令。永元九年，监作秘剑及诸器械，莫不精工坚密，为后世法。自古书契多编以竹简，其用缣帛者谓之为纸，缣贵而简重，并不便于人。伦乃造意，用树肤、麻头及敝布、鱼网以为纸。元兴元年奏上之，帝善其能，自是莫不从用焉，故天下咸称"蔡侯纸"。

这段正史中出现了"纸"的字眼，讲述了纸的发明人、发明时间，造纸原料。其后一千五百余年中，世人对造纸术起源的认识多来自这篇传记。

当代西方两家辞书对纸的定义如下。

美国纸张和纸浆联合会 1966 年编写的《纸张词典》中纸张定义的关键语是“植物纤维薄片”。1996 年版鉴于当代造纸术的革新，将定义改为“各种纤维交织的薄片”。（转引自钱存训，2002，49）该定义确与蔡伦及其身后漫长历史中纸张的原料相符合。

中译《简明不列颠百科全书》（1986）中“纸和造纸”的词条是：

> 造纸术可追溯到约 105 年，中国的蔡伦用桑皮及渔网、破布、废麻等韧皮纤维造成纸张。……直到 18 世纪，造纸方法基本上保持不变。19 世纪，逐渐发展了以木材为原料的几种重要制浆方法。

享誉世界的这部辞书如此撰写，说明西方主流学界经历一个多世纪的交流研讨，已经放弃了德、法、意大利、印度发明纸张的说法，认定造纸自中国蔡伦始。

二、蔡伦之前的“纸”字

问题在于，在蔡伦之前，汉字文献中已有“纸”的字眼，中国社会中已有纸的实物。

先说字眼。战国时代秦昭襄王（公元 3 世纪）的《日书》简（1975 年出土于湖北云梦县睡虎地）中有一段确凿出现“纸”字的话，其意思是对待秽气，煮草鞋成纸，压住它。（参阅钱存训，2002，98）这支秦简中，不仅“纸”字出现了，且描述了纸的由来：草鞋，即植物纤维，无形中击破了“纸”字带“纟”的偏旁就必是丝织品的推断。这支秦简是探讨造纸起源时必须面对的。

与少为人知的这支秦简相对照的是无人不晓的《说文》。蔡伦（？—121）上奏其纸张在105年，而许慎的《说文》初稿完成于公元100年，直到121年（这一年发生了一些大事，三月邓太后崩，安帝亲政，太后数位亲信自杀，其中包括蔡伦，七月改号建光）九月令其子许冲上奏《说文》后退居不仕。可信初稿完成后的21年中他在不断修订。很难说《说文》中的“纸”字的定义是定稿于105年之前还是之后，但初稿中多半已有“纸”字。《说文》释义如下：“纸，絮一苫也”，“絮，敝緜也。”段玉裁注：

> 絮一箈也。“箈”，各本譌笘，今正。“箈”下曰：潎絮簀也。“潎”下曰：於水中擊絮也。……按：造紙昉（意为起始）於漂絮。其初絲絮爲之。以箈荐而成之。今用竹質木皮爲紙。亦有緻密竹簾荐之是也。

虽然《后汉书》不承担介绍造纸术之责任，但毕竟是早于蔡伦更不必说其传记作者范晔（398—445）的许慎，道出了造纸术中材料之外的另一关键，即段玉裁注曰竹簾的“苫”。而段注中“水中擊絮、漂絮”更成为后人思考造纸术起源的不二路径。

劳榦是现当代探讨造纸术起源的开创者之一。他引证《史记·淮阴侯列传》以展开自己的论述：

> “信钓于城下，诸母漂，有一母见信饥，饭信，竟漂数十日。”《集解》引韦昭曰：“以水擊絮为漂，故曰漂母。”照这样看来，漂絮是一种长期的或临时的职业。漂絮既然

是一种职业，可见这一类的事，在当时需要比较普遍，那就不得不从絮的性质上来求解释。《说文》系部："絮，敝緜也。"段玉裁注云：緜者聯敚也。因以爲絮之偁。敝者，敗衣也。因以爲孰之偁。敝緜，孰緜也。是之謂絮。凡絮必絲爲之。古無今之木緜也。以絮納袷衣閒爲袍曰褚。亦曰裝。褚亦作著。以麻緼爲袍亦曰褚。（劳榦，1948）

劳榦秉承了段玉裁的解释，即"敝絮"是破旧的丝织物，水中击絮是洗涤敝絮，旧物利用，填充袍衣。但与纸相似的丝织品中早有帛，纸与帛何异，劳榦解释：

纸既由絮造成，所以《御览》六百五引《服虔通俗文》"方絮曰纸"正是纸的初义。……絮作成方形是粘成的，帛作成方形是织成的，所以方絮不是方帛而是方纸。（劳榦，1948）

纸是水中击絮的副产品。击絮乃旧物利用，为谁利用呢？劳榦说：

汉成帝官中的赫蹏，是一种压紧或者是粘紧的方絮，写上字再包上药，装盛匣子里面的。此物为大内之物，非出寒素，也可见到是加工的废絮，而精美到可供奢侈君主汉成帝的御用了。（同上）

以后劳榦在为钱存训书所做的后序（1975年）[①]中说：

① 钱书《书于竹帛》的英文版1962年问世。1975年香港中文大学出版该书译稿修订后的中文版，劳榦的后序就是为这个中译本写的，且文后注明写于1975年。本文引用的钱书是其中文版第四次修订版，出版于2002年。特说明劳榦后序的写作时间，及与该书不同版本的关系。

> 旧絮，经过漂洗，改造以后，当然是给穷人用而不是为富人用的。（钱存训，2002，149）

为穷人的制作却产生出“供汉成帝御用”的副产品，听来不免令人生疑，且小的疑点带出了一个大的疑惑。“诸漂母”是司马迁讲述韩信早年困顿时不经意说到的，没有凭空杜撰出“漂母”的道理，而“诸”显见小有规模，乃至后人有理由将之想象成一个职业。考古出土物中丝织品较多，但不能由此推断墓主们生前衣着都是绫罗绸缎，因为古人重死轻生，作为象征物的丧服很可能远比日常服装讲究。若丝织品的社会存量有限，其旧物会更少，它能否支撑一个职业？不然，水中所击之“絮”究为何物？我们后面再究。

三、蔡伦之前的纸张

迄今为止，发现过九批蔡伦之前古纸。

其一，1933 年考古学家黄文弼在新疆罗布淖尔烽燧遗址发掘到一张 10.0×4.0 厘米的古纸。同时出土者有汉宣帝元年（公元 49 年）之木简。惜原件已毁于战火。

其二，“据称为 1935 年长沙出土的……漆马，内有纸胎为美国古物收藏家容肯三世（Stephen Junkune III）所藏。此马为木质，高约 1.2 米，木面贴有黏性物质，上盖有衬纸。”（钱存训，2002，98）据新闻报道，之后曾经碳 14 鉴定，年份为公元前 1 世纪—公元 1 世纪。[①]

① 令笔者不解的是，钱存训以后写作的《中国纸和印刷文化史》中未继续使用这段材料，不知出于何种考虑。且钱先生已逾百岁，不便询问。

其三，1942年劳榦与石璋如在甘肃汉代居延地区清理贝格曼发掘地时，在查科尔帖烽燧，“掘出了一张汉代古纸。这张纸已经揉成纸团，在掘过的坑位下，藏在未掘过的土里面”（劳榦，1948）推断其年代，“下限可以到永元（笔者注：汉和帝年号，公元89—105年），上限还是可溯至昭宣（公元前86—前49年）”（劳榦，1975，148）纸上有文字8行56字。（参见潘吉星，2009，56）

其四，1957年西安市灞桥砖瓦厂挖土时触到古墓。博物馆人员在施工现场工人挖出全部文物后的次日赶到。其中“铜镜三面……都是三弦钮。背面铸有精细的花纹二层。正面有布纹，并有残布数片，布下面有类似丝质纤维做成的纸，纸上有明显的布纹。”（田野，1957）“经整理后标本一共88片，大多为10×10厘米。……墓葬物不晚于西汉武帝，此墓又没有被盗。”（程学华，1989）

其五，1972—1976年甘肃居延考古队发掘破城子三处遗址获重大成果，出土汉简两万多枚，并在金关发掘到麻纸二种。“纸Ⅰ出土时团成一团，经修复展平，最大一片长宽21×19厘米。……同一处出的简最晚年代是宣帝甘露二年。……纸Ⅱ，长宽11.5×9厘米。……出土地层属于平帝建平以前。”（甘肃居延考古队，1978）

其六，1978年陕西扶风中颜村在农田基本建设时，下挖50厘米处，发现一个陶罐，罐内有铜器、麻纸、麻布等物。“在标本78FTHI：051-053三枚铜泡的扁钉上各穿一枚五铢钱，盖严了铜泡口。取掉五铢钱，发现铜泡扁钉周围的空隙内塞有乳黄色的东西。原来是揉成一团的纸张。经展平，最大的一块6.8×7.2厘米。……窖藏时间当在西汉平帝之前。至于麻纸的时间，

很可能在宣帝时。”（罗西章，1979）

其七，1979 年甘肃省博物馆文物队与县文化馆发掘马圈湾烽燧遗址。出土文物中有麻纸五件八片。五件年代不同。最早的一件 32×20 厘米，“同出的纪年简，最早为西汉宣帝元康，最晚为甘露年间。”最晚的一件同出纪年简为王莽时期。（甘肃省文物博物馆，1981）

其八，1983 年甘肃省考古研究所发掘天水放马滩古墓。发掘者通过墓葬结构及随葬器物的类别，判断其为西汉文景年代。“随葬器物中有纸质地图 1 幅，位于棺内死者胸部。纸质薄而软，因墓内积水受潮，仅存不规则碎片。……纸面平整光滑，用细黑线条绘制山、河流、道路等图形。”（甘肃省考古研究所，1989）

其九，1990—1992 年甘肃省考古研究所对发掘敦煌汉代悬泉置遗址，收获丰厚。获得“麻纸 460 余件。根据颜色和质地可分为黑色厚、黑色薄、褐色厚、褐色薄、白色厚、白色薄、黄色厚、黄色薄 8 种。纸上写字者多为白色和黄色纸。……写有文字的残片共 10 件。其中汉纸 9 件，晋纸 1 件。……时代据同出简牍和地层，可分为 3 个时期。西汉武、昭帝时期 3 件。……1 正面隶书‘付子’，18×12 厘米。2 正面隶书‘熏力’，12×7 厘米。3 正面隶书‘细辛’，3×4 厘米。均为药名。根据纸的形状和折叠痕迹，当为包药用纸。西汉宣帝至成帝时期 4 件。……（其一上）有草书 2 行……。东汉初期 2 件。……（其一上）隶书 2 行。”（甘肃省文物考古研究所，2000）

这些出土古纸制造期的判定是极其困难的。如果能确定墓主时间，至少可以确定古纸制造于下葬年之前。但九处发掘无一能有此确认。其中六处是专业考古队的发掘，他们多审慎地以同出的纪年简帮助坐标时间。但逻辑上同地出土的纸张有晚于同地最晚之器物的可能。其中两处是施工时发现。文博人员的补记在断代上明显缺乏严谨。

尽管时间的精确性待定，但九批古纸证实造纸术起源于蔡伦之前，当无问题。且对这些古纸性质与功能的研究，还颠覆和挑战着重要性绝不下于年代的传统认识。

挑战之一，最初纸张的原料是丝织物吗？1964 年潘吉星与王菊华、1965 年他又与郑学经、李竹对灞桥纸进行化验显微分析。自 1976—1990 年，潘吉星、许鸣岐等多人，还曾与两位日本专家合作，对灞桥纸、金关纸、中颜纸、放马滩纸、马圈湾纸、悬泉纸做了多次化验分析。结果显示，这些古纸的原料统统为大麻。（潘吉星，2009，67—72，77—83）英国图书馆所藏敦煌写经纸 60 多件和北京图书馆所藏 23 件（它们虽是古纸，却未必是西汉时代的），也都做过显微分析鉴定，原料为麻、楮皮、桑皮。（钱存训，2004，85）

挑战之二，造纸最初是为了写字吗？劳榦以其睿智和胆识在 20 世纪 70 年代 提出这样的论点：[①]

> 在中国大陆发现的“灞桥汉纸”据说是西汉时代的，似乎较居延汉纸的时代为早。不过上面没有字，只是具有纸的形状，并且也是植物纤维组成的。因此，这种纸是否当时作为书写的用途，甚有问题。非常可能的，这种纸还是作为緼袍的著，而不是用作书写上的用途的。（劳榦，1976）

① 劳榦的“论中国造纸术之原始”1948 年 10 月发表于《史语所集刊》第 19 本。劳榦的这篇论文在收入 1976 年出版的《劳榦学术论文集甲编》时，文后有“附记”。以下引文来自“附记”。笔者只能判断该附记写于 1976 年之前。

他在1975年为钱书所写的后序中也说过类似的话：

> 既然蔡伦以前的纸，是不匀称、不整齐，那么虽然可以用做书写，其原有用途应当不全是为着书写的，书写只是附带的用途，其主要的用途是什么是需要再讨论的。（钱存训，2002，148—149）

以后钱存训在其《中国纸和印刷文化史》[①]中也说：

> 一般说来，纸最早大概用于包裹和垫衬器物，在东汉初开始代替竹帛用作书籍的材料。（2004，82）

劳榦的先见在于他提出上述观点时，只见闻过两桩西汉无字纸问世的报道，即非专业人士发掘的灞桥纸和发掘情况不清的那只漆马上的衬纸，金关纸即便已经发掘也还未公布。因而我们可以认为，帮助他做出判断的是逻辑和道理，而非事实。

现在有了更多事实，即古纸的问世，围绕它们可以做出如下小统计。若以发掘地计算，9个纸张发现地中3地出土了带文字的纸张，占33.3%。若以纸张批次计算，15批次中带文字者5批次，还是占33.3%。即大部分不带文字。丧葬乃古人之大事，故陪葬物必是重要物品。纸张不带字却依然重要，对今人是费解的。只有我们假设纸张不是用于书写，才能想象无字的纸张会成为陪葬物。那么其功能是什么呢？我们幸运地拥有两个案例。漆马"上盖有衬纸"。灞桥的情况很可能是铜鉴包上纸，再包上布。中颜纸似乎是用于填塞的。悬泉纸更微妙。460件中只有10件有字。字纸中较早的那件上面写的是药名，即那

① 该书英文版初版1985年问世。笔者引自其2004年中译修订本。中间该书还有其他中译本。笔者未搞清楚这段文字最早写于何时，但不会早于1985年。

纸的主要用途还是包药。可以说，纸在那时的更大功能是做高贵物品的包装，或者说，帮助某物提升品质。而这是否其原初功能，尚可追究。

四、漂絮说的重新解释

古纸被验明正身，皆为麻纸，其中一张丝制纸也不曾见到，这极大地动摇了许慎—段玉裁—劳榦“絮敝緜也”，即破旧丝织品之论。若放弃段玉裁“漂絮”之说也罢，若遵循此路，就必须对絮为何物做出新解。潘吉星正是尝试提出第二种解释的人：

> 段玉裁提出漂絮对造纸思想有启发，是个创见，但认为最初的纸以“丝絮为之”，便不尽然。……1907 年斯坦因在新疆就曾发掘过西汉中期（前 1 世纪）时制成很细的黄色布料，经哈诺塞克（Hanaosek）化验，“内含桑科植物的树皮纤维，很可能是楮树”。楮布、麻布、葛布都是中国古代衣着材料，而且都由植物纤维通过纺织方法制成。可以想到，西汉至东汉前期造麻纸时，在收集破布原料过程中，很可能也将由楮纤维织成的破布混入麻布之中，因而不自觉地造出含少量楮纤维的麻纸。将不自觉过程变成自觉过程，这中间有个认识上的飞跃和对传统造纸观念的突破。思想敏锐的蔡伦完成了这个突破，自觉以野生楮树皮捣、抄造纸。（潘吉星，2009，8，108）

我们从两方面讨论上述观点。

其一，纺织楮布之存在与地位。斯坦因非常重视这个似乎渺小的物品的发现，一百年后笔者读其叙述亦感震惊，故益觉潘氏引用过简，何况是为自己的观点论证。容笔者详述斯坦因的发现物：1907 年斯坦因在敦煌的一个烽燧下发掘到五件物品，其最后一件是：

> 一条黄色纤维的平的、密织物。(Stein，1921，770)
>
> 哈诺塞克博士经仔细分析鉴定为某种桑科植物的韧皮纤维，“极可能就是中国和日本的楮树”。由于发现处有把握定在公元前一世纪，故这一纤维织物的发现有可观之文物意趣。它证明了蔡伦在 105 年首次发明真正的纸张之时，楮树茎皮在纺织上的使用可以指引他利用浸泡状态下的同种纤维。……故此处废物堆中的纤维证明了，在蔡伦发明造纸术的一个多世纪前，楮树纤维已经用于纺织。(Stein，1921，650)①

但是在以后纺织史专业人士的研究中，纺织楮布的地位微乎其微。1988 年李约瑟主编的《中国科学技术史 · 纺织技术》(第五卷九分册)“作为纺织生产原材料的韧皮纤维”一节中，

① 这段材料微妙，为避免笔者错译误导，提供原文如下。T.vi.b.i.0013...strip of plain close-woven buff fabric of which...Dr.Hanausek's careful analysis has recognized bast-fibres of some Moracea，'most probably of the *Broussonetia papyrifera*，L.，Vent.:the paper mulberry-tree of China and Japan'. The discovery of a textile from this fibre，which in view of the place of its find can safely be assigned to the first century B.C.，is of considerable antiquarian interest.For it proves that when Ts'ai Lun in A.D.105 made the memorable discovery of the first real paper，he had the textile use of the *Broussonetia papyrifera* bark to guide him to the employment of the same fibre in a macerated state....It is，therefore，of importance to have definite proof furnished by the fabric from the refuse-heaps of T.vi.b that the fibres of the *Broussonetia papyrifera* had been utilized for textile purposes more than a century before Ts'ai Lun's invention.（Stein，1921，770，650）读者亦可参阅该书中译本的译文。(斯坦因，1921/1998，432，372)

库恩讲述了四种作为纺织品主要原料的植物：大麻、苎麻、葛、蕉麻。他在“其他纤维”的小节中说及楮：不仅楮树，可能很多种树木都曾尝试用于纺织。而楮树在造纸中重要，在纺织中用途小。楮树在南中国曾广泛用于树皮布的制作，这对汉代造纸做出了贡献。（Dieter Kuhn，1988，52—59）2002年国人撰写的《中国科技史·纺织卷》中，“植物茎皮纤维的种类和利用史”一节的作者赵翰生说：“菅、蒯、楮、薛只是一种非主流用料。”在其详述用于纺织的九种植物——大麻、苎麻、葛藤、苘麻、蕉麻、黄麻、亚麻、菅、蒯——中没有楮。（赵承泽，2002，132）

笔者对比斯坦因和以上两段论述，产生了这样的看法。其一，斯坦因和哈诺塞克有否未能区分纺织布与无纺织布（即树皮布）的可能，这一盲点有可能存在于斯坦因的认识中，也有可能存在于哈诺塞克的化验中。笔者不认为这种可能性很大，却还是以为，有必要重新化验斯坦因发现的“那条黄色织物”。其二，即使那确为纺织楮布，也必须承认，它在纺织品中所占比重微小。蔡伦尝试用破麻布造纸时，如何能知觉有存量甚小的楮布“混入”呢，否则又怎么可能“将不自觉变成自觉”？因此，潘氏的推论要比斯坦因走得更远，乃至将此说的不合情理处彰显。

其三，启发来自何处。潘氏承认许慎“漂絮”的启发，却不能道出微观上这启发如何给予，故其对“漂絮说”的承认流于形式。织布是物理现象，造纸是物理化学现象。没有一个至关重要的中间环节，前者是不可能转化为后者的。这中间环节就是“水中击打”。为什么要击打，不可能是为了造纸，因为人们尚不知纸为何物。击打只能是活动自身的组成部分或追求目的。有三种人造物与造纸似有关联：丝织品、植物纤维制品、树皮布。在与造纸术的关联中，前两者缺少那个中间环节：水中击打。说“漂絮”是击打破旧丝织品，因古纸中未见以丝为原料者，此说几近破产。于是斯坦因–潘吉星提出，植物纺织品对造纸术的启发。但为什么要击打破布呢？有成果吗？有效益吗？有批量产出乃至成其为职业吗？树皮布则与这二者不同。树皮布制作的最重要组成部分就是水中击打，它在启发造纸术时是无中间环节之对接。且很可能，造纸就是制作树皮布的副产品。

但是还有一些疑问干扰着上述说法之自圆，先道其一。许慎乃造纸术产生的当世之人，似乎不该不知道西汉造纸的原料是什么。何故导致他认定纸的原料是敝絮。笔者判断，“水中击打敝絮”是工匠们的编造。他们这么说很好理解。纸张问世前，占据书写载体的是帛。帛的质量毋庸置疑，问题只在其稀缺与昂贵。最初的纸张的质量必不如帛。为了让贵族使用者接受和认可，工匠们最便捷的谎言是：此亦蚕丝所做。就像今天化纤制品为好卖，也会声称含50%羊毛，尽管其实少含甚至不含。使用纸张的贵族们观其质地会问：既蚕丝所做，因何不如帛。工匠的最佳答复将是：此出自敝絮，因其不堪再纺织，是水中击打而成，故质地稍逊于帛。在纸张的质量尚未达标时，工匠自觉或经劝告，很可能尝试过加进些敝絮，发现还不如不加。但以后在实践中不用敝絮是一回事，嘴上依旧说敝絮所制则是另一回事。当蔡伦的前任们既不能为皇家贵族提供足够的帛，又拿不出质量相当的纸的时候，会欣然与工匠们合谋撒谎。在众人蒙蔽于这一说辞之时，要远离实务的五经博士许慎洞悉工匠的把戏和说辞是苛求。《说文》的情况，如前所述，初稿成于公元100年，上奏朝廷于121年。永初四年（110年），安帝选刘珍及博士良史（包括许慎）五十余人校书东观，“令伦典校其事”(《后汉书·蔡伦传》)。可见，许慎和蔡伦不仅同时效力汉室，而且应该有过交往。笔者怀疑，不仅《后汉书》所说元兴元年（105年）上奏造纸术时，而且直到121年自杀身亡前，蔡伦也未详奏过造纸的真实原料。否则许慎断不会在《说文》中对“纸”字作如上解释。只有当纸张的质量趋近乃至超越帛书之时，才可挑明其卑微的出身。晚蔡伦300余年的范晔当然明了造纸的原料，不可能仍像许慎那样蒙在鼓里。但其所著《后汉书》只说：“伦乃造意，用树肤、麻头及敝布、鱼网以为纸”，以及“元兴元年奏上之”，未必将二者结合，即我们大可理解为：蔡伦用植物纤维造出了纸，只上奏造纸成功，未言及造纸原料。如果范晔上述的意思就是蔡伦上奏了造纸原料，笔者则认为，那是他对上奏内容的缺乏根据的想象。不然怎么可能两个同时代且有交往的人，一个用植物造纸，一个偏说纸造于敝絮？

五、语言学与树皮布

树皮布研究者的成果，诱发笔者提出第三种解释：漂母们所击打的不是旧丝，不是破布，是树皮；不是为了造纸，而是为了制衣；不是旧物利用，而是新衣，即树皮衣的制作。

树皮衣已有一万年的历史，树皮衣的研究也历时400年了。吊诡的是，树皮布的起源地很可能是中国，而其研究只是晚近才降临吾土。当代学者对树皮布的定义是：一种无纺织布，以树皮为原料，经拍打技术加工制成的布料。（邓聪，2009A）亦有学者定义无纺织布为：造纸术启发下的一种现代布艺。如此跨越历史长河的互动太有趣了。这也可以算作造纸术对其启蒙恩师的最好报答。当然，人不能两次踏入同一河水，现代的无纺织布，已经不是树皮制作的了。

有学者说德国人类学家史图博写于1937年的《海南岛民族志》开中国树皮布研究之先河，此说欠妥。该书中只一处说到树皮布："古时候，海南岛的布至少是用来铺设的那种布，则用树皮经捣击后做成的，这件事是特别有趣味的。"倒是这句话的页下注信息稍多："作为证据，我要举出柏林民族学博物馆的海南岛搜集品中的床单，这是1909年成为博物馆的收藏品（I.D.32321，没有产出地的详细说明）。"（1937，335）

在华语世界开启树皮布研究的是凌纯声、凌曼立父女。1948年夏，台湾"中央研究院"民族研究所举办花莲县阿美族的民族学调查，这是一项训练计划，参与者多为所内助理员和台湾大学的高年级学生。凌曼立担任了阿美族的衣服、饰物、纺织、编织等项调查，发现该族中尚有老人见过树皮布，记得其做法。回来告知父亲。其父觉此甚为重要。故凌曼立又两次赴乡调查，记录了当地老人讲述的树皮布的原料、工具和制法。（李亦园等，1962，100—103）以后又完成了"台湾与环太平洋的树皮布文化"，（凌曼立，1963）博学多识的凌纯声则凭借其卓越的文献功夫，一连完成了七篇关于树皮布的历史人类学论文。

凌纯声是从考证"榻布"一词破题的。榻布、搨布、答布、都布，实为同义词，已非新论。古代注家在解释该词上争论纷纭。三国魏人孟康云："答布，白叠也。"晋人徐广亦说："榻布，白叠也。"而西方汉学家劳费尔（Laufer）考证：硕大的波斯锦缎作为贡品进入中国，其名称被中国人音译为"叠"，"等于波斯语的dib或dep，相当于新波斯语diba（丝锦）。”（劳费尔，1919，317）而《史记》出现“榻布”一词时，波斯锦缎还未进入中土。初唐颜师古就不同意“白叠说”，认为榻布是粗厚布。明末方以智说：“榻布，即答布也，番布之稍粗者。”由方氏之见，可推论榻布是外来语。凌氏力排众议，别开生面：

> 树皮布在马来玻利尼西安语（Malayo-Polynesian）或南岛语（Austronesian）中称为tapa，台湾土著族的语汇中亦有tapas，tapal，tarip（ri为接中语），tapes等语与树皮布有关，使吾人感到惊异的，中国古代称树皮布亦同此名，虽文字上有榻布，答布，都布，纳布诸名，都可以说是tapa一语的同音异写，或因时代先后或地域的不同而生的差异。如《史记》卷一二九《货殖列传》第六九云：“其帛絮细布千钧，文采千匹，榻布皮革千石。”在汲古阁刻本的《史记》，榻布之榻作搨，这是值得注意的。又在《前汉书》卷九一《货殖列传》第六一云：“其帛絮细布千钧，文采千匹，答布皮革千石。”上段文字除榻写作答字外，可说是与《史记》的完全相同。《后汉书》卷二四《马援列传》第十四云：（公孙述与马援）“交拜礼毕，使出就馆，更为援制都布单衣，交让冠。”……国分直一认为（答布与楮栲布）并非织物，而是以槌毡法的手续打成的树皮布即tapa布。後籐守一说：“栲布是拷布之误，拷为打之意，栲布为打成之布的意思，此或我国最古老的布料也说不定。”此栲布为拷布之误，与前引在汲古阁刻本的《史记》榻布之榻作搨，同一意义，搨亦打之谓也。……最使吾人惊异的今夏威夷人的树皮布亦名kapa，义为打击。（凌纯声，1963，2—5，17）

概言之，凌氏认为，多民族对同一物品发音如此相似的这些称谓，说明它们很可能是与树皮布传递相伴随的语言借入现象。谁是借入民族呢？凌纯声反方以智“番布之说”，认为中国才是借出国：

> 树皮布文化在中国的起源甚古，可能早至石器时代，与印纹陶同时存在，在用麻丝纺织之前，如在史前考古学上能找到槌打树皮布的石棒（stone-beater），则今分布在整个太平洋区的树皮布文化，可以假定是起源于中国的。（同上书，11）

但榻布，特别是答布、都布，与汉语的字词特征颇不协调。或许凌纯声察觉于此，故未止步。他认为，劳费尔说苗夷尚保存了汉语的古音，不如说汉语的一些词借自苗语。（同上书，18）他深入论述了此借入的是我们下文将述评的“纸”字，而非“榻布、答布”。但却有旁证支持答布一词与苗语的关系。宋代《太平寰宇记》卷一六九岭南道十三（转引自上书，8）：

> 琼州风俗：有夷人号曰生黎，巢居洞深，绩木皮为衣。

清人张庆长曾做海南定安县令，在其《黎岐纪闻》中说：

> 生黎（黎族中的一支）隆冬时取树皮槌软，用以蔽体，夜间即以代被。其树名加布皮，黎产也。（张庆长，1992，119）

隔代甚远的两条史料合在一起告诉我们，生黎一直制作树皮衣。且结合二者，我们在训诂上有两个收获。其一，“加布”的启示，它与答布、都布、榻布，声音何其相似。凌氏文中不止一次使用“嘐布”（与“加布”同音）一词。他说南岛语中有

tapa和kapa两语，“义均为打槌。前者在中国史籍中为榻布、答布、都布，后者为幏布。”（凌纯声，1963，20）《汉书·南蛮传》云：“其民户出幏布八丈二尺。”由此可以坐实：加布、幏布、加布皮，为苗语。其二，顺便说及，“绩”字一直被两派学者争夺，一派将其解释垄断为纺织，另一派则认为有时可释为制作树皮布。从以上两条史料看来，后者是站得住的。即，因古人行文中没有严格区分纺织布与无纺织布的必要，故在其文字表达中，“绩”是双肩挑的。

接着生黎的“加布”说。苗族是比黎族大得多的种族。清人彭端淑云：“苗、猺、黎种相类也，黎人则居琼山海岛中，其从来不可考矣。”（张庆长，1992，114）当代民族学家说，黎族人多会说苗语，海南的苗族人多会说黎语。

继“榻布”后，凌纯声考证“纸”、“赫蹏”与树皮布的关系，及其同异族语言的借入借出关系。

在他之前已有学者做过这方面的探讨。劳费尔说：

> 这个波斯阿拉伯字（笔者注：即kāgaδ或kāgiδ）是从一种突厥语言来的：回鹘语为kagat或kagas;吐巴语、雷贝德语、古满都语、库蛮语为kagat;吉尔吉思语、喀拉·吉尔吉思语、塔朗齐语、卡宗语为kagaz。这字的根源可以从突厥语里找到。因为在雷贝德语、古满都语和硕尔语里有kagăs这个字，意思是“树皮”。（劳费尔，1919，393）

西域民族的造纸术当然是从中国传入的，其词汇“纸”借自一个含有“树皮”意思的词汇，是颇耐寻味的。

“赫蹏”是《汉书·外戚孝成皇后传》中出现的词汇：元延元年（公元12年）赵飞燕送小绿箧给狱中妇人，“箧中有裹药二枚赫蹏书”。应劭注：“赫蹏，薄小纸也。”因构字与组词怪异，且与汉语中其他词汇完全不搭界，历代围绕该词的训诂不绝如缕。周法高见到劳费尔上述高论，考证赫蹏古音应为kiek-diei，与上述kagaz相似，虽“不敢断定”，却又说若论借入关系：“假定诸语是自汉语假去，似乎可能性较大。”（周法高，1976）。

凌纯声继续这二位的思路，抄录了他做过实地调查的湘西苗族的相关语汇：树ko˦-nduʎ，树皮ko˦teiɤ˦-ndu，布ndei˨˩，纸ndarɤv。他说：

> 我们很容易看出四者的关系，尤其是布ndei˨˩和纸ndarɤ˨˩的音很相近。……又周法高氏的赫蹏为kiek-diei音亦近似。此可证明赫蹏一词是苗语的音译。”（凌纯声，1963，18，20）

概言之，凌纯声假设该词汇借入的轨迹是：苗语相关词汇——古汉语“赫蹏”——突厥语kagǎs（意思是树皮）——波斯阿拉伯语kāgiδ（意思是纸）。在波斯阿拉伯语中，纸显而树皮隐；在突厥语中，纸隐而树皮显；在汉语中，这词汇在古代文献中惊鸿一瞥，或许只短促地做了一次中介，就消失了，故最费解。而凌氏认为，汉语中的“纸”字是由“赫蹏”迁变而来的。（同上书，20）凌纯声的贡献和启发是无疑的。但也有尚难自圆、待推敲处。比如前述云梦县战国《日书简》中已有“纸”字，它早于《史记》中的“赫蹏”。

六、人类学与树皮布

文献留下了古人弥足珍贵的记载和想法，重要性无与伦比。

但因语言的含糊及不免发生的误用和讹传，导致文献研究的局限性。所幸对树皮布的研究还有考古学和人类学的加入。考古实物的发现无疑是最硬的证据。“个别例证见于Lubang Angin洞穴遗址及Khok Phanom Di遗址的墓葬中”，后者的“一些墓葬内缠绕有树皮布痕迹”。（邓聪，2003，95；2008，注63）这点证据其实说明，树皮布实物的考古发现微乎其微。对树皮布考古发现不足，可以做两点辩解。其一，树皮布很可能不用于古人丧葬。汉初韩婴的《韩诗外传》卷一有言：

> 原宪居鲁，环堵之室，茨以蒿莱，蓬户瓮牖，桷桑而无枢，上漏下湿，匡坐而弦歌。子贡乘肥马，衣轻裘，中绀而表素，轩不容巷，而往见之。原宪楮冠黎杖而应门，正冠则缨绝，振襟则肘见，纳履则踵决。子贡曰：“嘻！先生何病也！”原宪仰而应之曰：“宪闻之：无财之谓贫，学而不能行之谓病。宪，贫也，非病也。若夫希世而行，比周而友，学以为人，教以为己，仁义之匿，车马之饰，衣裘之丽，宪不忍为之也。”子贡逡巡，面有惭色，不辞而去。

文中“楮冠”（树皮布制作的帽子）与“轻裘”成鲜明对照，前者恐难成为贵人下葬之物。其二，古纸不多的几处发现地统统局限于极度干燥的中国大西北地带，足以证明，在其他地区植物纤维制品难于穿越两千多年留存至今。一方面，有保存优势的中国西北部不生长楮树。另一方面，即便树皮布在南方成为墓葬物，也难抵抗腐蚀存留下来。无考古发掘物不能说明古代无某物，本为常理，但以上辩词充其量也不过是说，对树皮布尤其如此。毕竟在以实物证明树皮布之存在上，考古学未有作为。但考古学家们找到了间接的证明：制造树皮布的石拍。

迄今为止，已发掘的环珠江口新石器大湾文化遗址 20 多处。福建、广东、广西、云南、海南都出土过树皮布石拍。何以断定它们是击打树皮布的工具，颇有向学界内外说明的必要。邓聪阐述了五点理由。其一，从石拍的形状看，功能在原始或上古时代似乎只能是制陶和拍打树皮布。而因功能的不同，两种工具必定特征有异。“斐济民族学资料显示，制作树皮布的木拍与制陶木拍，如泾渭分明。”制陶的木拍子须轻薄，树皮布的拍子要厚重。用拍打树皮布的工具拍打半干的陶器，有打漏的危险。出土物不见击打树皮布的木拍，只见石拍，只因后者不能穿越千年腐蚀。其二，“出土石拍与民族学树皮布的分布对比显示，两者覆盖的范围是基本吻合的。”其三，石拍上“有技术结构内涵”，即其沟槽，它有开松树皮纤维的作用。以民族学家塔西提岛的调查为例，拍打树皮布的过程中，是先用沟槽粗疏的拍面，渐次用纹路细密的拍面。其四，石拍形态显示，它曾经是配有木柄的，民族学调查看到它们是带柄使用的，这可增加击打树皮时所需的力道。其五，同一遗址中年代相似的石拍，常常轻重明显不同，很像是一组配套工具。民族学考察到的使用习惯是先用重的石拍，后用轻的石拍。其六，出土的石拍大多拍面严重破损。咸头岭遗址出土十八件石拍，只有两件是完整器。这是长期猛力拍打势所必然。（邓聪，2008）其实从上述六个理由中可以看到，最主要的根据在于，出土石拍与民族学、人类学家对这一并未灭绝的工艺的考察之吻合。

树皮布石拍成为了树皮布在某地曾经存在的最坚实的证据。其出土地层及与之伴随的出土物使得判定石拍的年代成为可能。

邓聪根据考古学家们对出土石拍年代的判定依时间先后估算出树皮布技术的传播路径：南中国6000年前——中南半岛4000年前——菲律宾和台湾3000年前——中美洲2500年前。（邓聪，2003，106）

中国南北方考古发掘物上的一个强烈反差是：南中国五省出土了世界上最古老的树皮布石拍，却未出土过纺轮；中国北方出土纺轮的年代不断前提，却未见树皮布石拍的出土。这一事实似可支持如下想象空间。南北中国曾经存在过两大布艺系统：树皮布与纺织布。二者的起源均极其古老，纺织技术源于近东，传至中国；树皮布则很可能源于中国。历史上楮树生长范围甚广，树皮布的技术门槛极低，在纺织技术进入之前，它应该席卷中国楮树生长的全部区域。而当纺织技术进入后，二者间的此消彼长在所难免。纺织品的优势导致彼此高下立见。树皮布从北到南一路退却，华南五省成为其最后的栖身地，且未存活到近现代。

但是二千年余年前，很可能在华中、华东地区，树皮布依旧流行。如是，就有了对漂絮做出新的解释的空间。而邓聪自称所做的“带有浓厚考古学色彩的民族学调查”（笔者以为就是人类学）为我们提供了生动的借鉴。他讲述了亲身采访中听到和见到的树皮布制作过程（邓聪，2009B）：

第一次，西双版纳一位75岁克木人这样讲述：“剥落树皮后放在河水中洗清除去树胶，因为树的毒液对人有危险，为避免中毒，制作树皮布后双手要彻底清洗。树皮布被冲洗敲打柔软后，可初步拧干。”

第二次，邓聪描述一位哈尼族人为其演示树皮布制作中的一个步骤：“树皮被剥落后，被置于石砧上，一边洒水，一边以木槌台面的侧面拍打树皮。”

第三次，一位65岁的基诺族人讲述制作树皮中情节：“树皮在剥落木芯后，再放入水中重新浸泡，一边又以木棒敲打树皮，又用手搓拧，目的在使树皮内树液全部洗净。”

笔者以为这几乎就是“漂絮”。因为树皮布曾经是先人衣着的来源，甚至一度是唯一来源，那时水边击打树皮必然比比皆是，必有“漂母”赖此为生。半职业化的击打中，一定反复尝试过次数、强度不等的击打。而击打过度，便可能留下纤维积淀物。它过于轻薄，不能成衣，却别致、稀罕，可作他用。

制作树皮布的主打树种是楮树。很长时间中造纸的主要原料也是楮树皮。很可能是制作楮树皮衣诱发了造纸。但是出土的西汉纸张却是麻纸。这是我们的说法能否自圆的第二个疑问。笔者试解如下。其一，笔者不知且关心，对西汉纸曾经做过的多次化验，能否确定无误地区分大麻纤维与楮树纤维。如否，应考虑重新化验，以洞悉造纸起源的微妙之处。如是，则这样解析。当制作楮树皮衣诱发了粗糙纸张的问世，在旋即开始的改进造纸术的一项尝试是，原料中加入蔡伦传所说的“敝布”。笔者以为，最初的敝布必是破旧的楮树皮衣，这实属自然而然，且经济、省力。其后的尝试会扩展到诸种敝布上，比如破旧的麻布、葛布，乃至丝织物上。或许是大麻纤维的某些特质，在最低水平的造纸术中易于成就较好的纸张，故成为那个阶段纸张中的主要成分。当造纸技术走过了最初阶段后，楮树皮这个最初的诱因，短暂地让位给大麻后，因适合其后的造纸技术，迅速收复失地，重回王座。笔者自觉，这解释未必令人信服，权作抛砖引玉。

七、树皮布与蔡伦

有深厚历史学造诣又开创了树皮布研究的凌纯声，几乎不可能不涉足树皮布与蔡伦造纸术关系的思考。凌氏考证蔡伦家乡为东汉时荆州属下的桂阳郡耒阳县（现在湖南）。他引征了数条史料来描述这一荆蛮之地与楮树及树皮布之关联（凌纯声，1963，7—8）：

> 巴郡南郡蛮……及秦惠王并巴中，以巴氏以蛮夷君长……其民户出幏布八丈二尺。……秦昭王使白起伐楚，略取蛮夷，始置黔中郡。汉兴，改为武陵。岁令大人输布一匹，小口二丈，是谓賨布。(《后汉书 · 南蛮传》)

《说文》："幏，南郡蠻夷賨布。" 即按照许慎的说法，二者为一物。联系本文第五节清代县令张庆长讲述的海南生黎人的"加布"，可以确证，秦代征服者令蛮夷人缴纳的正是树皮布。宋代《太平御览》引述晋人裴渊《广州记》中的话："蛮夷取榖皮熟槌为榻"。李时珍引用南朝齐梁道士陶弘景（456—536）的话：

> 陶隐居云：楮即今榖树也。榖音构，南人呼榖纸亦为楮纸，武陵人作楮皮衣，甚坚好。

凌纯声判定：

> 蔡伦生长是乡，不论其为耒阳、应阳、耒阳皆在蛮荆地内，对于用树皮布造榻布或幏布，当然有认识。"（凌纯声，1963，22）

此处说及“幏布”、“蛮荆”，意味着蔡伦家乡亦是苗人之乡，蔡伦对其家乡苗人的树皮布是有体认的。凌纯声非常在意蔡伦家乡的特征在其改进造纸术中的作用，故特别引用劳费尔的话：“蔡伦发明造纸，因为他是楚人，这是值得注意的。”（凌纯声，1963，22；劳费尔，1919，392）

其实在凌氏写作此文之前的十余年间，即20世纪50年代，利普斯（1949，110）、国分直一（1952）、Winick（1958）都明确表达了对树皮布影响了造纸术的猜想。（凌纯声，1963，27）

无独有偶，制作树皮布的墨西哥印第安人独立摸索出树皮纸的制作，原因恐怕在于树皮纸是制造树皮布时比较容易产生的副产品。如果说受同一的启示，他们造出的纸张比中国古纸粗糙，相当程度上是因为那对他们已经足够了，那里没有一种社会需求和迫力，促使他们做更多、更好的纸张，乃至走向技术革新。更不要说中国人之前就有平滑光洁的帛，作造纸匠人的参照和追赶目标。

有些历史事实，是文献与实物的新发现和再探究有望澄清的，比如汉代中土制造树皮布之有无。还有些事情，是任凭文献和实物都不能帮助我们搞清的，比如哪一桩技艺对蔡伦改进造纸术起了决定性作用。在这里，各种猜想都没有事实上的确定性，只有逻辑上的自洽与不自洽，推论上合理与不合理。而在这一层面上，说制造树皮布是所谓漂絮，蔡伦造纸法是受其影响，要好于其他说法。

参考书目

程学华 1989："西汉灞桥纸断代及有关情况"，《科技史文集》，15 辑

邓聪 2003："东亚出土树皮布石拍的考古学考察"，《史前与古典文明》，"中央研究院"历史语言研究所

—— 2008 "南中国史前树皮布文化研究新进展"，《庆祝何炳棣先生九十周岁华诞论文集》，三秦出版社

—— 2009A："海南岛树皮布的几个问题"，载于詹长智主编《海南历史文化研究辑刊》第一卷，海南出版社

—— 2009B："云南树皮布民族学调查的启示"，《南方民族考古》，第 6 辑，科学出版社

甘肃省博物馆：1981 "敦煌马圈湾汉代烽燧遗址发掘简报"，《文物》，10 期

甘肃省文物考古研究所 1989："甘肃天水放马滩章秦汉墓群的发掘"，《文物》，2 期

——— 2000："甘肃敦煌汉代悬泉置遗址发掘简报：《文物》，5 期

甘肃居延考古队 1978："居延汉代遗址的发掘和新出土的简册文物"，《文物》，1 期

利普斯 1949/2000：《事物的起源》，敦煌文艺出版社

劳榦 1948/1976："论中国造纸术之原始"，载于《劳榦学术论文集甲编》，艺文印书馆（台北）

—— 1975/2006："《书于竹帛》后序"，钱存训著《书于竹帛》，上海世纪出版集团

这篇短短的"后序"的价值超过多篇研讨纸和造纸术起源的论文和专著。它洞见纸张最初的用途不是书写。他说"书写只是附带的用途，其主要的用途是什么是需要再讨论的"。劳氏想象的用途未必对，但其怀

疑的文字发出，开启了学界的重新思索。

劳费尔 1919/2001《中国伊朗编：古代伊朗与中国之文化交流》，商务印书馆

劳费尔（Berthold Laufer，1874—1934）为美籍德国藏学家。通波斯文、梵文、巴利文、马来语、汉语、藏语、蒙古语、满语和日语。这部书是通过植物、动物和器物的名称，追究古代中国和伊朗之间物质文化上的输入与输出。著作的难度极大。作者的语言功力令人惊叹。

凌纯声 1963：《树皮布印文陶与造纸印刷术发明》，"中央研究院"民族学研究所

以其慧眼洞悉树皮布的历史文化价值，开启了树皮布的研究。以令人惊叹的古文献功力梳理和分析树皮布在古代文献中的记载。

凌曼立 1962："树皮布"，李亦园等著：《马泰安阿美族的物种文化》，中央研究院民族学研究所

罗西章 1979 "陕西扶风中颜村发现西汉窖藏铜器和古纸"，《文物》，9 期

潘吉星 1997：《中国、韩国与欧洲早期印刷术的比较》，科学出版社

——— 2009：《中国造纸史》，上海人民出版社

钱存训 2002/2006：《书于竹帛》，上海世纪出版集团

该书初版于 1962 年，中译本是根据 2002 年的修订版翻译的。

——— 2004：《中国纸和印刷文化史》，广西师范大学出版社

钱氏两书中，我更喜欢且更多地受惠于前书。后书虽洋洋 33 万字，写作了 15 年，受到李约瑟的盛赞，但笔者以为追求的是面面俱到和材料齐全。不及前书灵动和睿智。

史图博 1937/2001：《海南岛民族志》（内部读物），中国科学院广东民族研究所

斯坦因 1921/1998：《西域考古图记》，山西师大出版社

笔者因疑惑潘吉星对斯坦因的引用，颇费气力地找到英文版，惊叹该作之巨大和精致。后才发现，已有中译本，且翻译和印制得很到位。

田野 1957："陕西省灞桥发现西汉的纸"，《文物参考资料》，7 期

赵承泽 2002：《中国科学技术史 · 纺织卷》，科学出版社

张庆长 /1992：《黎歧纪闻》，广东高等教育出版社

张震泽 1986：《许慎年谱》，辽宁大学出版社

周法高 1948/1976："'论中国造纸史之原始'后记"，载于《劳榦学术论文集甲编》，艺文印书馆（台北）

Kuhn, Dieter 1988: Textile Technology:Spinning and Reeling, Joseph Needham:Sencise and Civilizationg in China, Vol.5, Part9, Cambridge University Press

Stein, Aurel 1921/1983：Serindia（cartographic material）: detailed report of explorations in Central Asia and westernmost China, Delhi : Survey of India

第五章
雕版印刷的起源

一、印章

印章与石刻是印刷术的技术先导。二者有各自独特的演化路径，容笔者一一说来。

印章曾广布欧亚大陆。但在使用过程中，能完成其两种印盖对象间的跨越，能从广泛的实用走向精湛的艺术，能从上古直通今天的，只有中华民族。吊诡的是，吾国学术界却是迟迟才开始研究印章历史。其原因恐怕在于，印章与纸张一朝结缘便诀别其原始形态，且二者联姻后铺天盖地，令后人全然忘记了印章的最初形式。直到其意外现身，引领有心的后人走进远古。

那是道光二年（1822 年），四川一农夫田间挖山药时，发现一个坑窑，起出一些古奥的东西，被古董商转至京城刘喜海、龚自珍手中。文化人最初以为是古代铸造印章用的“印范子”。后刘喜海搜求到三十枚，在其 1852 年辑成的《长安获古编》中，道破其为"封泥"[①]。又过了半个世纪，两位封泥收藏大户吴式芬和陈介祺的后人于1904年汇集他俩的收藏与研考，辑成《封泥考略》，开启了国人对封泥的研究。吴、陈的考据埋头于官职与地理。比如由"呼佗塞尉"封泥可补正史之缺，证明"'呼佗塞'是汉仿古塞名再增者，塞尉、关尉是关塞之官。"吴、陈，及后来的周明泰，通过对1621枚战国至汉代印章的考据，几乎汇成一部百官表和地理志。（孙慰祖，2002，63—64）但是，他们研究的是封泥文字中的内容，"而于封泥之为物，未之详考也"。只好等待王国维完稿于1912年的《简牍简署考》为之奠基。

概言之，王国维此文贡献有三。其一，厘清了简牍，纸张发明前国人最大的文字载体之规制。其二，在此基础上，搞清了"检署"为何物，阐明了其操作方式：它是一种护封方法，以防简牍传递时被他人阅读；方式是在一串竹简上加盖一块竹板，即"检"，其中有个约一厘米见方的小斗[②]，横穿此斗有三条能容细线穿过的小沟槽，用三条绳子穿过小槽，捆住竹简，在斗内系结，然后将泥土填入斗中，最后加盖印章。其三，王氏以其一贯主张的地上（文献）、地下（出土文物）"二重史证"的方法，匡正了许慎的说法：

> 案，许慎（十三）《土部》："壐：王者印也。所以主土。从土爾聲。籀文从玉。"段氏注曰："盖周人已刻玉为之，曰籀文从玉，则知从土者，古文也。"段注以壐为古

① 赵平安认为，按照汉代人的习惯，称为"封印"或"封章"更合适，因为也有封泥而不盖印的。但刘喜海"封泥"的说法已先入为主。

② 关心"斗"的长宽尺寸的详尽统计，可参阅赵平安著作。（2012，122—128）

> 文，其说甚是。唯许君谓璽以主土，故从土，则颇有可疑者。古者上下所用印章，通谓之璽，璽非守土者所专有。窃意璽印之创，在简牍之世，其用必与土相须，故其字从土。《周礼·职金》："揭而璽之。"用璽于揭上，非用封泥不可。……古人璽印皆施于泥，未有施于布帛者。（王国维，1913，100，102）

其意义，一方面在于破除玺印原初垄断于王侯之说。另一方面，也是更重要的，以古文字（玺字原为璽）和出土物相印证以说明，封泥是印章最初的使用方式。有当代学者举 1957 年长沙左家塘和 1982 年江陵楚墓中出土的盖有朱文的纹锦，修正王国维上说。（王人聪，2000）王氏"古人璽印皆施于泥，未有施于布帛者"的论断，是针对段玉裁《说文注》"周人用玺书，印章必施于帛而不可施于竹木"而发出的，连句式都是对应的。两相比较，正误昭然。《后汉书》说：蔡伦探求替代物，是因为"缣贵而简重"。珍贵的缣是不可能成为传递文字的流行载体的。纹锦，乃至帛书上，偶有印章或许可能，但它们不构成印章初始的使用方式。故这些发现无改王氏对封泥地位的判定。通行习俗又何尝无一例外。就措辞而论，"古"之涵盖可宽可窄，我们大可将"古人璽印皆施于泥"中的"古"理解为"最初"。

王国维奠基的封泥研究，留下了纵横两线供汉语世界后来的研究者们拓展。纵的取向，封泥始于何时，是自创还是传入。横的取向，王氏说过玺非守土者专有，那么封泥在各色人等中还有哪些用途。

迄今为止，专业考古人员发掘过一千余座西周墓葬，其中包括出土了万余件青铜器的庞大虢族墓葬，竟未发现一枚印章。春秋时代也几无发现。而进入战国时代，印章横空出世，已发现者竟达六千方，其中三百方是官印，其余为私印。若是自创，似应有一个从萌芽至成型的轨迹。初始便是大量成熟的印章，暗示着此技艺有外部传入之可能。但三枚所谓商代古玺的出现，搅扰了中国印章始于战国的论断。其图谱和照片出现于古董商黄濬1935年编辑的《邺中片羽》和于省吾1940年的《双剑誃古器物图谱》中，三玺原件现存于台北故宫博物院。其为商玺的最大辩护者当数李学勤。李氏1992年解析三玺中的“亚型玺”，提出其特征“是作伪者无法掌握的，所以古玺不能是伪品”。（李学勤，1992）不久有学者反驳：这些特征均可作伪，并判定三玺为赝品。（金夷、潘江，1996）以后，李学勤释读了人们被其似字非字的图形长久困惑的“田字格玺”。（李学勤，2001）争议之际，不同于上述三玺晦暗出身、“有明确地层关系的”一枚铜玺，1998年于殷墟发现。李学勤就此做出定论：“这枚商代铜玺和后世的玺印相同，主要用于封泥或类似物品的。……殷墟旧出的那三枚铜玺，以及其他时代较早的玺，也是真正的玺印。”（李学勤，2004）其实，辩护者们更难解释的是宏观生态。中国早期的古玺均为青铜铸造，青铜耐腐蚀。为什么迄今发掘了两千余座殷墟墓葬，其中很多此前未遭盗墓，出土过青铜器无数，却只见1989年这一枚铜玺。因每一枚印章都曾加盖封泥几十、上百次，出土物中封泥一向大大多于古玺。李学勤说那枚印章“是用于封泥”。可是自殷代至西周，没有发掘到一枚封泥。

更宏观的视角则是比较古代中国与美索不达米亚，乃至周边其他民族的印章历史。若中国印章起于战国，则有2500年的历史。若起于尚存争议的殷末，则有3100年历史。而伊朗的苏萨、叙利亚的哈布巴·卡比拉出土的封球、滚筒印章、封泥都证明美索不达米亚的印章在7000年前已经问世。（新关钦哉，1995，40—52；林文彦，2011；拱玉书等，2009，149—157）其后印章渐融于该民族的社会生活。大约公元前18世纪的《汉谟拉比法典》第104条规定“没有发行压印文书的银不能结算。”第128条“如果没有契约文书，就不能视这个女人为妻子”，而契约上必须压印。公元前5世纪到巴比伦访问的希腊历史学家在其日记中写道，在巴比伦几乎无人没有印章。（新关钦哉，1995，50—51）既而，美索不达米亚的印章文化开始了向着欧亚大陆的传播，且在不同民族那里发生着形形色色的变异。埃及纳卡达时期的王墓中出现的来自美索不达米亚滚筒印章，证实着五千余年前两河流域文化向着埃及的输入。以后埃及人一直使用滚筒印章，只是其中增加了文字。一千余年后，圣甲虫取代了滚筒，成为印章的埃及特色。到埃及十三王朝（公元前1802年—1649年）时，为携带与使用方便，又演化出指环印章。伊朗人在吸收印章技术时，将石刻改为铜铸，并延续当年赫梯人的改造：变滚筒为平面。伊朗的印章技艺又经波斯湾传到印度，南亚次大陆的动物进入他们的印章图案中。

文化交流隔绝的两个民族能分别独自创造出同一种复杂技艺是难得和稀少的，若其细部也趋一致则属十分罕见。同创印章已属难得，若同创印章且初始都用封泥，则近乎不可思议。况且二者间有巨大的时间差。美索不达米亚开始这一技艺早吾国四千年。不错，古代中国与美索不达米亚的印章有重大区别：青铜与石头，平面与滚筒，文字与图像。但这两大文明之间有一个传递与渐变的中介地带：伊朗、波斯湾和印度。因而，青铜、平面、文字等特征，都不成为中国独创的根据。特别是

战国时代的一些肖形印章上的动物非吾土所有，其图案与伊朗印章相似。（新关钦哉，1995，18）

融入欧亚大陆多民族社会生活中的印章，用途广泛。本文开篇于中国古代检署。远比中国印章古老的中亚印章，不可能无此功能。美索不达米亚不同的政治社会形态，导致他们更在意的似乎不是保密，而是契约不被歪曲篡改。故其护封方式是：契约内容在泥版上写好，用黏土盖上，之上再写一遍契约并由当事人加盖印章。这样内文被保护好，如有争议可破土核对原文。亚述人一度征服两河流域，其承袭了腓尼基字母衣钵的阿拉米文不适合刻写在泥版上，便以纸莎草和羊皮取而代之。成文后将纸莎草或羊皮折叠或揉成团，用线绳绑束，在打结处糊泥后加盖印章。埃及、伊朗、印度也大致相仿。（新关钦哉，1995，48，54；林文彦，2011）其与中国古代的检署大同小异。唯因竹简更规整，中国古人的“斗检封”似乎更严谨庄重。以上操作，即护封文字信息，只是印章用途的一个方面，其更多的用场是对物与人的护封和证明。《礼记·月令篇》云：“物勒工名，以考其诚，工有不当，必行其罪以穷其情。”即产品，如陶器、漆器上，盖有工匠或监造者的姓名。坛坛罐罐上的封泥是各民族运送酒、油、香料等贵重食品时通用的方式。《唐六典》卷十一：“凡外牧进良马，印以三花、飞、风之字，而为志焉。” 沙孟海《印学史》中有“日庚都萃车马”的印谱（6.9 厘米见方），他说：“这样大的印，不适宜用封泥，大约是用以烙马的。”（1987，9）中亚民族亦如此，“‘萨穆加’开始是游牧民族的伊朗人为了明确所有权在家畜身上打的记号，后来成了民族的标记。……据说萨桑王朝最后的大王霍斯洛夫二世的乘马的腰部就有萨穆加的烙印。”（新关钦哉，1995，63）再一个共有的习惯是佩戴印章，其原初是为盖印方便才印不离身，后来抑或成为身份的标志。由此又产生出一个各民族共享的习俗：印章成为陪葬品。若该印章必须传给继任者，则常常仿制一枚入葬。掌权者印章的封泥在很多时空下，还是通行证。（参阅刘江，2005，75—85）

从护封到证明，从文书到器物、人物，五花八门的用途中包含着同一功能，昭示出抽象意义上印章的属性。《释名》云："印，信也"，道破了印章的社会功能。但承担这一社会职能的前提是它须具备一项物理功能，即能够复制某种唯一性。虽然复制意味着已经不是唯一，但它仍然是任何一个他人都拿不出来的标志，令过目者相信其来源之唯一。印章是人类最早的复制工具，故能成为人类最早的信物。个体活动能力与群体社会生活的延展，导致着超越个人肉身有限性的迫切需求，遂使印章一朝问世不胫而走，通吃欧亚大陆上的几乎所有民族。

如上所述，印章在其时空跨度巨大的传递中经历了诸多变异。虽非最早，却实为最大的变异发生在古代中国，即盖印的对象从封泥转变为纸张。王国维认为，自南北朝始，这一变革见诸史籍。（1913，104—105）《魏书 · 卢同传》："若名级相应者，即于黄素楷书大字，具件阶级数，令本曹尚书以朱印印之。明造两通，一关吏部，一留兵局，与奏按对掌。……奏出之日，黄素朱印，关付吏部。"《北齐书 · 陆法和传》："梁元帝以法和为都督、郢州刺史，封江乘县公。法和不称臣，其启文朱印名上，自称司徒。"卢同任官于北魏太和（477—499）中期，梁元帝萧绎在位于552年—554年（508—554）。就是说，不迟于公元5世纪末叶，印章与纸张联姻。造纸术起源于西汉，至纸张取代封泥，跨时五百年。这五百年正是纸张与简牍此消彼长之时。皮之不存毛将焉附，封泥“实与简牍俱废矣”（王国维语，同上）。至于为什么印章于纸上，选用朱红色，盖因醒目之色当属黑与红，“必用红色之故，当缘字以墨色，红色盖于其上，不至掩色”。（马衡，1923，230）

在盖印对象从封泥向纸张的变迁中，发生了阴文向阳文的转化。阴阳的说法似有混淆不清之虞。今人是从印章的角度区分阴阳的，即印章之笔画、图形凹陷为阴，凸起为阳。明代人顾大韶说，古人是从封泥的角度区分阴阳的，其对阴阳的判断与今人相反。他认为，朱文、白文的说法可避免混淆。（转引自马衡，1923，229）但朱白文的表述不能贯通封泥与纸张、中国与美索不达米亚的印章历史。故我们还是按照今人阴文阳文的习惯定义来表述。阴文阳文的转化绝非独立发生，而是与刻工技艺、所用材料一同发生和变异，且材料不止于盖印对象，还包括制作印章的材料。美索不达米亚不产石料，他们靠进口石料服侍这一重要需求。其主要用石为青金石、赫铁石，偶有玉石、水晶、玛瑙等。其印章上的内容多为图像，故做阴文，以求封泥上呈现出凸起的人物、动物、景致。坚硬的石头上“正刻”出图像已属不易，“反刻”就难上加难。所以不同历史阶段中出土的印章显示出，在该地使用印章人数激增时，印章制作的技艺水平就急剧下跌。（新关钦哉，1995，46）而当伊朗、波斯湾、印度直接、间接地吸收两河流域的印章文化时，统统以青铜铸造取代石刻印章。背后的原因恐怕是本地没有刻石高手。而此时各民族青铜文化均已成熟。雕刻的印范是泥土，且是正刻——这样铸造的印章才是阴文，要比石头印章的反刻容易得多。如笔者所言不虚，青铜铸造印章取代石刻，实为技艺门槛所使然，即避难趋易。

当古代中国经二传手接受印章文化时，一方面因袭了青铜铸印，另一方面发生了一项变异，即战国时期阴文阳文的并存。换句话说，阳文前所未有地在印章的世界中出现。笔者猜想，这是中国印章皆为文字所致。其一，就封泥的视觉效果而言，文字之阴文阳文的差异没有图像那么大。世上的人物、动物都是立体的，封泥中凹形的人物、动物会令效果大大失真。而文字殊异于人物与动物，封泥中文字凹凸的视觉效果相差较小，所以我们看石碑中的凹形字不觉得别扭。其二，印范上阴刻文字毕竟比印范上阳刻易做。印章传入中土之际，制造阳文印范的技工还不成群体；阴文印范铸出的印章就是阳文印章了。但到了汉代，阴文印章一下子占据压倒优势。笔者猜测，是经过一二百年的印范制造，胜任阳文印范制造，即铸造阴文印章的工匠群体已经形成，对封泥上文字的视觉效果可以有更高要求了。于是阴文支配了汉代的印章。演至南北朝，当纸张取代封泥后，战国时代曾经存在的阳文印章，从蛰伏中一跃而起，压倒阴文。原因在于纸张与封泥相反，纸张上阳文比阴文更清晰。今天，印章的天下又是阴文阳文共存了，其原因是印章的实用性已不复存在，文人的审美追求成为其当下存在的主要根据。此为后话。

当印章与纸张结合，并以阳文反刻出场时，印刷术中的“雕版”便呼之欲出了。且因印章与雕版印刷在技术层面上几无间隔，“印”这个字眼便同“印章”技艺一并输入“印刷”之中。

印章在中国发生变异、引发革命之时，它在西方也非一成不变。但因纸张广泛地进入其社会生活，要比吾国晚上约一千年，在西方贵族使用羊皮纸的过程中，蜡封渐渐替代了封泥，成为印章历史中的最后一幕。

二、石刻

1. 石碑、墓碑

印章与碑刻，同为印刷术的技术先导。本节讨论碑刻。我们从石碑及其类似物说起。

> 已知早在古埃及第四王朝时（约公元前2613年—前2494年）即有方尖碑，但当时遗物无存。……现存最古实物属于第12王朝（约公元前1991年—前1786年），位于今开罗郊区希利俄波利斯赖神庙遗址前，为图特摩斯一世（约公元前1525年—前1512年）所建一对之一，高24米，底部1.8米见方，重143吨。位在卡纳克阿蒙神庙的第三座和第四座牌楼门之间。[摘自《简明不列颠百科全书》，方尖碑（obelisk）词条]
>
> 虽起源不详，但早在迈锡尼和几何形时期（约公元前900年—前700年）东方和希腊都已习用石块作为墓碑。……在古巴比伦王国是时期，著名的汉穆拉比法典被刻在一块高大的石碑上，顶上为汉穆拉比像。[摘自《简明不列颠百科全书》，石碑（stela）词条]

中国最早的石刻为唐代出土、保存在今日故宫博物院中的石鼓。现当代的多数学者判断其为秦国石刻，分歧只在秦襄公、秦文公、秦穆公、秦献公之间。（参阅马衡，1923，97—103）《史记》载，秦始皇（在位于公元前221年—前207年）于巡幸中刻石颂德七次之多。今人费解的是始皇在位14年七次刻石，享寿214年的西汉王朝竟鲜有石碑让后人看到，而到了东汉碑刻又骤然勃起。对石刻在三个王朝中的起落，笔者这样理解。其一，不管秦国王室一脉相传的石刻是自创还是中亚传入，西汉统治集团的文化遗产和审美情趣殊异于秦人，他们选择了一新一旧的方式为自己歌功颂德。新是撰写大量的华美的汉赋。旧是沿用已形衰微的铭文的青铜彝器。（参阅程章灿，2009，213）青铜器的魅力在于它曾是力与美的稀有结合，因为它曾经代表着顶级兵器，当黑铁问世后，青铜的魅力无法保持。（参阅张光直，1990，10，123；郑也夫，2007，84—86）平民出身的西汉统治者可以沿用传统皇家贵族的礼器，始皇是不玩过气的把戏的。其二，自张骞通西域后，该地的奇珍异物风俗文化渐入中土，墓碑文化很可能也在其列。“在汉以前的出土器物中，很少见到外形与汉碑相似的。汉碑的圭首、圆首、上部以图案装饰、表面精工磨制特点，却都可以在远早于汉代的北非、西亚乃至中亚古文化碑刻及遗物中找到先源。”（赵超，1997，13）从见闻到移植，需有一个过程，很可能它于西汉后期发酵，东汉初期呈现。其三，自东汉始，孝道大行其道，其中一个要素是东汉的选士兼顾道德与学问。前者为孝廉，后者是经学。显示孝道的一个手段是厚葬父母，而墓碑和碑诔（悼文）是厚葬礼仪中的明珠。即便青铜器未告衰微，也没有墓碑那样曝光显眼的广告效应。

从石鼓文、始皇的碣石，到东汉初年的碑文，都是为君主与帝王铭功记事。墓碑是后来者。走入墓碑和碑诔无疑是石碑功能的一大延展。其中潜藏着举一反三的启发作用。果然，公元175年东汉的一位书生向灵帝奏请正定经文，并刊刻在石碑上，灵帝允准。石碑前所未有的一项功能就此展开。《后汉书》这样说：

蔡邕，字伯喈。……少博学，师事太傅胡广。好辞章、数术、天文，妙操音律。……建宁三年，辟司徒桥玄府，玄甚敬待之。出补河平长。召拜郎中，校书东观。迁议郎。邕以经籍去圣久远，文字多谬，俗儒穿凿，贻误后学，熹平四年（注：公元175年），乃与五官中郎将堂溪典、光禄大夫杨赐、谏议大夫马日磾、议郎张驯、韩说、太史令单飏等，奏求正定六经文字。灵帝许之，邕乃自书册（注：后代的注家认为，"书册"字为笔误，应为"书丹"）于碑，使工镌刻立于太学门外。于是后儒晚学，咸取正焉。及碑始立，其观视及摹写者，车乘日千余两，填塞街陌。

这篇传记夸大了一些事实，道出了一个关键，忽略了一支情节。汉一字石经（还有三字石经，是汉石经还是魏石经争论纷纭）刻石碑46具，共二十余万字，历时八年（183年完成），可考据出的校理人员有24名之多。（马衡，1923，131）。蔡邕178年就被放逐，参与此事才三年多，可信他只书写了其中一部分。而上文说"校书东观"，实为关键。东观是东汉宫廷中贮藏档案、校对经书的处所，众多硕儒曾应招到此工作。在这里可以深切体会到文字不一与经学纷争的困境。但蔡邕虽多才多艺，其经学造诣在东汉不在前茅。为何马融、郑玄、许慎都不曾提出蔡邕的奏折。这便是《汉书》所未说及的蔡邕才华的另一层面。上文说东汉墓葬中看重碑诔。因其含盖棺定论之意味，墓主的后人必邀国手撰写，其时众多文人涉足于此，而拔头筹者非蔡邕莫属。东晋人李充《起居诫》云："中世蔡伯喈长于为碑。"南朝刘勰《文心雕龙·诔碑》云：

自后汉以来，碑碣云起，才锋所断，莫高蔡邕。……

其叙事也该而要，其缀采也雅而泽；清词转而不穷，巧义出而卓立；察其为才，自然而至矣。

今存《蔡中郎集》中共有文章148篇，碑诔类的颂文占60多篇。蔡邕不仅文章盖世，书法亦绝顶。唐代书法家张怀瓘《书断》中云："蔡邕工书，篆隶绝世，尤得八分之精微，体法百变，穷灵尽妙，独步今古。又创造飞白，妙有绝伦。"可见，该时蔡邕做碑诔是撰文与丹书双肩挑。以上不吝笔墨旨在说明：最深地浸淫在碑文撰制中的蔡邕一定屡屡目睹人们围观碑文；而一个如此脚踏撰写碑诔与校书东观两只船的人，最易想到以碑刻解经文争议之困境；既属名流，又两道皆熟，使他成为上奏此议的不二人选。

但儒生只是奏请。这一日后成为历史事件、当时亦非小事的举动要皇帝定夺。汉灵帝爽快地允准，则源于他面临的难题：文字难于一统，经学争论不休，且二者交织缠绕、互为因果。

2. 秦代未竟之书同文

汉字的起源独立于口语系统，它不是语音的记录，而是外物形象的模拟，所谓象形。它源于卜辞，演至史官对国家大事的记载。日后，当象形字用于表述更丰富的内容时，就面临字库太小、捉襟见肘的问题。仅靠象形和象意，极难产生众多的新字，特别是带有抽象意味的字眼。声借是象形字向前扩展的必经之路。声借的结果是，频繁出现一字多义，一形多义，形义脱节的现象。为了解决一形多义丧失区别性的问题，古人选择了为声借字加上形符（或曰义符）的手段，即为声借的字安上偏旁，于是形声字出现了。比如下面的五个字当初都是从

“同”那里声借来的，为了提高区别性，分别加上五种偏旁，构成了一望即知其性质的五个字：铜，筒，桐，恫，酮。偏旁的设置，即形声字的出现，解决了字库小，语言大，前者无力应对后者的难题。但第一难题刚解决，第二难题即浮现：异形字的大量发生。这是只要文字的使用者各自凭借形声的手段去造字，就必然发生的事情。周朝建立之时，正是文字发育之始。鉴于文字变异的趋势，王朝建立伊始，周天子就派史官到诸侯国，以保持文字的统一，彼此交流的通达。但文字依旧在迅猛发展，西周王朝却终结了。于是文字的异化与政治的分裂联手，导致东周时代诸侯国的文字分道扬镳，差异最大的时期当推战国，形成了秦汉人所称的“六国文字”。不仅国与国的文字存在差异，如果国内统一文字力度不够，一国之内的文字也可能存有差异。如果不是某个古典文本产生的小圈子中人，即使是本国文字读起来也会有困难。这便是日后古文经书出现时，汉代人很难阅读的原因。对当代古文字学家来说，六国文字也是最难释读的。

战国七雄中，秦国国内的文字有可能最少差异。陈梦家说：秦自己无文化，因袭了西周晚期的大篆字书《史籀篇》；且东方诸国民间士子兴起，文字变化快，而秦不许民书。（陈梦家，1939，110）赵平安认为，《史籀篇》是秦人在周恒王时所编的大篆，堪称秦国历史上的第一次书同文。（赵平安，2009，136）从战国中期，即秦孝公时开始，大篆渐渐向小篆转化，始皇统一中国前秦器铭文就很接近小篆，这是文字由繁入简的自然的发展。（陈梦家，1939，112）且秦国扩张到哪里，就强行将自己的小篆推行到哪里。赵平安称之为秦国的第二次书同文。（赵平安，2009，139）秦始皇统一中国后秦人的第三次书同文，不过是将他兼并六国过程中已经开始的行动，更为正式和严厉地推行。就当时的技术条件而言，这是一件极其艰难的事情。我们无从知道其实施手段之细节。只知道，李斯、赵高、胡毋敬将此前作为秦国官书的小篆规整一番，铺张成文，分别写出《仓颉篇》《爰历篇》《博学篇》。这些样本提供给秦朝官吏是必定的，且已属不易，因为要抄写出极多的备份。若六国的文士都能看到，则超乎我们的想象。始皇之所以每番巡幸都要立碑刻石，一定含有提供文字样板的目的。据说书写碑文的便是此前丹书《仓颉篇》的李斯。

始皇以秦文小篆去完成的书同文无疑失败了，说是因为秦王朝的短命是只见表象不明就里。且不论小篆一统六国文字之成败，即便在本朝的官吏中，小篆也在走向异化。一种更为简便的字体：隶书，从小篆中脱胎而出。隶书的"隶"字已经暗示出其创造者的身份。陈梦家说：

> 杜预注云："隶，贱臣也。"古史、吏一字，隶音同，古官、史、吏同源，惟后世太史的史是高级的官，而"府史""佐史"的史是吏，即使役之吏，乃贱官。……隶书即吏书，即佐吏之书。（陈梦家，1939，116）

自东汉起，就有程邈造隶书的传说。其时，蒙恬统领数十万人从事历时九年的长城修建，而程邈是被罚而加入其中的一名狱吏。唐人张怀瓘说，那里"奏事繁多，篆字难成，乃用隶字为隶人佐书。"小篆不堪军中琐事繁务，是因其高贵出身所致。"篆文是先秦琢于金石的文字"，（陈梦家，2009：105）它是服侍顶级礼仪的符号。小篆虽简化了一些，依旧难脱高雅、繁复、七拐八弯，这与狱吏等人手下的俗务相距过大，在"贱臣”的实践中必定变形。古埃及从圣书脱胎而出的世俗体，与隶书共同印证着，作为行政工具的文字追求简化的逻辑。这样，秦王朝中便通行起两套文字：高级官员使用小篆，低级官吏使用隶书。秦王朝的短命，令后人无法看到小篆究竟能否一统六国，也使得秦朝的统治者没有机会在小篆与隶书间辅佐一方，只能消极地将这两种文字一同传递给下一王朝。但汉所承继的除了小篆、隶书，还有六国文字，以及始皇未竟的追求——一个大一统的权力所倚重的书同文。而从史书看，无声无息之间，汉朝的官方文字就有了偏重隶书的倾向。但他们一定清楚，在全社会达到书同文还任重道远。

3. 汉代难缠的经文纠纷

秦王朝建立与覆灭之时的两把火，导致汉代继承到的典籍甚少。始皇的第一把火烧的是民间之书，秦朝宫廷尚有存留。而项羽的第二把火将宫廷藏书毁灭殆尽。鬼聪明的刘邦当然不会重蹈前朝覆辙，继续焚书坑儒，但《史记》的描述鲜明地透视出他骨子里对文人的厌倦。两个儒生在一定程度上改变了他的看法和作风。陆贾对他说：马上得天下，不能马上治天下。这话刘邦无法反驳。因为他渴望长治久安，但没治过天下，不知道如何治理。即位之初，功臣们与刘邦欢饮，酒酣耳热时放肆无忌。叔孙通帮他制定了朝仪。刘邦尝到甜头后说：今日始知做皇帝之尊严。或许从这二人始，高祖开始信任和尊重文化人。《史记》和《汉书》都说，高祖去世前一年，过鲁，以太牢（猪、牛、羊三牲各一）祭祀孔子。此非小事。公元前 191 年惠帝废除了秦朝焚书的命令。民间人士才敢于拿出私藏的古书。“本好刑名之言”的文帝（《史记・儒林列传》），也在求索儒家典籍。

> 伏生者，济南人也。故为秦博士。孝文帝时，欲求能治《尚书》者，天下无有，乃闻伏生能治，欲召之。是时伏生年九十馀，老，不能行，于是乃诏太常使掌故朝错往受之。秦时焚书，伏生壁藏之。其后兵大起，流亡，汉定，伏生求其书，亡数十篇，独得二十九篇，即以教于齐鲁之间。

东汉经学大师郑玄在其《尚书传》序章说：伏生传授中“重以（加以）篆隶之殊”。徐复观接受和发展了此说：

> 伏生所藏者本为篆书，即本为古文，在传授时乃将篆书写成隶书，即写成今文。他太老了，在改写时不能不有许多错落。（徐复观，1982，117）

东汉人卫宏则说：

> 伏生老不能正言，言不可晓也。使其女传言教错（晁错）。齐人（笔者注：伏生乃齐人）语多与颖川（笔者注：晁错颖川人）异，错所不知者凡十二三，略以其意属读而已。

徐复观引用这段话，却认为：晁错“以意属读，指的是伏生所讲解的内容，并非指的是经文”；且以为，卫宏的说法是在打击今文《尚书》的地位（徐复观，1982，106）笔者倾向于卫宏之说。以伏生的年龄和在前朝的身份、位置，多半是不通隶书的。而就本文的关注点和解释系统来看，此系这段历史中的关键。即，齐人伏生自藏的《尚书》该是齐文的版本，当他向汉朝太常使掌故传授《尚书》时，古文转换成的是隶书，而非小篆。《史记》《汉书》均未谈到，郑玄言及却不透彻，或因这对同时代人不是问题。陈梦家说汉代高级官员兼用小篆与隶书。在文字使用的选择上太常使掌故应该比一般高官更讲究，然而他们使用的是隶书。这透视出《史记》《汉书》都未明言的一个基本事实：汉朝建立伊始，官文已成隶书。其不上史书，或源自汉室以柔和的作风取代了秦朝刚猛的政策。秦强制推行书同文必定得罪六国贵族；汉朝官文使用隶书好了，何必大张旗鼓于社会呢，况张扬未必就能成就文字之大一统——汉朝的统治者有可能如是想。

汉初四帝，有好刑名，有崇黄老，偏好各异，对诸子百家皆属宽容，且宏观上大致平衡。公元前 134 年武帝刘彻接受董仲舒《举贤良对策》，独尊儒术。经与经学，由此而生。王国维说：

> 孔子以前，有《易》《书》《诗》《礼》《乐》《春秋》诸书，而未有经名。儒家谓孔子删《诗》《书》，定《礼》《乐》，赞《易》，修《春秋》，以经圣人手定，故谓之“经”。“六经”又称之“六艺”。……汉初《乐经》先亡，故又称“五经”。古所谓“经”，皆不出此六者。其余孔子之言，为门人所记者，如《论语》《孝经》，均不在“六经”数，二书汉人皆谓之“传”。……故今可得下“经”之定义曰：经者，孔子手定之书，足为后世常法也。（王国维，1920，284—285）

经的解释必然出现分歧，但中外诸“经”的内容，即其本体，常常是公认无误的。而汉代五经确立之始，经学成长之际，文本上的纷扰就来了。一些古文经书被发现。世人皆知的是景帝之五子鲁恭王刘余（？—公元前 128 年）的发现。《汉书·艺文志》说："武帝末，鲁共王（即鲁恭王——笔者注）坏孔子宅，欲以广其宫，而得古文《尚书》及《礼记》《论语》《孝经》凡数十篇，皆古字也。"《汉书》在年代上肯定说错了。因为鲁恭王死于公元前128年，根本就没有活到"武帝末"（武帝在位于公元前140年—前87年）。这批古文鲁恭王都归还给了孔子的后人孔安国。另一批发现是景帝之二子河间献王刘德（公元前171年—前130年）。他是古文献狂热的爱好者，以重金搜集，收获都奉献给朝廷。其发现未必晚于和少于鲁恭王。以上当为古文发现的象征性人物与事件，其前后的发现可能并不罕见。徐复观考证，贾谊（公元前220年—前168年）的著作中分明显示出他读过《尚书》，而他不可能受教于伏生。（徐复观，1982，105）司马迁（公元前145年—前90年）《太史公自叙》言："年十岁则诵古文。"他十岁时正值武帝继位第五年，当时的常人只读今文。就是说，贾谊与司马迁都有读到古文的机会。故可信，古文在当时的出现不限于孔壁与献王。

汉人所言"今文"就是隶书，所言"古文"当为六国文字或大篆。古文经的问世将经文内部的纷争推向高潮，且几乎贯穿晚清遭遇西学冲击之前的中国学术史。何以如此？对文本的理解必然有异，这是语言固有的模糊性和理解主体间的差异合力造就的。但经学争论的规模常常是寻常话题争论的十倍、百倍，因争论之胜负关系到日后的话语权、解释权、地位、利益。汉代经学各派争执的目的之一，是占有或更多地占有学官的位置。今古文之争的复杂性又超过一般的经文争论。因为双方持有不同文字的版本，涉及真伪、多寡、翻译、训诂问题。古文派会说：你们的文本残破狭小，《尚书》的若干章节、《论语》《左传》等都在我们手中。今文学派则会反唇：你们的很多版本多为作伪。战国清华简的释读已经证实，今古文经中都有不实乃至作伪处。但在当时自然是文本多的一方作伪的空间更大。此非本文重点。

双方争执当然不限于真伪与训诂。经学的本质由硬币之两面组成：一面是皇权对文化的利用。徐复观说："设置博士的原来目的，在使其以知识参与政治，而不在发展学术。"（1982，67）另一面是文人集团目的与态度各异的参政。而今古文派在参政方式上有明显的差异。前者借天，后者托古。徐复观说：

> 到汉儒由贾、陆起，把五经、六艺与天道连接起来，发展到董仲舒而以阴阳言天道，推拓到无所不包，所以我说他是"天的哲学的完成"；再把《春秋》与天道结合起来。……顺着此一方向，再由夏侯始昌、京房、翼奉们向前推展，形成经学的新面貌、新传统，我站在知识的立场，认为这是一个歧途。……但换另外一个角度看，他们把经学与天道连接在一起，把人间世的一切活动，尤其是政治权力、社会生活等，都包括在经学之内，由他们所学的经学来作解释、作审判，这反映出他们的胸襟气象是非常宏阔，他们的精神是植根得非常深广的。正因为如此，他们才可面对大一统的皇帝，经常提出直言极谏。（1982，202—203）

庸人评价古人"借天"时，常说是策略，其实欠妥。董仲舒们潜意识里或许有借天道抑制皇权的意愿，但在理性意识层面上他们相信"天"。"策略说"实则高看了古人，在认识论上以今人的思想方法看待古人。但董仲舒开启的"天的哲学"是双刃剑，乃至三棱剑。刀锋之一是董仲舒自己的理性认识与理想意愿。刀锋之二是，帝王接过“天的哲学”，为己所用。或许这也是今文派获得汉家天子青睐的原因之一。还有刀锋之三，学派中的末流也要利用，遂使“天的哲学”走向庸俗。这便是谶纬的兴起，及谄媚君主的泛滥。汉语的一个极为独到的特征是，其多数词汇均有对偶。从这个意义上说，若无“经学”，断无“纬学”之称，即这类思想会冠以其他名称。《释名·释典艺》云：“纬，围也，反复围绕以成经也。”纬学是辅助经学的，故有六经便有六纬，《诗纬》《书纬》《礼纬》《乐纬》《易纬》《春秋纬》。讲纬学者说，这些都是孔子所作，经纬合起来，才构成孔子的全部教义。纬学吸收阴阳学、占星学，讲天人感应，将孔子由师而素王，由王而神。这样，董仲舒所开创的“经学的新面貌”已非他所能掌控。《剑桥秦汉史》引用某学者的观点：董仲舒是儒家第一个神学家。但神学家身后当有他所信仰的宗教。笔者虽同意汉以后的儒家带有一定的宗教色彩。但就其对政治权力的依附，几无对世俗之独立与超越，儒家是远离宗教的。且今文经歪曲了孔子学说。占卜与纬学中的一些内容源远流长，于古代社会无可厚非，但儒家不是那样。孔子虽赞《易经》，但不言怪力乱神。此种背离使其难以应对古文学派的诘难。

古文学派更重视的不是“借天”，而是“厚古”。本田成之说：

> 今文学派信谶纬之说，一切以孔子为中心去研究，但古文学派信古书史册，看重周之制度。(1927，143)

这一方面是古文派手中的文本所使然，趋向以自己的学问之厚，衬今文派学问之薄。另一方面，也是力争进入官学而未果后的选择。徐复观说：

> 刘歆们的《让太常博士书》，对博士做了总的批评与暴露，并由此书而发展出东汉经学中与博士相抗的古学。古学虽由古文孳演而出，但古学已突出了古文的范围。……古学的性格，不是“古文之学”的简称，而是反博士垄断的旗印。（1982，184）

4. 皇帝的干预与石经的问世

今古文之争打破了今文经的唯一性，削弱了他们的权威，上升的古文派也要求在官学中占据席位。而汉室既然选择了经学作其统治工具，就必须掌控经学团体的权力结构，维护“经”的唯一性与纯洁性。为此，两汉皇帝三次亲身干预经学。第一次为西汉宣帝甘露三年（公元前 51 年）召开的石渠会议。其中含有个人因素[①]。但武帝设立五经七博士后半个多世纪中，经学团体高度膨胀，未获或已获官学地位的学派都要求占有或增加席位毕竟是会议的背景。经这次会议宣帝将博士席位增加到 13 个。第二次是公元 79 年汉章帝召开的白虎观会议。光武帝在起兵夺权的过程中借助了谶纬的力量。中元元年（公元 56 年），宣布图谶于天下，即宣称皇权神授。将西汉已成雏形的儒学与谶纬的结合加固。而古文学派一直以来批判谶纬，削弱着今文学派的权威。为保证经学之一统，章帝在二十余年后召开白虎观会议，将今文学派的思想集大成于《白虎通义》，其两大要义为：确立了三纲六纪和将谶纬纳入儒家教义。古文学派对今文学派的冲击是全面的。白虎观会议上，皇权亲自抵制古文学派

① 宣帝父亲是被黜太子。他听闻其父喜欢《谷梁传》，便也攻读。并蓄谋择机将《谷梁传》推成经学之一。

反对经学神化的主张，但是古文学派所造成的文本的纷争远未解决。后因党锢之祸，名流消退，学风衰败。《后汉书 · 儒林列传》云：“后遂至忿争，更相言告，亦有私行金货，定兰台漆书经字，以合其私文。”这应该是汉家皇帝第三次亲自干预的近因，而根本的动因还是皇室一统经学的企图。与前两次干预不同的是，这次的手段不是会议，而是石刻经文。字体只用隶书。七种经文为：五经加上《公羊传》和《论语》。所刻诸经都是：

> 用一家之本，后复列学官所立诸家之异同。……皆今文，无古文。故石经但列今文诸经异同，至今文与古文之异同，则未及也。（王国维，1916）

比如，《诗经》有三家学官，用鲁本，后附齐、韩两家之相异处。

在古文派凭借雄厚的文本力量，日益压过今文派的时候，皇室毫不犹豫地在石经刻写中选择今文。笔者以为，这是双重原因所致。既有今古文经意识形态上的考量，也有文字上的原因。隶书已做汉代官文，汉室虽较始皇怀柔，其内心无疑渴望书同文。而汉代书同文的过程非常缓慢，几乎完全凭借官文向社会的自然渗透；若官文有变，则社会中文字的摇摆殊难预料。故笔者不敢想象，熹平石经会有不选择单一隶书的可能。

石经刻写历时九年，于光和六年（183年）告成，共46碑。立于洛阳太学前，排成U字形，颇为壮观。“及碑始立，其观视及摹写者，车乘日千余两，填塞街陌。”那是抄写，不是拓印，因为当时还造不出承担拓印的光洁纸张。

以后，熹平石经的命运如下：

> 北魏之初……废毁分用，大致颓落（《魏书·冯熙传》）。……东魏武定四年（公元546年——笔者注），自洛阳迁至邺都，至河阳，值岸崩，遂没于水。[①]其得至邺者不盈太半（见《隋书·经籍志》）。北齐天保元年尚存五十二枚（见《北齐书·文宣帝纪》。笔者注：不解五十二枚为何意）。周大象元年，由邺城迁洛阳（见《周书·宣帝纪》）。隋开皇六年，又自洛阳迁入长安（见《隋书·刘焯传》）。其后营造之司又用为柱础。唐贞观初，魏征始收聚之，十不存一。《汉石经》之命运，至是遂告终矣。（马衡，1923，125）

其历经四次迁徙：洛阳——邺都（今河北省临漳县）——洛阳——长安。洛阳到邺都近350公里。洛阳到西安387公里。古时道路曲折，路途会更长。《洛阳记》说："石经高丈许，广四尺。"汉代一尺合今天21.35—23.75厘米。我们以石经体积2.4米×0.88米×0.3米计算，若比重为4，则每块石经重量约2.5吨。46碑重115吨。东魏的鲜卑族君主要耗费巨大的人力车马，跋涉七百里，一定是觉得物有所值。即，认定占有石经就是获得政权合法性。五经整合、文字一统、东汉皇权的意志——石经因其三位一体，无可避免地成为非凡之象征。以后胡汉五朝皇权争相获取石经，树立其太学之前，均为营造政权合法性。

① 马衡说："岸崩没水之说，恐为徙石者之诡语，不足信也。"（马衡，1923，125）很可能是运送中，运夫不堪其苦，过河时又沉没了几具石碑，反正也是不好交代，不若编织一个更大的理由，也索性扔掉一半，减轻负担。劳工有自己的利益和价值观，石经对经学家的文化价值，对帝王的合法性价值，与他们何干。此古今之同理也。

那么拓印自何时始？魏征等人所撰《隋书·经籍志》和封演（756年登进士第）所撰《封氏闻见记》分别记载了魏太武帝（424—452）拓印秦始皇的峄山石刻，和梁朝（502—557）拓印的汉石经和魏石经[①]。（参见王国维，1916；李书华，1953）而现存最早的拓本是斯坦因发现，现存伦敦的欧阳询所书《化度寺铭》（632年）。拓印在唐代已经成为成熟技术的一个证明是，《大唐六典》记载崇文馆有拓书手3人，《旧唐书》和《新唐书》均记载718年集贤殿书院有拓书手6人，崇文馆有2人。（参见李书华，1953；钱存训，2002，61）

毫无疑问，这种拓印与日后的印刷术是不同的。拓印是阴文正字刻石，拓印结果是黑底白字；印刷是阳文反字刻板，结果是白底黑字。印章恰与后者相同。但中国历史上首先复制大片文字的不是印章，而是石刻。因为大片文字首先刻写于高大的石碑，而非方寸印章。当人们感觉白底黑字更易于阅读时，转变轻而易举，就是印章的大型化。而印刷的起源的轨迹中，毕竟有"石经—拓印"这一环节，启发着"印章"的大型化。

石碑和拓印的技术甚至不仅是走向印章大型化的踏脚石，它自身就在尝试这个方向上的转化。梁朝有不止一个石碑出现了阳文反字。（李书华，1953）如果不是为了拓印，反字的石碑是很难理解的。当然，印章大型化的现实道路上还凭借材料的转变去辅佐，即拓印中木刻代替石刻。以道理论，这是避难趋易的合理选择。事实上，是财政压力迫使朝廷做出新的抉择。

① 即正始石经。古代判定其为汉石经和魏石经的两大阵营旗鼓相当。现代多数学者认为其为魏石经。笔者不做判定。正始石经也被称作三字石经，即碑上文字为隶书、小篆、大篆。晚于熹平石经的正始石经之所以做这样的选择，笔者以为，一方面反映出古文学派的贡献已经无法忽视。另一方面，也说明隶书的牢固地位已经确立，汉字复辟到小篆和大篆的可能性已不复存在。

本节花费如此笔墨讨论汉字与经文的异变与整合，旨在说明石经产生的历史背景、直接诱因、决策者的目的，均与拓印风马牛不相及。后人的拓印为石经建立者始料不及，更不必说无此初衷。

三、佛印

卡特在其影响深远的《中国印刷术的发明和它的西传》中，分节讨论了印章和石碑，接下来的小节便是“佛教，印刷的推动力”。但与前两节之细致相比，对宗教推动了印刷术的讨论甚为空洞。卡特后研究中国印刷术的学者几乎亦步亦趋，无力深入探讨宗教的作用。辛德勇近期的研究（2014），令两位研讨佛教对印刷术影响、著述与卡特著作同期问世的重要学者浮出水面。

日本汉学家藤田丰八（1869—1929）在其1925年5月的演讲“中国印刷起源”中，摆出了这样几条史料。其一，宋人《云仙杂记》中说：玄奘印普贤像，施于四众。普贤是瑜伽派“开祖”，玄奘曾译其《瑜伽师地论》。斯坦因已于敦煌发现了类似的佛像。故藤田认为有玄奘印普贤像的可能。其二，唐人著《大唐大慈恩寺三藏法师传》云：玄奘“发愿造十俱胝像”（俱胝为koti之音译，意为“十万、百万或千万”）。其三，唐代步玄奘后尘赴印度的义净和尚所著《南海寄归录》云：“造泥制底（制底为chaitya之音译，意为塔），及拓模泥像，或印绢纸，随处供养，或积为聚……西方法俗，莫不以此为业。”即义净当时目睹印度僧俗以绢或纸印制佛像之风习。藤田的结论是：

> 若谓佛像之印行由印度传入中国，则印刷起源问题似

不能如从来所信，谓为创始于中国，而实应指为创于印度矣。（藤田丰八，1925）

向达在1928年11月发表《唐代刊书考》。文中四条史料，其中《云仙杂记》与义净书与藤田所引略同。另两条之一为《法苑珠林》所云：《西域志》云，大唐显庆五年九月二十七日菩提寺主名戒龙，为汉使王玄策等设大会。使人以下各赠若干物，其中有“佛印四”。之二为玄奘《大唐西域记》卷九所云：

印度之法，香末为泥，作小窣堵波（窣堵波，梵文stūpa的音译。即“塔”——笔者注），高五六寸，书写经文，以置其中，谓之法舍利也。数渐盈积，建大窣堵波，总聚于内，常修供养。

日本另一学者秃氏佑祥1951年在《东洋印刷史序说》中引用唐译佛经《七俱胝佛母心大准提陀罗尼经》，揭示印度当时的佛教习俗：

复次有法，于河渚间砂潭之上，以印印砂，为塔形像，诵咒一遍，印成一塔，满六十万遍，或见观世音菩萨，或见多罗菩萨，或见金刚手菩萨，随心所求，皆得满足。

或以七俱胝佛像塔印，用印香泥、沙上、纸上，随意印之多少，如念诵有功德。（转引自辛德勇，2014：154）

以后善天畏、金刚智、不空密宗“三大士”于唐玄宗时来华，引发唐代王室与上层社会对密宗的狂热信奉。武则天时期，翻译了大批密宗经文。其中的《无垢净光大陀罗尼经》因讲说“末世、念佛三昧和极乐世界”而对大众有强烈的吸引力。故日

后此经印制最多。（辛德勇，2014，160—163）

笔者的问题是：玄奘、王玄策从印度带回中国的是什么？印度佛印凭持何种技艺？这技艺就是捺印，捺印的工具是印章。因唐代中国不缺印章之技艺，不能说玄奘带回的是这种技艺，准确地说是一种行为方式。

如本章第一节说述，七千年前问世于美索不达米亚的印章，后经伊朗传入印度和中国。印度河文明的遗物中最引人注目的正是印章。达罗和哈拉帕遗址中发现了公元前 2500 年—前 1500 年的两千余枚印章。特征是：方形，边长一般为 2 厘米或 5 厘米，最大的 7 厘米，有带孔的把手，材料多为滑石，也有铜和玛瑙，图案大多为动物，图案上面也有少量文字，平均 5 个左右。但印度河文明很快衰落和消失。大约一千年以后（公元前 500 年左右）又有城邦和国家在这里兴起，印章也再次发现。其初始时水准较低，似乎暗示其并未承继上一时代的印章。且很可能为防止被盗用，所有者死后印章便被销毁，保存下来的甚少。（新关钦哉，1995，65—73）释迦牟尼去世后，弟子遵其遗训不造像，故有一个长达数百年的“无像期”。以后亚历山大东征，在希腊艺术家的影响下才开始造像。至玄奘取经时，造像已有五百年历史。以印章捺印佛像是其内容之一。

中国印章自战国时代出现，与印度第二期印章的时代（孔雀王朝和笈多王朝）相差无几。印章与中国文化结合后发生了两大变化。其一，以文字为主。其二，自南北朝时代，不迟于五世纪末，渐渐告别泥封，与纸张结合，且以阳文为主。中国的印章史不短于印度二期。出土的战国印章和泥封六千方，汉代更难以计数，远超印度。其技艺成熟毋庸置疑。就特征而言，刻印文字之技艺冠绝世界印章史，刻印图像之传统虽弱于西域诸国，亦不乏此技。

故笔者以为，玄奘、王玄策带回的不是印章与捺印之技艺，而是使用印章的另一方式。藤田在上述演讲两年后撰文：

> 毋庸赘言，从秦汉时代起，中国即已有印，佛教徒只是应用这一既有的物品。然而，中国之印，只是将其用作信用的凭证；至于佛教徒的印，其应用目的乃与之迥异，是为广泛流布所印制的佛像或记号。换句话来说，中国的印同我们所说的印刷，目的完全不同，而佛教徒的“佛印”则与之相同。那么，佛教徒又是从哪里过去这种想法的？就我目前所具备的至少而言，不得不答以印度。（转引自辛德勇，2014，152）

向达说：

> 考诸往昔道家修炼，登山涉水，往往佩带枣木大印，印上刻字数达一百二十。然初无传播之想，不过用以辟邪而已，不得谓之印刷也。至唐代印度佛印传入中国，折佛之风一时大盛，一纸中动辄印百千佛像，一印或数百千张，而后印刷方告萌芽，遂有后日之盛。（向达，1928）

何为印刷？捺印是不是印刷？若取印刷最简洁的定义——图文复制，大批量的捺印应该算作印刷。《大英百科全书》中 printing 的定义是：“在压力的作用下，使一定量的色料转移到特定表面上而形成图文的技术。”“压力”是古登堡及其后印刷术的特征，也是 printing 词根所含之义。而汉文中的“印刷”无疑大大早于 printing 一词，其词义中却不含“压力”。其中沿用“印”字，透露出二者技艺上的承继关系。而“刷”是雕版印刷术的操作特征。捺印操作中有“压”无“刷”，故在中国语境中说“捺印”是“印刷”是不通的，“捺”怎么能是“刷”呢？至少可以说，捺印绝不是雕版印刷。但是印刷术发展到古登堡，同样无“刷”了，印刷的本质毕竟在于文图复制。从这个意义上说，从美索不达米亚到中国汉代的印章，都不是印刷，因为它们的功能是信用和保密，而非复制和传播。印度的“佛印”以其无数次重复之操作，使其几乎符合印刷的定义。但是藤田所说“流布”、向达所说“传播”，却很可能既非印度佛教徒“佛印”的目的，亦非其结果。积功德、“见观世音菩萨”是佛印者的高度个性化的目的；而印百万佛印于沙土，或印百万佛印于绢纸后置于小塔中，均不具有向社会或他人流布、传播的效果。这类佛印与藤田、向达所强调的“流布、传播”意义上的印刷貌合神离。

同为佛印影响的发现者，藤田对印度佛印的评价是“印刷创于印度”，向达则说“印度像印开印书之先河。……中国印刷术之起源，与佛教有密切之关系。”。（向达，1928）两种评价存微妙差异，颇耐寻味。

印度“创”了什么？雕版印刷肯定非印度创始。捺印当然也不是。古代印度的佛印特征是，反复捺印一枚刻有佛像的印章，此确实异于通常印章需要时捺印一件的用法。其特异的意义是什么？藤田所云“创”应该是就文明史的意义，而非囿于宗教生活，那么其“创”在何处呢？

“关系”的说法比“创”高明。一种技艺或方法自生自灭于一个民族，没什么不好，该民族享受了这技艺带来的福祉。历史上这样的技艺一定数不胜数。但若要在文明史上留下印记，就一定要碰撞、影响、杂交出某个富有生命力的新事物，即走入与其他文化的某种“关系”中。NBA比赛中对球员的一项数据统计叫“助攻”，该数据属于传球者，但助攻能否进入统计，则取决于接到传球的球员能否将之投入篮筐。佛印的非凡意义只有放进与中国文明的“关系”中才能理解。

如前所述，中国社会不缺技艺。它早已找到了复印工具和制造复印工具的技艺。而且是两种。印章是本色的、地道的复印工具。石刻则经由拓片被中国人转化成复印工具。从战国时代到唐代中叶，印章已复印了千年。从梁朝到唐中叶，盖章于纸、石刻拓片也有了200年的历史。但运用印章与石刻，从来都是每次复印一件，而不是多件。从信息或物件发送方的角度看，使用复印件总是一对一，比如封泥或封印后的信件传递。从接收方来看，如需要一个文本，抄写好了。抄一份足矣，抄多了给谁？在当时的想象空间里，不存在“一生多”的复印。如果说就阅读便利而言，比之抄本，印章太小，石刻太大，改变这二者的大小不是难事，之所以没有改变，是因为抄写是完成一个复本最经济的手段。复印工具长久地就摆在那里，但“一生多”的复印想法不存在。以前没有，当下也得不到这样的启示。不错，农业就是“一生多”的复制——春种一粒粟，秋收万颗籽。但那是人力不及的生物与天地的伟力。没有一种启示告诉人们：我们自己也可以复制，且好处莫大。工业不就是这样吗，它与农业的差别在于它是经人类之手完成的复制。但工业还遥不可及，而手艺不是工业。从周围一切现实事物中人们找不到“一生多”的启示。人们的劳作，要么为自己，要么是为某个具体的人。为匿名的众人去批量地复制是不可思议的。

印度人也是这样。前工业时代的印度人与中国人、教徒与俗人，在不解匿名大众这个意义上是一致的。印于沙土上的佛印谁能看到，可见捺印不是为他人，是为自己积功德。为什么也有印于纸上的举动，恐怕是以纸为贵的供奉之举，至少初始时非为他人传看。并且因为造纸术传入印度较晚，很可能佛事之外，印章盖不到纸上。而中国的印章早就告别泥封，印于纸张。拓片更非纸张莫属，虽然都是一次仅印一张。因为纸张的流行，虽"造十俱胝像"、制百万塔陀罗尼经的行为源自印度，可信纸上的佛印在中国和东亚盛于印度。日本的百万塔是真正的百万佛印，据说韩国也发现了百万塔（参阅严绍璗，1992，125），中国唐代一定也有大规模的佛印。不能想象还有其他力量能让人们完成如此规模的复印。当佛像、佛经千万次地捺印于纸上，一个重要的启示发生了。且这启示只属于、只感召中国人，印度人几乎不可能自我启发，由此走上雕版印刷之路。因为中国人在需求层次上早就有了较大的识字群体，和科举造就的考生群体。在技术层面早有了印章与纸张合成的印封、石刻与纸张合成的拓片，他们与印刷是零距离，只隔一层窗纸。不需要格外的技艺，只要一点启示，就可以捅破这层窗纸。那就是看到"一生多"的复印。窗纸捅破之前，他会质疑：要这多作甚。但宗教要这样，作为信徒是不可怀疑的。他欣然接受，并亲力由"一"复制出"多"。"多"之爆发，点化了教徒和他的社会：其他文字为什么不可以如法炮制呢。点化中国人无须印刷的诀窍。宗教实践因其不容置疑，成为最有力的冲击，最有效的启示。因为中国社会距离印刷如此之近，且百万塔陀罗尼经的启发渗透社会，乃至佛印东渐后，很可能有多个社会群体——从僧侣到俗人，从朝廷到民间——在尝试从批量捺印转向雕版印刷。

四、谁先

藤田在其演讲中说：

> 中国印行佛像及陀罗尼在其他文字之先，此在今日无论何人皆不能否认。（藤田，1925）

这话说得武断，鄙人便存疑惑。我们只能说，在现已发现的早期印本中，佛像及陀罗尼在先，不能说历史上印行图文的顺序就是如此。二者符合的可能存在，二者不相符合的可能也同样存在。今人的考古只能发现先人生存痕迹的一小部分，并且所发现者不具备当代统计学家手中科学抽样的性质。我们不可能不从发现物中开始我们的思考，但也只有在充分意识到发现物之残缺时，思考才不会被其局限，才能比较充分地认识到事物的诸多可能性。

已发现早期印本中佛像及陀罗尼在先，既可能是因为它们印行在先，也可能是因为它们被更好地保存。被更好保存的可能性极大。这既是因为教徒对宗教印品格外敬重的心态，也是由于他们安置佛经的方式。辛德勇说：唐代社会镌刻陀罗尼经的方式有三。其一，藏于寺庙，乃至封存于龛室中；其二，刻于石质经幢（此与我们的讨论无关）；其三，佩带于死者臂钏之内，西安唐墓出土的梵文陀罗尼印本即如此。（辛德勇，2014，171）龛室与墓葬都是保存印品的绝佳之地。而世俗印本的功能只在阅读，没有放置和归宿的问题，更不要说置于龛室与墓地那样的上佳之所。当然，不能因保存好而存留下来便否定它们也有可能“印行在先”，但却可以否定“以存留认定居先”的证明方式。

玄奘644年回国，王玄策660年在印度获赠“佛印四”。中国以捺印方式印制佛像应始于此时。三大士分别于716、720年来唐，更使佛印风行。佛印先于雕版，且推动了雕版的产生，应无疑问。在佛印推动下问世的雕版，首先印制的就是佛经，这种可能性很大，却非必定如此。梁朝（502—557）已经拓印汉石经和魏石经。现存欧阳询《化度寺铭》的拓印（632年）早于唐代任何一件佛印。佛印的影响波及全社会，为什么拓印在其影响下不会先行一步，尝试雕版呢？

《全唐书》卷624载，唐文宗大和九年（公元835年）川东节度使冯宿上奏：

> 剑南两川及淮南道，皆以版印历日鬻于市，每岁司天台未奏颁下新历，其印历已满天下。有乖敬授之道，故命禁之。

这是史学界公认可信的最早雕版印刷记载。[①]斯坦因得自敦煌的文物中有两卷版印历书，其一印制于877年，其二882年，佐证了冯宿上奏的可靠性。其后世俗印本的记载是连贯的。865

---

① 元稹在《白氏长庆集序》（824年）中说：“至于缮写模勒，衒卖与市井，或持之以交酒茗者，处处皆是（小注云：扬越间，多作书，模勒乐天及予杂诗，卖于市肆之中也）。其甚者，有至于盗窃名姓，苟求自售，杂乱间厕，无可奈何。”很多学者认为，这是雕版印刷的最早文献记载。日本学者岛田翰说：“夫已曰缮写，又云模勒，模勒之为刊刻可知矣。”（1927）张秀民说：“若改为缮写模写，便不成辞。”（1958）但证据不足的声音一直存在。向达说：以为刻书之证者，仅二字对举而已。（1928）笔者以为，中国文字审美中，较有造诣者一句话中当避免同字重复，但同义不同字之叠加以示强调则无不妥。翁同文认为，唐五代早期印刷的名义统统离不开“印”或“雕”字，无法证明“模勒”是“刻印”。钱穆认同翁说。苏勇强查阅《四库全书》，宋以前“模勒”一词仅见于《白氏长庆集序》。（苏勇强，2006）证否这类事物当然是不可能的，但笔者以为，反对者们所说论证乐天诗集为印本尚证据不足，已足够雄辩。

年日本僧人宗睿访唐归国时，带回的书中有《唐韵》《玉篇》两种，据记载“印于西川”。（钱存训，2004，137）847—851年间唐代官吏纥干泉写的刘弘传，内有炼丹内容，印制了数千册散发给炼丹迷（李书华，1961；钱存训，2004，136）。883年唐代官吏柳玭随熹宗流亡四川，他在这期间写给儿孙的《家训》中说到他在蜀地所见：“其书多阴阳杂说占梦相宅九宫五纬之流，又有字书小学，率雕版印纸。”（载于《爱日斋丛钞》，转引自李书华，1961）

与世俗印本对应，年代确凿的佛教印品是日本“百万塔陀罗尼”，其建造原委如下：

> 天平宝字八年（764年）九月，太政大臣藤原仲麻吕兵叛乱，女皇发兵镇压，并发愿乱平后造百万佛塔，每塔供奉《无垢经》咒一枚。为加速提供百万份供养本之进度，使与造百万枚佛塔同步进行，取《无垢经》中《根本》《相轮》《心自印》及《六波罗密》四陀罗尼咒，删去经文，予以刻板刊行。自764年起至770年大功告成，供有百万经咒的百万塔分置京城奈良及京畿的十大寺内。四咒印以麻纸和楮纸，用楷体。
>
> 木制小塔的中央留了空洞，里面放着一个版面直高不超过6厘米的卷子，卷首印有“无垢净光经”数字。陀罗尼按长度分为四种规格（最长的52厘米，最短的24厘米），每种类型制成两版。（藤枝晃，1971，161）

百万塔陀罗尼在印刷史上的意义值得再三思考。其第一层意义在于其符合《大唐西域记》所云：作小塔，高五六寸，书写经文放置其中，谓之法舍利。百万塔陀罗尼与玄奘所述

“法舍利”高度贴合，联手证实了“印度之法”在东亚的传播与实施。

百万塔陀罗尼的第二层价值是，它与日本典籍对其记载共同证实了其制作年代。因为其他早期宗教印品年代上发生的争议，使得百万塔长期以来成为古代印刷史上牢固的时间坐标。韩国佛国寺释迦塔中发现的《无垢净光大陀罗尼经》曾被判定制作时间之下限为751年，根据是释迦塔于751年建成之时该经文就置于其龛室中，以后龛室再未开启过。但是该经文发现之时就看到盛放经文的金属外函上，“有僧侣进香的儒香封，此僧名为‘重大僧’，这个僧号在新罗时期从来没有记载过。……只有到高丽时代才有这种僧称。”藏经的龛室中还存放一些纸质文书，共110页，已经像纸浆一样粘连在一起。2005年其中一篇题为“释迦塔重修记”的文书被识读。此文写于高丽显宗十五年（1024年）。（转引自辛德勇，2014，131）就是说，以龛室不曾开启推断该经文制作的时间下限为751年，已被颠覆。中国本土已见到的最早的印本也是《陀罗尼经》，判定其年代为八世纪初，乃至七世纪，都不乏其人。但这些判断未被资深的考古学家们接受。综上所述，“百万塔”曾被誉为最早现存印本之地位，在动摇了几十年后，似有重新归位的可能。

百万塔陀罗尼的第三层价值，来自日本学者井上清一郎的惊世之论：它不是雕版印本，而是捺印：

> 进行了多次实验，并通过印刷墨迹验证了“百万塔陀罗尼”不是用马连从纸的背面搓擦而成，而是将木印打上墨后捺印到纸上的。在奈良时代，真正的印刷尚不存在。（藤枝晃，1971，162）

井上的方法和论断的逻辑推论便是，早期发现物中很可能混合着两种性质的印本：捺印本和雕版印本。一些原以为是雕版印本的，有可能是捺印本，特别是早期的一些佛像佛经印本。在文献中，固然不乏早于冯宿奏折（见下文）的佛经印品之记载，但其中大多为捺印之佛像佛经，很难确认那件为雕版印刷。区分捺印与雕版，成为判定雕版印刷之最初年代的关键。

确凿无疑的几个时间坐标是：644—664年（玄奘从印度归国至其去世，这期间王玄策从印度带回佛印），770年（日本捺印百万塔陀罗尼经），835年（冯宿在这年上奏“印历已满天下”。保守地估计，历书始印之年不会迟于830年），868年（敦煌发现的雕版《金刚经》印制之年）。在这个时间序列中，雕版世俗印本居先。若要证明雕版佛教印本居先，就必须找到830年之前的证据。可以是物证也可以是文献，但都必须明确显示它们是雕版而非捺印。

以上论述与其说是陈述一种定见，毋宁说是表达出一个怀疑论者不愿盲从一种证据可疑的判断。取而代之的是自认为保守稳健的看法：雕版宗教印本与雕版世俗印本最初问世的时间差看起来很小，无论何者在先，发生的都是另一方的迅速跟进。

五、冯道与监本

印章、石刻与佛印诱导雕版印刷的问世。而后者的发轫，在中国文人谱写的历史中，一直与一位传奇人物联系在一起。这个人就是冯道（882—954）。冯道无疑创造出一个奇迹。要理解这段奇迹，就要明白那段历史。

后唐、后晋、后汉、后周，加上短暂的契丹入主中原，冯道侍奉过五朝、十一位君主。我们以最简略的线条呈现其时权力更替对暴力的依赖。突厥族朱耶姓统领的沙陀军（因早年居住地而得名）世代效力李唐。869年唐懿宗赐李姓于朱邪赤心。几年后，黄巢攻陷长安，熹宗求助朱邪赤心之子李克用。后者击败黄巢，进入长安。以后其子李存勖继位。但其叔李克宁实力相当且觊觎权位。最终李存勖杀死叔叔，保住权位，并在十余年后推翻后梁，建立后唐。以后，李存勖杀掉了征伐前蜀的功臣郭宗韬。其骄奢淫逸不务政事，致部下接连造反，最终死于叛军乱箭后被焚。李嗣源为李克用养子，他在李存勖死前已被部下拥戴为皇。他是文盲，在位七年，堪称五代年间的“小康之时”。虽天性厚道，晚年未免灾祸，其次子谋反未遂被诛。死后其三子李从厚只继位一年，就被其义子李从珂抢权缢杀。李从珂与其妹夫石敬瑭相互猜忌。弱势的石敬瑭认契丹耶律德光为父王，并借此称帝。愤怒的李从珂杀了石敬瑭两子、一弟三家人。石敬瑭靠契丹兵马击败李从珂，致其全家登楼自焚。石敬瑭在位六年，死前嘱景延广、冯道辅佐其子石重睿。石敬瑭一闭眼，景延广便推其侄石重贵为皇。以后因后晋不甘称孙，契丹三度进兵，终于推倒后晋。但无力立足中原，很快北撤。原为石敬瑭心腹大将的刘知远乘虚而入，建立后汉。其子刘承祐听其临终告诫，继位后就杀掉重臣杜重威。但仍不满父亲留下的四位辅臣，乃至其中三位杨、史、王，某日上朝时，被刘承祐布置的卫兵乱刀砍死，既而灭三辅臣之全家，及另一位辅臣郭威的家眷。消息走漏，郭威带兵返回。刘承祐死于乱军。郭威建立后周。三年后崩，其子柴荣临位。以上包括辽太宗的五朝十一帝共二十八年中，八位的权力出自暴力，其中四位篡位于本朝。三位子承父权者中两个难保皇位，李从厚仅在位一年即被抢权，刘承祐在位二年多便江山易主。权力的激烈角逐与频繁更迭，令部下臣属殊难自保。

催生权力走马灯般更迭的血腥暴力，衬托出冯道的经文雕版印刷问世之不可思议，它依赖于宏观背景与微观机遇上的多重幸运。

如前所述，东魏、北齐、北周、隋、唐，五个王朝，其中包括三个胡人建立的王朝，均竭力获取石经，树立在其太学之前。其中唐代统治者在其建立政权二百余年后，再造一套石经，始刻于文宗大和七年（833），完成于开成二年（837），史称开成石经。熹平石经与正始石经早就十不存一。唐末的刀兵战火中，开成石经也委弃于野，以后移置城中一隅，少为人知。[①]取代李唐的五个王朝：梁唐晋汉周，统统建都在开封或洛阳。也可能是无暇顾及，但更大的可能性是根本不晓前朝的石经今在何处，战事频仍经济凋敝更不可能再造石经，故自熹平石经问世至唐末七百余年来，五代的君主首度沦为没有石经依伴的君王。这一空白留给了冯道。

同光三年（925）后唐庄宗李存勖灭蜀。一年后，明宗李嗣源取而代之，冯道入仕其麾下。后唐占领后蜀五年之久。这期间，冯道获悉蜀地率先发展起来的雕版印刷。冯道在长兴三年（932）上奏：

> 汉时崇儒，有三字《石经》，唐朝亦于国子学刊刻，今朝廷日不暇给，无能有别刻立，曾见吴蜀之人，鬻印板文字，色类绝多，终不及经典，如经典校定雕摹流行，深益

---

① 宋时移至府学北墉，即今西安碑林。是古代汉、魏、唐、蜀、宋石经中保存最完备的。

于文教矣。[①]（《册府元龟》）

明宗当即准奏，这项浩大的工程上马了。《五代会要》云：

周广顺三年六月，尚书左丞兼判国子监事田敏进印板《九经》书、《五经文字》、《九经字样》各二部，一百三十册。

王国维评价：

监本《九经》虽依唐石经文字，然唐石经专刊经文，监本则兼经注。……监本经数……与唐石经正同。……比之民间俗本，固有优无绌。（王国维，1922）

这九部经文刻写了二十二年，历经五朝十一帝，公元953年完成，954年冯道去世。冯道入仕二十八年中，只首尾遇到明主，如此大事竟能善始善终。若后唐明宗换成其后的一个个昏君，很难想象还能启动。而若启动稍晚，少了圆熟老到的冯道去协调、督导，能否完工殊难预料。

但中段毕竟频繁发生暴力夺权，这帮走马灯一般的君王们因何支持工程的持续？很难说这些暴君原本知道石经与否，但冯道告知石经的性质及其数百年历史后，他们必定意识到这不失为支撑权力合法性的一种手段。笔者以为，这是刻写石经在乱世得以持续的根本原因。不仅如此，冯道的传奇命运，很可能也在相当程度上仰仗石经——纵使暴君也期待冯道聊补他们稀缺的合法性。无独有偶，后蜀宰相毋昭裔的命运，为此一判

① 《旧五代史·唐书》《旧五代史·汉书隐帝记》《旧五代史·周书》《宋史·儒林传》《梦溪笔谈》《资治通鉴》《文献通考》《五代会要》《石林燕语》对此均有记载。（参阅王国维，1922：卡特，1925，68；李书华，297—304）

断提供了参照。毋昭裔在953年，即后周田敏呈上监本九经之年，开始刻印蜀版九经。965年宋灭后蜀，蜀国豪门十之八九遭逢罪祸。宋太祖看到蜀版图书卷尾每有毋氏姓名，问询下属得知“此毋氏家钱自造”，即命书版还给毋家，从此毋氏图书遍于海内。（叶德辉，1920，8）昭裔之子毋守素以蜀相之身，能任宋朝州官，证明上述不是杜撰，且一并佐证了刻印经书与冯、毋两氏身家性命之关联。

以后的一千余年中，对冯道的评论多在两个维度上展开。其一，对冯道的道德评价。褒者如王安石称其“如诸佛菩萨之行”；贬者如欧阳修、司马光谓之“朝为仇敌，暮为君臣……兹乃奸臣之尤”；亦褒亦贬者如《旧五代史》作者薛居正：“道之履行，郁有古人之风；道之宇量，深得大臣之体。然而事四朝，相六帝，可得为忠乎。夫一女二夫，人之不幸，况于再三者哉。”此非本文主题，只一言以蔽之：苛求忠一姓之君主，岂非家天下之逻辑。

其二，冯道在很长时间内被尊为雕版印刷的开启者。能完成监本九经难乎其难。但毕竟，他不是雕版印刷的开创者，其实这在他的奏折中已经说出。冯道的贡献不在雕版印刷的发明。退一步说质量，即使监本印制在当时远高于世俗印刷品，也没有理由认为日后民间印品的质量达不到官方的水准。冯道的贡献在于儒家经文的勘定和普及。乃至从考生的读本上，为宋代科举的光大奠定了基础。而考生的规模非官员数量可以比拟，这意味着书同文从官场向着社会的渗透，至此书同文可告完成。古代文献中将冯道说成雕版印刷的发明者，暴露出古人史观上的偏颇。如上所述，对冯道道德上的谴责是“家天下史观”的逻辑。而在印刷术上独尊冯道，则是刻意拔高监本、官学、经学，使之凌驾于民间出版、世俗文化、宗教信仰的心理所致。两种偏颇，实则合一：重王朝与官学，轻世俗和民间。

参考书目

本田成之 1927/2013:《中国经学史》，漓江出版社

陈梦家 1939/2011:《中国文字学》，中华书局

程章灿 2009:《古刻新诠》，中华书局

崔瑞德、鲁惟一 1986/1992:《剑桥中国秦汉史》，中国社会科学出版社

冯友兰 1948/1985:《中国哲学简史》，北京大学出版社

拱玉书、颜海英、葛英会 2009:《苏美尔、埃及及中国古文字比较研究》，科学出版社

金夷、潘江 1996:“再论中国玺印的起源——兼说所谓商玺的真伪”，《考古与文物》，1 期

卡特 1925/1991:《中国印刷术的发明和它的西传》，商务印书馆

这部书是印刷术研究的经典和里程碑。李约瑟说，钱存训的《中国纸和印刷文化史》可与之媲美。笔者以为，卡特的书出版后冠绝一时。而一个甲子过后，钱书出版的时代，印刷术研究已成显学，钱书与此题目下的群贤相比无多少优势可言。故两书的价值不可同日而已。卡特的这本书 1955 年经 Goodrich 修订后重印。钱存训说：大陆的译本非修订版，材料陈旧。台湾翻译的虽是修订本，但遗漏了很多注释。即至今没有一个好的译本。

李书华 1953/1982:“印章与摹搨的起源及其对雕版印刷发明的影响”，《图书印刷发展史论文集》，（台湾）文史哲出版社

——— 1960/1982:“五代时期的印刷”，《图书印刷发展史论文集》，（台湾）

文史哲出版社
——— 1961/1982：“唐代后期的印刷”,《图书印刷发展史论文集》,（台湾）文史哲出版社
——— 1982：“印章与摹搨的起源及其对于雕版印刷发明的影响”,《图书印刷发展史论文集》,（台湾）文史哲出版社
李学勤 1992：“中国玺印的起源”,《中国文物报》，29 期
——— 2001：“试说传出印玺的田字格玺”,《中国书法》，12 期
——— 2004：“试说殷墟新出土的铜玺”,《中国书画》，2 期
林文彦 2011 “东西方印章封泥之比较初探”,《西泠印社》，总 31 期
刘江 2005:《中国印章艺术史》，西泠印社出版社
马衡 1923/2010:《马衡讲金石学》，凤凰出版传媒集团
作者为中国现代金石学的开创者。该书论述清楚。
钱存训 2002/2006:《书于竹帛》，上海世纪出版集团
——— 2004:《中国纸和印刷文化史》，广西师大出版社
屈万里、昌彼得 1977：“刻书之始”,《图书印刷发展史论文集续编》,（台湾）文史哲出版社
沙孟海 1987/1999:《印学史》，西泠印社出版社
如沙孟海一样有学养的书法家，在当代中国已经绝迹。这部书的文字部分 1962 年已完成，搜集图谱之际遭遇“文革”，耽搁了出版。所幸 1987 年能问世。沙孟海说：“部分官印，因急于封拜，不待范铸，匆促凿成应用。亦称‘急就章’。这类凿印，多属武职人员所用。”
苏勇强 2006：“元稹模勒续考”,《晋阳学报》，1 期
孙慰祖 2002:《封泥：发现与研究》，世纪出版集团
对封泥研究的历史做出清晰的描述。
藤田丰八 1925/1932：“中国印刷起源”,《图书馆学季刊》，第六卷，2 期
这是东洋史学会上的演讲。演讲通常要比文章随意一些，不知其观点如

此偏激是否与之相关。

藤枝晃 1971/2005：《汉字的文化史》，新星出版社

王国维 1916/2010：“魏石经考”，载于《王国维：历史、文学、戏剧论稿》，中国画报出版社

——— 1920/2008：“《经学概论》总论”，《王国维集》第一册，中国社会科学出版社

——— 1922/2007：“五代两宋监本考”，《王国维文集》（下），中国文史出版社

———1913/2004：《简牍检署考校注》（胡平生、马月华校注），上海古籍出版社

作为中国现代考古学、历史学的开创者，王国维之起点高得不可思议。封泥前人已有研究，却是只究其中的文字“内容”。王国维一上手便是便是追究其“本体”——泥封是什么，承担何种功能。其颠覆许慎、段玉裁“主土、从土”之魄力，与陈述封泥之简要清晰缜密，完美结合。开创了一种现代学术文体之范本。读该文方知“三缄其口”一词之由来。

王人聪 2000：“印学五题”，《中国古玺学国际研讨会论文集》（王人聪、游学华编），香港中文大学文物馆

向达 1928/2010：“唐代刊书考”，《唐代长安与西域文明》，湖南教育出版社

文章格调很有王国维的风范。文章论点与藤田丰八相近，发表仅相距三年，故向达写作前获悉藤田观点否，是否独自提出，值得深究。

辛德勇 2014：“论中国书籍雕版印刷技术产生的社会原因及其时间”，《中国典籍与文化论丛》，凤凰出版社

详陈藤田与向达对佛印影响之研究的脉络，并对日本百万塔和韩国佛国寺陀罗尼经的研究做了细致的梳理与考订。

新关钦哉 1995/2003:《东西印章史》,东丘印社

这一内容的书,此为笔者所仅见。此书非正式出版物,印制于日本东丘印社(译者今村光甫为该社长),赠送给西泠印社。希望本书能在大陆正式出版,虽属小众读物,毕竟有着比篆刻爱好更为广阔的文化史意义。

徐复观 1982/2014:《中国经学史的基础》,九州出版社

一个曾经从政的人,能走入学术,并将学术做到此种程度,大陆似乎没有这等人物。

严绍璗 1992:《汉籍在日本的流布研究》,江苏古籍出版社

叶德辉 1920/2012:《书林清话》,华文出版社

笔者初读叶氏著作不解其在文史界之巨大名声来自何处。在理解版本学是历史学之基础,且版本学难乎其难后,才明白叶氏声誉之所在。焉知王国维之自尽与叶氏之命丧不无关联。

张光直 1990:《中国青铜时代,二集》,生活·读书·新知三联书店

赵超 1997:《中国古代石刻概论》,文物出版社

赵平安 2009:《隶变研究》,河北大学出版社

——— 2012:《秦西汉印章研究》,上海古籍出版社

郑也夫 2007:《后物欲时代的来临》,世纪出版集团

第六章
活字印刷的发明

一、中国：被边缘化的活字发明

北宋人沈括（1031—1095）严谨而伟大的著作《梦溪笔谈》中有如下记载：

> 版印书籍，唐人尚未盛为之，自冯瀛王始印五经，已后典籍，皆为版本。庆历中，有布衣毕昇，又为活版。其法用胶泥刻字，薄如钱唇，每字为一印，火烧令坚。先设一铁版，其上以松脂腊和纸灰之类冒之。欲印则以一铁范置铁板上，乃密布字印。满铁范为一板，持就火炀之，药稍镕，则以一平板按其面，则字平如砥。若止印三、二本，未为简易；若印数十百千本，则极为神速。常作二铁板，一板印刷，一板已自布字。此印者才毕，则第二板已具。更互用之，瞬息可就。每一字皆有数印，如之、也等字，每字有二十余印，以备一板内有重复者。不用则以纸贴之，每韵为一贴，木格贮之。有奇字素无备者，旋刻之，以草火烧，瞬息可成。不以木为之者，木理有疏密，沾水则高

> 下不平，兼与药相粘，不可取。不若燔土，用讫再火令药熔，以手拂之，其印自落，殊不沾污。昇死，其印为余群从所得，至今保藏。

遗憾的是，这是关于活字印刷发明人毕昇的唯一记载。我们从中知道，他是布衣，他尝试过木活字但未能成功，他发明泥活字的时间及方法，他死后其活字的下落。上述记载之外关于毕昇的种种说法，诸如其生卒年，其为铁匠等，均属猜想。那个精确的生卒年份源自1990年湖北英山发现的毕昇墓，但张秀民、任昉提出了对墓碑年代有理据的质疑。乃至我们只能根据庆历年的发明粗略地推断其生卒年。称毕昇出身于铁匠的学者，前有儒莲（Stanislas Julien，1797—1873，法国汉学家）、王国维（1912），后有卡特（1925，204）。《梦溪笔谈》确实提到一位锻工毕升，但与发明活字的毕昇年龄相差三四十年，且名字有别，不可能是同一人（张秀民，2006，532—533）或许是古登堡出身于冶金专家诱发了后人的这一判断，但毕昇尝试过的活字材料限于土木，与金属无涉。

早期泥活字书的最可信者，当为1193年（宋光宗绍熙四年）周必大（1126—1204，南宋政治家、文学家）印制自著的《玉堂大记》（选入《四库全书总目提要》）。从年代看，是世界第一部活字书。惜原版无存。（同上书，538—540）

元代人王祯（1271—1368），曾做安徽旌德县尹，其时已开始写作《农书》，历时十余年。预感篇幅较大，雕印困难，写《农书》中途请木匠制作木活字三万多枚。《农书》中记载了“造活字印书法”。王祯在旌德时，于1298年（大德二年），用这套木活字印制了自己纂修的《旌德县志》，全书六万字，百本书一月内印成。后调任江西，将这套活字带去，但江西方面做了《农书》雕版，故这套木活字未竟初衷。（同上书，547—550）王祯还设计了排字轮盘，将活字按序放在轮盘上，方便排字工拣字。

明代无锡大户华氏家族好刻印图书。华燧（1439—1513）于1490年做出铜活字，印制《宋诸臣奏议》50册，可能是中国最早的铜活字印刷品。虽迟于韩国，且印制效果不如对方。与华燧同时的唐锦和谢启元都说：近世大家多镌活字铜印，（同上书，561）似可说明其铜活字出于雕刻而非铸造，并透露其时做铜活字者不止一家一户。

将中国活字印刷推向高峰的是清代皇家。自康熙四十年（1701）始，制25万枚铜活字刊刻《古今图书集成》，至雍正六年（1728）终，历时28年，全书正文1000卷，字数1.6亿。据当代学者考证，这套铜活字也是雕刻而非铸造。巨作告成后，关于铜活字之下落有两说。其一：

> 贮之武英殿，历年既久，铜活字或被窃缺少，司事者惧干咎。适值乾隆初年京师钱贵，遂请毁铜字供铸，从之。（乾隆《御制诗四集》卷22，诗句“毁铜惜毁彼，刊木此惭予”一诗之注）

另一说：

> 遵旨查询：武英殿现在有无铜字板并销毁时有无被人换去之处。据该馆官员等称，乾隆九年十一月初六日武英殿将铜字板二万七千八百六十斤查明具奏，奉旨著佛保销毁备用，钦此。于乾隆十年正月二十三日因铸造雍和宫三世佛，

复经奏请，此项铜板销毁应用。现今并无存贮铜板，亦无被人换去。等语。谨奏。乾隆二十五年六月初四日奉旨：知道了。钦此。（乾隆二十五年六月初四的军机处上谕档）

当代清史研究者项旋考证：军机处档案比乾隆个人的记忆可靠，即铜活字后铸造了雍和宫三世佛。（项旋，2012）毁铜字后三十年，乾隆欲将《四库全书》中罕见的书刊印出，韩裔大臣金简力荐刻枣木活字刊印之，获准。遂刻制25万枚枣木活字，先后印成《武英殿聚珍丛书》134种。用连史纸印制5部专备宫中陈设，用竹纸印制300部，定价通行。以后这些枣木活字再未派上用场，被卫兵们烤火取暖，荡然无存。[①]（张秀民，2006，590—595）

与清代康熙的巨制相呼应的是，木活字在民间家谱制作中的应用。记载家族谱系对一个聚族而居的群落之意义毋庸置疑，而书写乃至印本比之口耳相传，既加固了族群记忆，又增添了庄重意味。魏晋乃至唐宋的谱牒，已难考证。现清晰可见的是，清代印制家谱的盛行，其印制多用木活字。乃至江南有了专门印谱的匠人，称为“谱匠”，他们或在城镇接活，或挑担入乡，担子中有两万余枚活字。因其木活字个头大，家谱开本也大，常常高30厘米，宽20厘米左右。印数自七八部至百部（同上书，598—601）。家谱的研究自有其广泛多维的意义。

以上叙述的是中国活字印刷的几个里程碑及最粗疏的脉络。张秀民说：活字本数量仅及雕版书之百分之一二。（同上书，630）有专家认为，判定活字本的一个方法是排版中的横摆、倒

---

① 笔者疑惑这批木活字也已在印制中磨损，过了服役期。很难想象卫兵敢烧服役期的活字，又不是柴火难找的不毛之地。

置、漏字，但若质量高超，该如何区分？所以劳榦说："南宋时代传下来的书籍，一定有活字印出来的，但是不一定能认出来。"（劳榦，1991）或许估算百分比大胆了一些，但判定中国传统印刷中活字书未占主流，应为不争之事实。因为在距今不远、证据充分的时代，即西方人未改变我们的印刷术之前，所流行的是雕版而非活字。就是说，祖先发明了活字，认真地尝试过各种质料的活字，且以活字印制过并非少量的文本，但主导方式依旧是雕版。探讨其原因成为经久不衰的话题。

韩国学者认为："中国一直没发明金属活字所用之油墨。"（曹炯镇，1986，62）中国学者承认：我们"金属活字的着墨技术也没有解决"。（张秀民，2006，630）但其实那只是水准问题，中国铜活字的印刷质量赶不上韩国，但并未到不及格的程度，不然康熙帝是不会允许千卷《古今图书集成》付印的。另一方面，这一解答本身在相当程度上处于他企图回答的问题中，即中国金属活字的着墨技术水平受其倚重雕版的影响。

第二种解答是审美，即中国读书人崇尚书法之美，活字书无法像雕版书那样满足他们的审美需求。不错，书法家与优秀雕工联手完成的雕版书极富美学价值。韩国学者说：他们"虽已发明出金属活字，但其印本比不上宋元朝雕版印本美丽。"（曹炯镇，1986，195）而中国的活字书在制作精良及美感上又显然在韩国活字书之下。而中国人竟然兼选印本连续谱中美学之上端与下端。且选择下端的还是太平盛世中的帝王。就是说，美感是可以屈就的。就商品而言，如果是同等的成本投入或价格，制造者与购买者当然选择有审美价值的，而价差较大时美感未必是所有购买者的选项。窃以为，这是古今通则。

第三种解答是中文活字的一次性投入太大。这一解答如成立，必是两种结局：其一，门槛太高无人投入。其二，虽有过活字书的制作，但无人跟进。而在中国，两种情形均未发生。华燧、康熙都投资于铜活字，乾隆使用木活字后跟进的“谱匠”甚多，但他们均攻不下雕版占据的更大地面。比一次性投入更重要的是投入产出比，特别是两种印刷方式：雕版与活字在投入产出上的对比。就是说，归根结底是合算不合算的问题。

用脚投了票的人往往失去了用嘴说的兴趣，中国的印刷从业者或许就是如此。他们对两种印刷术之得失必心知肚明，却绝无诉诸文字的兴趣。倒是远来的和尚更有动力，为我们留下了局外人的判断。西方传教士进入中国后，痛感有了《圣经》的好译本远远不够，还需大量地印制出来。伦敦传道会为了搞清楚雕版与活字的成本与可行性，1812 年派传教士米怜赴东业，责成他深入调研后写出报告。米怜在 1817 年把一些中国印刷工匠带到马六甲，直到 1922 年去世前，他都在马六甲经营或监督教会的出版事务，常常用雕版出版中文书，亲历并咨询从事印刷的中国人和外国人。米怜的结论是：在某些情况下雕版在印刷中文上比活字更便宜、更适合。当然他没有了解到中国的木活字所从事的小量印制。其实米怜之前，利玛窦已经注意到中文书籍“低的不可思议”的价格。（周绍明，2006，11—23）

活字比雕版在几个方面更费力。活字在排版后要校对，这在雕版那里是没有的。印刷完毕活字要归位，雕版无此项工作。如需重印，活字法只好重排，雕版则从仓库拿来即可重印。还有一项重要的比较，就是磨损与寿命问题。米怜悉心于此，他讲述：

（印刷后）轻轻清洗印版，反复晾干，防止书版表面因长时间蘸墨潮湿而变软，最后再把书版晾干，使之重新变硬，延长其使用寿命。……我们那里的印刷工人证实，如果具备上面提到的那些质量和优点的话，一副书版可以印出3万部书。”（周绍明，2006，17—18）

20年后另一个传教士将3万册提升到4万。那是上限，一般而言，应在1万5千册到3万册之间。我们再看看活字的情况，朝鲜李朝铸造金属字的历史始于1403年，终于1883年，480年间共铸造40次，平均12年一次。为何如此频繁，笔者以为，首要因素是磨损。堪称极品的甲寅字（1434年造，20余万枚）印书155种，16年后铸造了与之同类的庚午字（1450）。曹炯镇说：“可推测甲寅字之使用已有20年之久，所用的活字一定会有所磨损。”（1986，112）再说康熙帝的铜活字，在乾隆九年改铸铜佛或铜钱之事，一个说法是，看守为掩盖自己盗窃，建议改铸。皇家随时待用之物和残损无用之物，对盗窃者的胆量的考验是大不相同的。且改铸之建议的前提是什么呢，必是铜活字已不堪其用。用这套铜活字印毕《古今图书集成》等书后，康熙帝十六子庄亲王允禄奏议：“今若仍用铜字，所费工价较之刊刻木板所差不多，究不能垂诸永久。”（《雍正朝汉文硃批奏折汇编》，转引自项旋，2012）话中意味颇耐寻味，“不能垂诸永久”恐含蓄道出这套铜活字已呈颓势。铜字明明是现成的，何故用它“工价与刊刻所差无几”，当指将有修补铜字残损之费用。康熙《古今图书集成》共1.6亿字，印制300余册。笔者粗疏推算，韩国甲寅字、康熙铜活字服役期比一套雕版的印刷限度（4万册）或许长一点，但也相差不多。概言之，康熙的

25万枚铜活字印制了300余份1.6亿字的文献，若用雕版，则必须在雕版上刊刻1.6亿字印制这套1.6亿字的文献。所以每种书印300册，用铜活字是合算的。但每一枚铜活字比每块雕版的印制限度可能相差不大。铜活字稍高于雕版的4万次。铜字与木版印制寿命相差不大，可能是因为一个个字体在整块木板中不易磨损，而每一枚活字要频繁地组合，不断地拆卸磕碰必磨砺其字体，折损其寿命。就是说，若每种书印数成千上万册，用活字不上算。

换个角度讨论。乾隆年间宋字版刻每百字工价0.8钱，刻枣木活字百字4.5钱，刻铜活字2.5两。[①]（张秀民，2006，674）即刻铜字的工价为版刻的30倍。若两方式都只印制一种书，则铜活字在制版上是雕版的30倍。若同为印制30种书，则两方式在制版上成本持平。若同为印制150种书，则铜活字在制版的成本上仅为雕版的五分之一。当然，此处只谈制版。铜活字在排版、校对、归位、再排版，乃至用材上高于雕版的支出，此处不作深论。同印150种书，就是加上这些开支，活字还是会便宜一些。这是朝鲜李朝和清代康熙选择铜活字的道理所在。雕刻枣木活字的工价是铜活字的五分之一，其寿命多不止铜活字寿命之五分之一，且价格上枣木远逊于铜，这是乾隆弃铜就木的道理。

以上说过活字的收益、代价和局限。算账必须讨论与之对应的一方，即雕版。雕版技艺被中国工匠开发到极致。米怜估计，一个好刻工每天平均刻150字。（周绍明，2006，20）传教

---

① 刻铜活字之工价，可佐证清代铜活字乃雕刻，而非铸造，这是虽有一些证明、仍待确证的重要事情。惜张秀民著作未提供铜活字工价之出处。且笔者不解，乾隆用枣木活字，为何还要刻铜活字。

士麦都恩 1838 年记录了他观察到的中国雕版刻工的工作过程：

> 第一步是，从上到下在文字的旁边直刻下去，把行间的空白处去掉。然后工人开始刻所有水平的笔画，随后是倾斜的，再后是垂直的，贯穿整行，这样就不用在刻每个字时都旋转木板。（周绍明，2006，16）

这种技巧与效率进一步落实在团伙的分工与合作中：

> 这种把劳动划分为不同工作模块的情形，在“二战”前被访问中国的田中子详观察到。困难的工作（比如水平的笔画）由熟练的刻工完成，相对容易的工作（比如垂直的笔画）由他的学徒和其他没什么经验的刻工来做，这样一块书版可由多至四名工人来刊刻。（同上书，27）

这种精湛的技艺、高效的分工合作离不开一个民族中刻工群体的超大规模，漫长雕刻印刷史中技艺的传承与积淀。刻工的群体在唐宋元明清各朝代分别是何种规模已无法搞清，只能从一鳞半爪的材料中窥测和猜想。制作宋代成都本《太平御览》（庆元）有 140 名刻工，临安府刊《仪礼疏》有 160 名刻工，苏州刊《碛砂大藏》有 400 名刻工。综合多名学者对散落各国、各地的宋代雕版书中刻工姓名的统计，去除重复者，“宋刻工总数可考者近三千人，只存十一于千百而已”。（张秀明，2006，657）元代的雕版印刷及刻工规模决不在宋代之下，但因元刻本中已不流行记载刻工姓名，统计到的刻工人数 1300 余人。（同上书，664）明清的印刷没有宋元精美，但规模更大。惜因不留刻工姓名的刻本占大多数，已无从统计。

> 1531 年在礼部登记的仅从事出版的工匠数量……近 1300 名。其中有 48 名制笔匠，62 名造纸匠，77 名插图工，77 名制墨工，80 名切削匠，134 名刷印匠，189 名折纸匠，293 名装订工，以及最大的群体——315 名刻工。（周绍明，2006，30）

由此可以从刻工所占比例推算出版业的全部工匠。而做官书的匠人只是全部书匠中一小部分。

> 宋官书多为临时鸠集工匠开造，待雕毕，刻工即散去。书坊刻工大抵为书坊掌柜长期雇用。（张秀民，2006，657）

中韩活字印刷史中的一项差异耐人寻味，就是韩国的铜活字是铸造的。两国间往来密切，韩国图书不断送给中国朝廷，韩国学者甚至认为中国的铜活字制造受其影响，但是中国的铜活字是雕刻的，何以如此？笔者以为，是因为中国雕工资源丰富，技艺高超。乃至发生了“路径依赖”。韩国缺乏这一资源。故很可能是韩国铸造铜活字更经济，中国雕刻铜活字更合算。

中国的雕刻印刷始于 8 世纪初，至雕版书的黄金期——宋元两朝（元代结束于 1368 年），数百年的历史造就出世界上独一无二、无法复制的刻工群体和技艺。也因此极大地降低了刊刻的成本，令雕版牢固地立足于印刷领地。

综上所述，活字在中国没有成为主流，不是源自审美偏好、着墨技术的缺乏、一次性投资过高的障碍，而是基于经济算计的选择。漫长的实践之后，雕版依旧是主流，活字书亦占有了一席之地。但要充分理解印刷还必须认识手抄本，它可以帮助我们认清印刷术在书写历史中的地位和边界。以下这些数字可以匡正我们对印刷的历史地位的判断。

> 《中国古籍善本书目》收录的56787种中国古籍……这些书中的30%为抄本，9%为稿本，12%为校本。因此该书编纂者得出结论，在所有56787部书中手抄本占了大多数(51%)。……最近两个中国学者用这个简单的方法得出结论，认为在现存1912年前的约12000部中医古籍中，大多数是手抄本。……1177年，宋代的皇家藏书，包括主要藏书机构和皇家档案馆，有59.5%的抄本、32%的稿本及仅占8.5%的印本。……明代，北京文渊阁的藏书包括70%的手抄本和30%的印本……12世纪后半叶常州府无锡县藏书家尤袤，建立了在他那一代人中被认为是最好的收藏，根据现代学者的计算，有超过十分之九是手抄本。(周绍明，2006，40，41，50)

雕版书、活字书与手抄本，构成了三位一体的文本天下。大印量或有机会重印的文本选择雕版，包括典籍，而这与其说因为典籍的品质，毋宁说是因为它们是科举用书，故需求量大，还包括非科举类的畅销书，诸如历书，脍炙人口的话本、诗词，等等。个位数需求的文本多选择手抄，在一个被科举提升了识字率的社会中，抄手极易寻找。其实，很多手抄本事实上的需求量未必很小，但因其需求者散落各地，无法在一个时点汇聚出一个批量。活字书与手抄本的差别正在于它拥有一个小批量印数的投资人或买家，他们或为皇家，或为编纂家谱的族群。

二、韩国：印汉字不走雕版路

韩国印刷自佛经始。新罗（503—935）、高丽（918—1392）两朝都奉佛教为国教。中韩僧人因传教与求学往返于两国，不绝如缕。《宋史·高丽传》说：淳化二年（991）高丽遣使宋朝，求请佛经，获赠《大藏经》。以后又从辽朝获赠《契丹藏》。993年宋太宗派陈靖、刘式出使高丽70天，很可能传授了印刷术。（潘吉星，1991，104）高丽朝显宗时，契丹入侵高丽，屯兵松岳城（高丽朝王都，今朝鲜开城）不退，显宗与群臣发愿刻《大藏经》，以求佛力退兵。故自显宗二年（1011），历德宗、清宗、文宗、顺宗直至宣宗四年（1087），经六位君主，历时76年完成《大藏经》之刊印。尚在刊刻未成之际，文宗之四子、顺宗之兄弟义天（法号）于1085年入宋游学求法14个月，带回佛经千卷，于1090年刊行《续大藏经》。（曹炯镇，1986，14）1232年高宗十九年蒙古入侵，高丽所藏《大藏经》尽数烧毁。束手无策之际，高宗效法显宗，发愿重刻《大藏经》，于1236—1251年历16年完成《大藏经》之再刻（81 000余块雕版）。高丽朝200余年的印刷中还包括儒学、中医和其本国著作，但规模以两部《大藏经》为最。雕版工艺初尝成果之时，他们竟转向了活字，并且日后始终以活字为主。

引用叶德辉的说法，韩国铜活字铸造可能受中国铸铜钱、铜印或鼓铸法的影响，曹炯镇说：1102年（肃宗7年）韩国已铸造带文字的海东通宝，证明其具备了铸铜活字的能力。（曹炯镇，1986，33）韩国铸造活字的记载，最早见于李奎报（1169—1241，高丽时期文学家，32岁入仕做秘书，1235年做户部尚书）1232年代晋阳公所写跋文（载于李奎报著《东国李相国集》)：“遂用铸字印成二十八本，分付诸司”。曹炯镇说，这篇跋文系铸字印书后所写，且那时正逢蒙古入侵，无暇发明创造，故韩国活字印刷之发明当在1232年之前。（同上书，35）曹氏陈述了两件现存古代韩国活字印刷品之实物。其一为仅一页纸的佛经跋文，但未说明如何证明此为活字而非雕版印品。其二为法国国立图书馆自1992年始公开的藏品——白云和尚抄录佛祖《直指心体要节》，该书之末刊记云：“宣光七年（1377年——笔者注）丁巳七月□日清州牧外兴德寺铸字印施”。（同上书，36—37）曹氏编制的“韩国古活字年表”中呈现出，高丽朝已兼做铜活字和木活字，前者有多处证据，后者仅一处证据。（曹炯镇，1986，223）

高丽朝创制了活字，未及广泛印制图书，便于1392年被国号“朝鲜”的李氏王朝取代。李朝太祖李成桂因袭了高丽朝掌管印刷的书籍院，其在位期间（1392—1398）制作了两次木活字。1403年（太宗三年）李朝开始铸造金属活字。在朝鲜李朝500余年的历史中，制造过太多次金属活字与木活字。在次数上学者间颇存差异。笔者所见，数字最大的是曹炯镇的统计：共铸金属活字40次，壬辰倭乱（1592）前19次，之后21次。其中铜活字28次，其余为铅活字2次（首铸于1436年），铜铁合金2次（首铸于1573年），铁活字8次（首铸于1592年以前）。木活字27次，其中18次在壬辰倭乱之后，陶土活字1次（1729年）。

李朝印刷史上有三件事情需要强调。两件发生在韩国历史上最伟大的君主世宗李祹在位时（1418—1450）。其一是对活字的贡献，他在位时铸造过4次铜活字，1次铅活字（1436年，先于古登堡十余年），其中甲寅字（一称卫夫人字，铸于1434

年）是韩国印刷史上的巅峰。其二当更为重要，1443 年在世宗督导下，韩国人借鉴蒙古文字，完成其“训民正音”，即创立了自己精妙易学的拼音文字——谚文。1447 年铸谚文，印制了《释谱详节》[①]，这是第一部韩文活字书。虽有了自己的民族文字，且为之铸造了活字，但以后韩国印制的多数书籍，仍为汉字，少数为汉谚并书，纯粹的谚文书籍少之又少。兼有拼音文字与铜活字，印制书籍却仍以汉字为主，令世界印刷史研究的开创者卡特大惑不解。（卡特，1925，194）第三件值得说及的是，“朝鲜印刷文化极盛之际”遭遇壬辰倭乱，丰臣秀吉将韩国铸字所的多数活字、书籍连同工匠掠夺到日本。留下的活字或烧毁或散乱，造成韩国印刷文化的空白期。一时间只好靠闲暇的士兵刻制木活字，即所谓“训练部监字”（制造于 1599 年以后的 60 年间）（曹炯镇，1986，120）。乃至自此以后韩国的印刷业中，木活字成为主打，铜活字退居其后。

笔者在上节论证了古代中国虽发明了活字却因成本权衡仍以雕版为主。故在研读韩国印刷史时，最大的疑问是，韩国人既然用汉字印书（何以不用谚文是卡特的问题），为什么不选择中国人深思熟虑的雕版。自然诸多前人对此问题投入智慧。

潘吉星提出的第一个理由是“高丽纸、朝鲜纸比中国纸厚重，楮皮纸上纸毛较多，以木雕版印刷有时着墨不匀，除非使用较大力气”。（潘吉星，1997，137）若此说成立，恐怕需要证实高丽时代两次印制《大藏经》的用纸是从外部进口，不然，在高丽纸已胜任超大规模的《大藏经》的印制后，造纸不

① 由世宗和昭宪王后之儿子首阳大君于世宗二十九年（1447 年）从佛经中节选编撰的佛陀生活和传法的故事，用朝鲜语散文体书写，目的既是为母亲祈祷冥福，也是为帮助大众学习佛教。

可能是他们雕版印刷的障碍。曹炯镇说："到了朝鲜（朝代的意思——笔者注），虽已发明了铸字印书，但雕版印书仍与其相符而盛行。"（曹炯镇，1986，17）[①]

可能是韩国学者孙宝基率先提出：使用金属活字，是因为缺少适当的木材雕刻书版。（钱存训，2004，310）曹炯镇引用李裕元（1814—1888，李朝后期大臣）《林下笔记》中的观点：韩国缺乏梨木、枣木，故难以刊刻雕版。（曹炯镇，1986，33）笔者核对了《林下笔记》中的原文，陈述简单之极，没有丝毫论证。笔者之疑惑与纸张同理。

劳榦说："是否采用活字，在主持印刷的人看来，大概以再版的机会大小来做决定。朝鲜的大量采用活字，可能考虑到当地的市场，一次印行，不必再版，还是活字合算。"（1991）笔者上节对中国古代选择雕版与活字的讨论中，已表述这一观点：小批量的一次性印刷用活字更合算。但此处的进一步追问，有助于我们深入理解韩国的印刷，即为什么韩国的印数这么小。曹炯镇说：

> 朝鲜朝活字印刷发展之主要背景，是在开国初为了要奠定王权，须将儒臣的心力自政治、军事转至儒学，而培养君臣之道。为此以儒学作为国家发展之基础。故要印出很多自中国输入的儒家经典、史学、文集及其他有关学问等的专著，遂利用了活字印刷之优点。……故大多用汉文印中国书籍，其对象自然只限于王室、高级官员、学者等

① 笔者充分意识到，曹氏的这一说法不仅挑战潘氏的观点，也在挑战我们的问题：韩国印刷为何以活字为主体。曹氏没有提供"韩国雕版印书仍与其相符而盛行"的论证。笔者怀疑"盛行"说法有夸大之嫌，但只要仍有雕版，就是对潘氏观点的挑战。

> 极少数人，可说是特殊阶级的专用品，没有普遍于全国民众。官、私所印出的书籍大多不是以营利为目的，故不当作商品买卖，且在社会、经济结构上，印刷事业尚无法成长为全国性或民间企业。（曹炯镇，1986，143，145）

此论一石二鸟，既透彻说明印数小的原因，又回答了卡特的问题：为什么韩国图书印汉字而非韩文，以及为什么“早期的朝鲜活字印刷，完全限于印行经典文集和历史伦理的书籍，活字本的佛经几乎绝无仅有”。（卡特，1925，195）

目的是培养君臣之道——臣僚系小群体——因印数小选择了活字印刷，这在逻辑上固然成立。但是另一种逻辑同样可以支持活字印刷之选择。在两种手段间比较哪一个更经济的前提是，两种手段都可以顺利操作。若一种手段极难运用，两者间的经济考量和选择都将不复存在。比如，若韩国没有枣木、梨木，进口亦受制约，就只好去开发活字，没有衡权两种印刷方式的余地。但是笔者以为，木材的问题或许只是小麻烦，人才的问题才是大障碍。此处之人才者，刻工群体也。

因苏东坡的文学声誉，一段夹带在他给朝廷的两份奏状中的史料得以保存。上文说到的高丽王子义天 1085—1086 年来宋朝求学，归国前他与宋朝商人徐戬做了一笔交易，徐戬在杭州托工匠刊刻《华严经》2900 片，海船送到高丽，得酬银 3000 两。[①]后徐商人被苏轼拘捕，并奏朝廷。义天为什么要做一件他事先未必认准风平浪静的事情？不会是为了获取精美的雕版样本，以对照和改进韩国雕工的技艺，如是只需几块样板即可。

① 这部《华严经》印本的第 37、38 卷于 2011 年 6 月 5 日现身北京德宝公司的拍卖会，以 160 万元人民币卖出。

一定是因为合算，交付中国工匠，多快好省。顺便说到，《华严经》这部刻本的第37、38卷，于2011年现身北京德宝公司的拍卖会，以160万元人民币成交。另一条援助韩国的史料：1290年元朝派遣一批匠人赴高丽帮助修理海印寺所藏经版。（钱存训，2004，305）

中国的刻工群体是特定时空下的产物，不可复制。能在五代十国期间萌发的刊刻需求与技艺，当能穿越历代战乱。每个时点上不下千人的刻工群体，在数百年中切磋传承，必令技艺炉火纯青，效率达于极致。反观韩国，义天来华时，韩国的一部《大藏经》刊刻了74年尚未竣工。再刻《大藏经》时，虽快捷了许多，毕竟又花费16年。韩国规模有限的刻工队伍，若不能持续不断地接到东家的活计，人员势必流散，战事与动乱更会削弱甚至灭绝这批稀缺的匠人及其技艺。而一旦要刊刻大作，又必须有一支规模可观的刻工队伍。出版在中国古代是皇家与社会的共同需求，皇家需要时从社会招募，完工后匠人们重归私营作坊。故队伍不散，技艺不辍。韩国没有社会需求，若皇家独养刻工群体，不堪重负；不包养，用时又找不到。活字固然有比雕版更复杂之处，但其策略是依赖少数匠人一蹴而就，待活字铸就，印制的技术门槛就没有那么高迈了，从而摆脱了对一支稳定且规模较大的刻工群体的依赖。托举一门手艺的是众多匠人，工业的支点则是少数精英对工具的发明和制造。雕版是手艺，活字印刷已带工业的味道。自己的社会历史中发育不出刻工群体，倒逼韩国走上活字的道路。

综上所述，两大一小的三个因素促成了韩国的活字印刷。枣木、梨木的短缺是小麻烦、小促进。印量小注定了选择活字更合算。但在权衡成本之前，两种路径之难易已经呈现。故决定选择活字的因素中，应该是成本衡权与趋易避难并重。

三、传入还是字母使然

需求与供应（有时意味着某种发明）的关系，远比常人想象来得复杂。二者的关系可以是单向，也可以是互动。就单向而言，可能是需求拉动了供应——这是广为接受的看法，但若以为总是如此就大谬不然了；也可能是供应创造出需求——供应学派经济学家早就雄辩地论证此理。虽仅凭发明与创造也有开启需求的可能，但无疑发明与需求的互动会令某一发明产生井喷、雪崩的效果，非事半功倍可以形容。欧洲印刷术的发明可谓躬逢其时，社会中文本的需求在发明前已悄悄来临。

> 事实上，直到13世纪，特别是14世纪，宗教图书才得以在世俗教徒中广泛传播，尤以融汇宗教教义、道德说教的文集最受欢迎。当年法国正是以大量生产、传播袖珍本《圣经》而名扬四海。……这种渴求同样也很好地解释了其后新型祈祷文盛行的原因。……而祈祷文必不可少的核心部分——礼拜仪式文章汇集。（巴比耶，2000，82—83）
>
> 其中最常见者，莫过于中产阶级家庭必备的信仰作品，因为那是当时普遍的结婚赠礼。成书于1356年的《曼德威尔爵士游记》，甚至在印刷成众多不同的版本之前，已然广获传抄，现存的250本手抄本，分别以不同语文抄誊而成。（费夫贺、马尔坦，1958，21）
>
> 《基督的模仿》，这是一部1441年完成的文集，收录了4篇有关精神方面的论著，取得了巨大的成功——700份手

印本。（巴比耶，2000，88）

如上所述，满足这一需求的是手抄本。而其对象已从教徒的礼拜和礼物扩展到人文读物。佛罗伦萨的书商雇用了 45 个抄写员，为美迪奇家族创办的菲耶索莱修道院图书馆抄写了二百本著作（布尔斯廷，1983，616）

> 早在 12 世纪末、13 世纪初，抄卷工坊的发展成熟之前，亚里士多德的拉丁文作品就已经传遍欧洲；时至今日，13、14 世纪的亚里士多德作品誊本，仍有超过 2000 本流传下来。（费夫贺、马尔坦，1958，13）

欧洲 13 世纪以来，大学的兴起将手抄本的制作制度化：

> 大学的主政者要求，应缜密检查所有重要著述的文字正确性，不允许任何疏漏或错误导致意义上的扭曲。为确保内文一字不易，并防止抄写员赚取不合理利益，誊本的复制必须在最佳条件下进行；基于这个目的，各大学设计出一套精巧的制度。出租的手抄本事先必须经过细心地检查与校订；而后，誊本才能照着抄写，并依固定的税金或"抽头"来收费。抄誊完成后，原册，或称"模板"，即归还商贾，再借给其他人，采用这个方法，则所有的誊本皆抄写自同一原本，当可避免内文的错误，更不至于以讹传讹，愈抄愈离谱。……每次租出的并非一整本书，而是分成数帖，一帖一帖借；这样一来，就能同时让许多抄写员，抄写同一手抄本的不同部分。每一帖的租金皆由校方公定。书贾不得自行调账。此外，他们有义务借给任何有意抄誊的人。——透过大型工作室作业的分工合理化，工匠得以

> 大量制作手册、初级教科书，与文学书籍。（费夫贺、马尔坦，1958，12—13，21，序 21）

手抄本满足和扩大了文本需求，并为即将来临的印刷销售铺路。而给发明印刷术之思路以启示的是两种雕版方式。其一是雕版图画的印制。

> 最先制造木刻图版的工坊，很可能就设于修院之内或附近，而来自修院的庞大订单，促进了这种图画的广泛应用。……在朝圣途中、教堂门前、市集场合，卖出的版画数以千计。（费夫贺、马尔坦，1958，22）

它们可以用于装饰，还被认为有避凶和赎罪的功能。有些图画中，带有数行文字。

其二是扑克牌的印制，这是需求拉动供应的最生动的例证。15 世纪初叶，纸牌风靡欧洲。乃至 1404 年的宗教会议宣布，禁止教士玩牌。纸牌的热潮引发社会争议。1424 年圣贝尔纳德在意大利中世纪名城锡耶纳的圣彼得教堂，劝导听众到广场上烧毁纸牌——可见纸牌之规模。与之对立，威尼斯城邦议会在 1941 年通过了一项保护本邦纸牌印刷商的法规。亦有传说：当时最精美的纸牌，就是古登堡制作的。（布尔斯廷，1983，580）

在交待需求与雕版两大背景后，我们可以说到主角古登堡了。布尔斯廷说，在近代史上的杰出人物中，几乎没有人能比约翰 · 古登堡更为模糊不清了。（1983，587）好在他毕竟还比毕昇要清晰些。但古登堡是改变了世界的人，毕昇不是，至多是间接而间接地改变了世界。如果不是斯特拉斯堡的几场官司之卷宗曾惊鸿一瞥（1740 年发现，1760 年公布，1870 年毁于战火），古登堡的业绩几乎淹没。古登堡出生于德国美因茨，生年不详。本名约翰·根富莱许。“古登堡”意思是犹太山，其高祖在13世纪买下了犹太人的住所。以后发明家以祖宅之称自名。多数学者以为古登堡的父亲是铸币家（费夫贺、马尔坦，1958，27；林哈德，2006，156；巴比耶，2000，97），因此他熟悉造币技术。Needham所见略异，却也殊途同归：

> 其父弗里利是精英贵族阶层的成员，这些人都是美因茨大主教宫廷中的商人和官员。像很多其他贵族一样，弗里利也和美因茨的铸币厂有一些联系，尽管没有证据表明他参加了铸造钱币，但很有可能，正是通过父亲，年轻的约翰结识了那些具有熟稔了黄金和其他金属制造技艺的人。（Needham，2003，12）

1434年，在母亲去世和分家一年后，古登堡去斯特拉斯堡（当时是德国城市，现属于法国）开始了一个多面手发明家的生涯。1448年，他因官司回到美因茨，认识了富斯特。研制活字印刷先期投入很大。古登堡从富斯特那里先后贷款1550基尔德（金币单位，亦称盾、福罗林）。（巴比耶，2000，99）古登堡的传记作者曼恩说，1基尔德约合21世纪初的200美元。林哈德则根据曼恩的前后说法推论应为1000美元。就是说，古登堡贷款30万—150万美元。（林哈德，2006，159）

古登堡发明的最初印品很可能是：1451年为教皇尼古拉斯印制赎罪券[①]，不低于2000份；1455年著名的42行《圣经》；官司后与富斯特分手（印机归富斯特，且他带走了古登堡的工

---

① 赎罪卷引发了马丁·路德的宗教改革，而后者的思想传播颇仰仗古登堡的印刷术。

作伙伴优秀技工瑟法），富斯特与瑟法1457年印制的《诗篇》（这是第一本有确切日期可考的印本）；古登堡则利用自己私存的印机1460年印制了《拉丁文辞典》。42行《圣经》印制了150册，其中40册羊皮，其余为纸本，开本16×12英寸，上下册共1300页。每章起始的大写字母不是印刷，而是手绘，用红色或蓝色，还手绘一些花边，乃至几乎每册都有差异。（马尔坦，1958，31—32；巴比耶，2000，98—100；哈林德，2006，158—161；Needham，2003，18）纸本售价20基尔德，羊皮50基尔德。古登堡获得可观的利润（林哈德，2006，159）。多数42行《圣经》是用于教堂诵经台，而非私人阅读。这部《圣经》现存近50本。1987年其中一本现身纽约拍卖场，该本只存第一卷，但保存完好，被日本庆应义塾大学以超过500万美元的价格买走。（Needham，2003，35）

1462年，古登堡印制其《拉丁文辞典》后两年，美因茨遭到阿道夫二世的占领和掠夺，追随过古登堡和富斯特的一些印工匠外逃，将印刷术带出美因茨。1468年，古登堡在美因茨过世。

即刻，印刷术以惊人的速度传遍欧洲，成百上千部印机以令人炫目的速度运转。

> 截至1480年，西欧各地拥有印刷机的城镇，超过110个；其中意大利大约占50个，德国约30个，瑞士5个，波西米亚两个，法国9个，荷兰8个，比利时5个，西班牙5个，波兰1个，英格兰4个。……光是学者博格考证出来的威尼斯印刷书，出版于1480—1482之间者，即多达156版，这还不算亡佚、失传、与不可考的版本。……米

> 兰 82 个版本有案可考。奥格斯堡产量排名第三，总计 67 版。同期第四名应为纽伦堡，共计发行 53 版。（费夫贺、马尔坦，1958，176）
>
> 1495 至 1497 年间印成的书本，光是可考者，即多达 1821 版，其中有将近四分之一，约 447 版，是来自大印刷社众多的威尼斯。……（同上书，177—178）
>
> 在 1450 至 1500 年间印刷的各种书籍：残存迄今的就有 30000 到 35000 版之多，各自代表 10000 到 15000 种不同的著作。……如将册数加总，最保守估计也有 1500 万—2000 万本；印刷铺的分布，全欧洲各地皆有。……仅半个世纪时间，设置起印刷机的城镇，便超过 236 个。（同上书，248，178）

每版图书的印数逐年增长。1465 年，西塞罗和查世丁尼大帝的两种书印数各 200 册。1472 年，书商史威罕、潘拿兹的平均印量为 275 本。1480—1490 年间，多数书籍的印数约 400 或 500 本。15 世纪末，大出版商的平均印数已达 1500 本。（同上书，215—216）

> 16 世纪，印刷业便加速发展：巴黎有 25000 种出版物，里昂有 13000 种，德意志 45000 种，威尼斯 15000 种，英格兰 10000 种，尼德兰可能有 8000 种。每种出版物平均印数约 1000 册，14 万至 20 万种书共印 1 亿 4000 万至 2 亿册。（布罗代尔，1979，471）

简述过古登堡的发明，及之前的背景和身后的影响，我们转入一个敏感的问题：欧洲印刷术是古登堡独立的发明，还是东方技术的传入？且看西方学者中的两种见解。卡特说：

> 我们不可认为以上所提及的人物（毕昇、王祯、韩国的活字工匠——笔者注），都一定就是欧洲印刷发明者的直系祖先。……他们和欧洲印刷发明者的关系，与其说是祖先，不如说是堂兄弟。在远东的胶泥活字、木活字、铜活字和欧洲的印刷发明之间，究竟有没有直接的关联，这是一个很难置答的问题，但就现有的证据来说，答复是否定的。……现在还没有发现足以证实两者有关的证据，在我们掌握正面或反面的证据以前，我们必须排除成见，不作定论。如果说中国的活字印刷对于欧洲的印刷也许没有起什么影响，我们此处可以把中国的影响发生作用的若干反面，做一个扼要的撮述：一纸张的发明，二通过纸牌，三图像印刷品，[①]四中国所印的大量书籍，五此外还有一个可能，虽然不能十分确定，即远东实际所用的活字印刷的方法，曾经在欧洲有过某种传述。（卡特，1925，204—206）

卡特的论述中有两点瑕疵。其一，卡特说："掌握正面或反面的证据前，不作定论"，这说法的后一半不成立。证明有和证明无是完全不同的，"无"是不能证明的。有一个正面证据就可确认亚洲的活字影响了古登堡，而"反面的证据"则只能完成具体有限的论证，即证明某一"正面证据"之不实。"反面的证据"自身完不成古登堡未受中韩影响之证明。其二，"此外还有一个可能……欧洲有过某种（关于活字的）传述"，卡特将之列入"如果"中国活字对欧洲无影响，其他方面也会发生

① 该著Goodrich的修订版中加上了纸币的影响。

作用中的第五项。而若存在这种“转述”，卡特“如果中国活字无影响”就不存在了。此处卡特犯的是形式逻辑的错误。或许不限于此。就影响一个发明家而言，听说域外有“活字”还不够吗？

布罗代尔代表着另一种见解，他说：

> 但是，去过中国的旅行家的确很多，其中一些人还是饱学之士，因而欧洲发明活字的说法值得怀疑。（布罗代尔，1983，470）

笔者并非古代复杂发明唯一论的顽固拥护者，但必须对产生于欧洲的这一学理的忠实信奉者、坚拒双重标准的布罗代尔表示敬意。一个执着学理的人，要比一个尊重中国和亚洲文化的人看问题更简洁。卡特似乎有些纠结。

笔者对这一问题的看法是：这是两种极大可能性之并存与对峙。古登堡发明之前的欧洲曾有过“中韩活字印刷”之传闻的可能性极大。一是如俗话所说，没有不透风的墙；二是那时欧亚间已有往来。即使文献上没有过丝毫记载，此种洲际信息传递也仍然有发生的可能，这在理性判断之内。另一方面，活字在既无实物也无其信息（所谓传闻）的情况下，古登堡在雕版印刷（扑克牌和带字的雕版图画）的影响下，独立产生活字印刷之奇想的可能性也是极大的。笔者在很大程度上接受复杂发明唯一性的认识。但欧洲人发明活字印刷有所不同。古登堡想到这个点子要比毕昇容易很多，因为他使用的是字母文字。“复杂发明唯一性”的支点是“复杂”，因复杂而艰难，而不可重复。古拉丁文由 21 个字母组成，常用汉字则有 3000 之多，这是本质的差异，这差异甚至融入使用者的心理。一个使用字母文字的人，受雕版印刷的影响，想到活字，在笔者看来，不是太难的事情。并且想到即可，而不是要解决一连串的难题才能走通。古登堡前面确有一连串的问题，但它们关乎的是成本、质量、效率，不是能否印制出来。

概言之，字母在雕版与活字间可以架起桥梁，这在笔者想象力之内。对一个怀有填补欧洲巨大文本需求之雄心的天才发明家，还有一个微弱、消极的帮助，就是他前面绝无雕版之路可走，这可增添古登堡反向思考之决绝。不是有雕版画和扑克牌的启示吗？那启示是可以印刷，却不是可以印刷雕版文字。雕版画和扑克牌是雕刻一版印刷千万张，若是做雕版 42 行《圣经》，则是雕刻 1300 版，印制 150 册，二者可称天壤之别。对比前者，若做雕版在利润上只能对后者绝望。对一个多面手发明家而言，古登堡宁可重操旧业：做宝石磨光器、做广角凸面镜；他有一百种选择，也不会选择雕版印刷，因为无利可图，且无法说服投资人。另一方面，即便他愿意这么想，雕工在哪里？韩国人印汉字书，直接从中国师傅那里学到雕刻，日后还是要改制。更何况古登堡是使用字母文字的人。刊刻之路不会一蹴而就，最不属于灵感型发明家。而活字的念头只要一闪，就会让一个操字母文字的发明家为之着迷，一头扎进，克服其困难，挖掘其潜力。笔者以为，当雕版印刷传递到一个文本需求极度旺盛的字母文字的民族之时，他们独立产生活字印刷的可能性甚大。虽然笔者同时以为，中韩活字的信息未传到欧洲的可能性甚小。

古登堡与韩国人不同的是文字，前者与活字结合，获得的技术与效率上的红利大大高于后者。即使古登堡的发明是受中韩活字影响，活字的全部潜力，也要靠字母民族去发掘。其巨大潜力在很长一段时间与非字母民族绝缘，只属于字母民族。那潜力会吸引其发明家和投资人。因为那潜力就是商人追逐的利润，就是发明家着迷的效率。还因为那潜力与“潜利”一点就通，易于一个个作坊去说服投资人。

四、铅字支配印刷世界

古登堡印刷术带来的巨大、深远的影响，是中韩印刷术不可比肩的。其原因首先在于古登堡印刷术的技术特征，其次是15世纪欧洲的商业化社会环境。本节讨论前者。

古登堡的主要贡献是什么？不是印机，而是活字及其铸造方式。这样判定很好理解。古登堡之前的扑克牌、雕版图画印制已有了印机，古登堡在印机上充其量是补充和改良，少创新可言。而古登堡的活字对欧洲来说是全新的。虽中国早有活字，韩中两国早有金属活字，韩国更早古登堡十余年就有了铅活字，但古登堡的铅合金活字及其三位一体的铸造法，在世界印刷史上是全新的。因金属铅的低熔点（摄氏327度），使之在铸造上比之铜（摄氏1084度）有了巨大的便利。但硬度欠缺，使之在印刷的使用中不能持久，这就是韩国人虽摸索到铅活字，却无法取代铜活字的原因。因欧洲人在铅中加入锑（摄氏630度），便在保持低熔点时获得了满意的硬度。三位一体铸造法的核心是铜范。韩国人引以为傲的“世界上最早的活字铸造法”，是以黄杨木刻字，插入“海浦软泥”做字范，取代了一次性铸字的“蜂蜡—黏土”字范法。（曹炯镇，1986，177—180）但从海浦泥范中拔出铸好的活字时，要小心翼翼，以免弄坏了范。即海浦泥字范虽非一次性，肯定不够耐久。铜范无疑是足够耐久的。

而制作铜字范，低成本高效率的手段非钢字做冲子莫属。钢硬铜软，一敲一个。钢字冲—铜字范—铅锑合金活字，三位一体，便利地造出硬度适宜的铅字，且铸造工具耐久。

宏观地看，美因茨周边地带是那个时代欧洲冶金中心，其技术氛围确有令其成为欧洲印刷术诞生地的优异条件。无论是中国，还是欧洲，古代军事上优异冷兵器的需求都倒逼其铁匠们造出含钢的利刃。但那是锻工反复烧冶、锤炼之偶得，不可批量获取。直到14、15世纪之交，高炉产生于印刷术诞生地附近，钢才可以批量生产了。（布罗代尔，1949，447；伯罗斯特，2008，146）不然，没有钢冲子，铜范的制造将变得昂贵和艰难。而如果欧洲冶金中心不在附近，第一代印刷工匠们享受不到钢材革命的红利，铜范就不会即时问世。

无独有偶，印刷舞台之主角金属铅的登场，同钢一样，借助天时地利。伯罗斯特以其慧眼洞悉发明家拣选铅的背景：

> 采掘的矿山大部分是多种金属共生。……长期以来，含银的铅矿石，主要是方铅矿，是开采最多的。……从中人们得到的是比例极为悬殊的金属：很少的银，很多的铅（比例有时可达1∶1000）。……15世纪中叶，出现了一种可以工业化分离银、铅和铜的新技术——熔析法，产生了极其重大的影响，因为它使人们从此可以更多地利用银、铅和铜共生的矿石。……由于货币交换的日益密集，对银的需求不断攀升，也间接地促使其他两种副产品铅和铜的产量不断提高。由此欧洲拥有大量的相对廉价的这两种金属，而为它们（尤其是铅）找到合适的用途成为了当务之急。
>
> 铅是一种副产品，需要为它找到合适的用途。……首

先是用于大型建筑的屋顶，也用于檐槽和管道系统。……教堂里的彩画玻璃窗的小块彩色玻璃是用铅条连接在一起的。铅的物品中，还有出席牌，表示具有某种权力。……铅还被熔做表达虔诚的徽章，成千上万的卖给朝圣者作为纪念品。（伯罗斯特，2008，147—148）

而微观地审视，则有必要具体而微地分析判断：哪些是古登堡的选择和发明，哪些不是。努力辨析发明所属（虽然结论必定有限），不仅是为了恰当地评价古登堡，更是为了认识欧洲活字演化的轨迹。伯罗斯特说：

我们对 16 世纪初以来的情况才有确切的了解，而对于最初古登堡的工厂，以及在其后的几十年间创设的其他工厂所使用的设备，它们是用什么材料制造的，甚至于印刷活动的具体过程，有许多部分我们还不了解。（伯罗斯特，2008，144—145）

铅合金字，有极大可能是古登堡的发明或曰选择：

我们不知道古登堡是否一开始用的就是铅锑合金或铅锡锑合金，但是这极有可能。……古登堡曾于 1438 年在斯特拉斯堡加入了一个专门为埃克斯-拉莎贝尔的朝圣制作小徽章的企业。为了成批大量生产这种小型物品——它们都带有一个本身也是用铅制作的小镜子——在古登堡的周围集合起了一个团队，其中包括一些金银匠。人们很快就决定选择铅来制作印刷活字，因为锡是唯一可能的另一种选择，可是它质地较软，价格也较为昂贵。（同上书，149）

铅锑合金的情况要复杂许多。金属锑在古代就有记载，但那时并不能很好地与铅区分开来。欧洲人比林古乔在1540年的《火焰学》中描述了提炼锑的方法，我们无法确信他们可以提炼出较高纯度的锑。因为直到17世纪，科学家才明白锑是一种元素。铸造活字的匠人傅尼耶1769年说："甚至在300年后，把金属元素依正确比例混合，是件棘手而细腻的工作。"（费夫贺、马尔坦，1958，35）如此看来，我们很难相信古登堡搞清了其活字中的铅锑的比例。但可信早期优秀的冶金匠人对不同产地的矿藏所冶炼出的金属品性之差异有特殊的敏感，他们会挑选和坚持某地矿石所产出的铅，而非其他地区。作为卓越的发明家，古登堡很可能有此禀赋，并做出此种挑选，即拣选硬铅（其实含锑）做活字。

关于古登堡铸字中是否使用铜范则有两说。强调其父有铸币背景的学者们会顺理成章地认为古登堡有童子功，会用钢冲子压出铜字或铜范。但也有学者认真鉴定了古登堡当年印本中的字迹，发现书中同一字母的形态变化，比之确定出自金属字模中的铅字的印记，"多得出人意料"。他们认为，有理由认为古登堡的活字不是木活字，故猜想，古登堡的字范是沙或土所制，所以其活字形态不一致。（Needham，2003，39）

以上所析，很难让我们确定什么，却可以帮助我们在认识那段历史时有比较宽阔的视野，看到更多的可能性。而下面两个相关联的事实，则可以帮助我们收拢和聚焦铸造活字演化的路径：

> 印刷机本身是相对便宜的。添购必须经常更换的活字，才是较大的负担。（费夫贺、马尔坦，1958，102）

当一台印刷机价值15块至20块银币的时候，铸造活字的设备价值高达60块至70块银币。（罗伯斯特，2008，152）

一个普通印刷作坊没有独享一套铸字设备、不断自行更新活字的财力和精力。欧洲当时蓬勃发育的工商业，合乎理性地在此项工作上选择了分工合作。

在这些与印刷相关的新兴工艺上，很快地便有专业人士投入。他们造访一间又一间的印刷铺子，贡献一己之力，协助老板填满活字的库存，或是更换新活字。至于他们制作的各种阳文字范和阴文字范，则由其雇主留存，变成各家印刷铺的私有财产，摇篮本因而在字体上呈现歧异、多元的样貌。……16世纪之时，成套活字的个别制造与贩售，逐渐成为少部分企业的专门事业，企业主则尽可能搜罗最好的阳文字范。到了17、18世纪，十多个财力雄厚的组织，独占了欧洲的活字铸造，这使印刷匠不需要自己动手铸造即有活字可用，产业分工更形合理。（费夫贺、马尔坦，1958，35，36）

古登堡选择的正确方向：铸造较硬的铅合金活字，在一批专业金匠的手中一定会细化和完善。不管古登堡运用了铜范、钢冲与否，只要认定需要铅合金的活字，精通冶金技术的工匠们在寻求低成本高效率的工艺时，几乎一定会选择铜范与钢冲。三位一体的这套铸造法，更大的可能是在100多年的时间、欧洲几代金匠的手中完善的。与毕昇不同（他只懂土木），比韩国铸字匠高超（他们限于铜活字和海浦泥范），是因为发明人古登堡本人是优秀的冶金家。正如马尔坦所说："若不是因为这些印刷匠曾经

当过金匠，只怕连一点成功的机会也没有。”（同上书，35）

探究铅合金活字之产生，并将之镶嵌于人类印刷史中，既帮助我们认识铅合金活字比之此前种种工艺的革命意义，亦促使我们领悟从雕版到铅合金活字之长河中所发生的究竟是何种演化。

作为印刷开创者，雕版所完成的是前所未有的文本复制。其前身之一——石碑拓印似不宜称作狭义的文本。作为复制工具，雕版与其复制品是一对一的关系，即此雕版只能复制此文本。

活字，在复制演化中跃上新的台阶。它通过组合，完成了一对多的复制，即一套活字可以复制诸多不同的文本。

雕版与木活字虽能产生复制品，但其自身的生产不是复制的产物，是一个个雕刻出来的。

陶活字、金属活字，在自身的生产上比之木活字迈上新的台阶，即它们是通过字范、模子复制的。这意味着双重复制的实现：以活字复制文本，以铸造复制活字。双重复制最初的活字候选者均为“硬家伙”。陶被淘汰后，首选是铜，后试过铁。这很好理解，唯硬方能持久，但铜铁活字之铸造颇为不易，其后的革新者们不断尝试，以活字材料上硬度的降低，换取复制自身之便利。

因熔点低，复制铅的活字最容易。加入同为低熔点的锑，便克服了自身“软弱”的缺点。以最易行的方式复制自身，通过不断更新的自身去复制无穷多的文本，使铅锑合金活字攀升到文本复制之极致。皆凭自身品质，黄金成为货币历史中的至尊，铅锑活字成为印刷世界中七强逐鹿（雕版、泥活字、木活字、铜活字、铁活字、铅活字、锡活字）的终结者。古登堡因拣选了铅合金活字而执印刷牛耳，并因此改变了世界。

五、王权与市场

书的性质，在古代印刷业比较发达的中国、韩国和近代前夜崛起的欧洲，完全不同。

中国的印刷，有王权与社会两个支点。中国印刷出生于民间。王权从事印刷始于五代冯道之策动，而冯道的念头触发于四川民间雕版印刷之勃兴。在秦以后的帝制形态中，隋唐的科举制是分水岭。之前是皇家与门阀贵族共治，之后是皇家摆脱贵族，任用官僚去统治。五代王权介入印刷是在隋唐科举制之后，其本意是树立自己的道统权威，副产品却是靠提供考生文本之便利，夯实科举的基础——没有“课本”学生如何赴考？故科举与印刷共同繁荣于宋代。诡异的是，监本虽是王权的产物，因一出世就与科举联姻，乃至初始就带买卖的性质。《册府元龟》（卷 608）透露出五代经济凋敝状况下，刻经之投资：“乃分政事堂，厨钱及铸司公用钱，又纳及第举人礼钱，以给工人。”笔者无力详解如何“纳及第举人礼钱”。再说刻后销售，《资治通鉴》（卷 291）云：“唐明宗之世，宰相冯道、李愚请令判国子监田敏校正九经刻版印卖，朝廷从之。”《宋史·职官志五》云：国子监书库官“掌印经史群书，以备朝廷宣索赐予之用，及出鬻而收其值以上予官。”《书林清话》（卷六）云：宋代“凡官刻本亦有定价出售。”（方彦寿，2008，52）官家买卖不是稀罕事，早有盐铁专营。但盐铁是民生所需；经学为朝廷所用，却由朝廷印制卖给考生，确较少可比性。经学读物成为监本也带动了萌芽期的印刷，但一时间为皇家垄断。科举成为晋升之梯，便造就出同期世界一个绝无仅有的庞大的读书群体。儒家经典成为科举必读书。因此中国印刷业虽早熟，仔细检点，科举书是其重头。这个业已形成的庞大读书群体研习“制艺”之余，少不了读点闲书、杂书，捎带着托举起民间书业。

朝鲜历史上，从部落联盟向中央集权的过渡中，几乎没有封建制的影子，这或许是中国汉代政治制度的影响所致。新罗王朝时，六个氏族公社被改组为行政区，设置了17个等级的官职，“完成了中央集权的贵族国家的构建”（李基白，1990，46）。上层贵族集中于王室和王后的世系，不与其他阶层通婚，故狭小封闭，称为“骨品制”。不同等级的骨品授予不同的政治、社会权利，乃至大小不等的住所。高丽王朝时，引入儒学，且在958年听从归化高丽的后周官员双冀的建议，行科举制，参考者曾多达6000余人。（同上书，111，125）其后，贵族垄断权位的因袭制渐衰，凭科举不靠世袭的士大夫阶层兴起。贵族们随即开始了科举制下夺回其特权的反扑，最终形成了李朝的“两班社会”（两班指王权之下的文武高官）。两班阶层造成了一个制度：其子弟可不服役，专心学习和科考，并占据了最好的教育资源。乃至两班垄断了科举，后者为乡吏阶层提供晋升阶梯之初衷不复存在。还有三项配套制度保证两班阶层对权势的持久垄断。其一，不与非两班阶层通婚。其二，官员系列中乡吏被禁止升迁到两班。其三是最为精明狡诈的，两班阶层的庶出弟子及其后代无资格参加科举。如此自行瘦身保证了统治阶层不因膨胀、内斗而崩盘。（同上书，184—190）

> 世宗出于增进全体臣民的道德教育的目的，顽强地推行“训民正音”字母的发展。……却没有受到当时两班统治阶级的欢迎。这是因为他们想继续使用难学的汉字系统，保持他们对学习途径的垄断。（同上书，202）

他们有意垄断汉学，抑制研习汉学群体的规模。李朝铜活字印本常在二三百本，既是这一企图之贯彻，也是这一企图之结果——规模既小，多印为何呢？

欧洲印刷品的性质，一出世便与中韩迥然有别。欧洲第一个印刷团伙，开张伊始，就将内部的经济纠纷上升到官司。可见他们毫无遮拦的赚钱动机。他们在印制上稍事热身（印制了赎罪券），第一个正式印品就是《圣经》，且日后绝无教廷、王权与他们争夺《圣经》的印制权。就是说，欧洲印刷业发轫时，不像中国有王权社会两个支点，欧洲这边只有一股人马和动力，为着赚钱的工匠和投资人。即欧洲的书籍，一出世就是十足意义上的商品。立即引发一个动力十足的群体之跟进。之后不到30年欧洲拥有印机的城市超过100个，根本原因在于投资商。如第三节所述，这是不小的投资。为什么这么多商人热衷这项投资，因为他们看到了一个好的商品——图书，和一个潜在的“图书市场”。布罗代尔说：

> 作为奢侈品，书本从一开始就屈从严格的利润法则和供求法则。……人们无法说清印刷业究竟为谁服务。它给一切带来了生机和活力。”（布罗代尔，1979，473）

中韩的图书业清晰地知道自己为谁服务。不清楚对象是谁，因为那是看不见的手，是庞大的匿名消费群，这正是欧洲图书业发轫时的属性。

书的性质不同，是因为产生它的社会性质不同，社会性质不同是因规则不同，规则不同在相当程度上是因规则制定者不同。古代凡称王者，为安全计，必要建城。城内是卫城的士兵和服务于统治阶级的工商业，城外是规模不等的王的属地和为之纳粮的农人。王是其辖地的规则制定者。中外城市起源统统如此，且多数国家一直如此，只有欧洲在中世纪离轨了。被蛮族扫荡后，残破的城中仅存教堂，城外是封建领地。中世纪的法律是，农奴三年不归便不再属于其主人，成为自由民。一些勇敢的农奴跑进庇护流亡者的教堂中。这些新生的自由民赖工商业生存，并以此复兴了欧洲城市。因城中长久没有王和其规则秩序，行会填补了这一真空，制定了该城的法规。因规章不是王，而是市民制定的，故称其为“市民社会”。因当时王缺席而工商坐大，法规服务于工商，又称之“工商社会”。欧洲社会以此有别于“王权社会”，无论是中国的“皇权—科举社会”，还是韩国的“王权—两班社会”。这段历史造就出前者的特征：商人享有人类历史中前所未有的权力，故雄心勃勃，敢作敢为；社会中充斥着市民自愿组织，如行会、大学。

中国的城市中，从来没有较长时间出现权力真空，皇权一直活生生地存在着，它不可能不制定万流归宗于皇权的规则，何况印刷出版与之关系密切。它不可能不干预和抑制民间印刷的发展。考古学家宿白说：

> 后唐以来国子监雕印经书，并规定以国子监印本经书为标准本，这样就出现了国家对雕印事业的控制。这种控制当然是雕印手工业发展的不利因素，后来为宋代所承袭。（宿白，1999，6）

《续资治通鉴长编》（卷105）云：

> 天圣五年（1027）二月乙亥，诏民间摹印文字，并上有司，候委官看详，方定镂板。

西方的印刷在其最初发展的年代中，全然不见王的影子。商人们在自己制定的城市法下面，在供求关系和利润法则的支配下，放手大干。当民族国家与王权重新振兴时，包括出版印刷在内的工商业已成铺天盖地之势。王权当然想立规矩。法国皇帝制定出一些非常严厉的法令：对未经批准的著作的作者和印刷商处以死刑（1757），禁止任何人就宗教问题著书立说（1767），合法出版商的数量受到限制。（科塞，1965，91）官方干预的结果是：

> 尽管这些镇压措施有表面效果，但禁书还是到处销售。印刷者、图书收藏家、书商，也许并非受自由主义动机所驱动，因为商业利益和获取金钱的诱惑力已经足够大了。一本受到查禁的书，其价格会立刻上涨，并吊起那些如饥似渴的公众的胃口。禁书的销量往往比合法书籍的销量大很多。非法印刷出版在巴黎和外省雨后春笋般地出现。（同上书，92）

其实关键不是一伙书商们的商业利益，而在于，权利意识、商业价值观、销售网络、市民的购买欲望，已互成经纬，构成了瓦解王权的资本主义社会之雏形。欧洲中世纪晚期，最令人瞩目的两大自愿组织——大学与行会直接联手："巴黎大学聘雇的 24 位书贾，由 4 位顶尖书商监督，严格遵循传统的运营架构。"（费夫贺、马尔坦，1958，169）

与欧洲之独立大学对照的是中国的官学一体，或隶属于朝廷如国子监；或服侍于科举为朝廷输送人才。学校不是一支民间力量，也很难与其他民间组织形成合作，相互帮衬。

社会形态差异的重要因子是晋升阶梯的不同。中国古代社会晋升的重要阶梯是科举。识字是参加科举的基础，故识字虽不意味着升迁，却已成为阶层划分的标志之一。它很可能影响到印刷业的三个工种：刻工、写手、排字工的收入与待遇。前者不识字，后两者识字。清代查慎行《人海记》载“明代万历二十九年刻《方册藏》：每一百字，写工银四厘，刻工三分五厘。”清代《大清会典事例》载，写宋字版样，每百字工匠银二分至四分不等，刻宋字每百字工匠银八分；写软字，每百字工匠银四分，刻软字，银一钱四分至一钱六分。（转引自张秀民，2008，668—674）即明代写工与刻工以字数计算，工价相差九倍，清代相差二到三倍。刻工每日能刻100~150字，写工写字速度是其20多倍。即明代写工收入为刻工的2倍，清代为7—10倍。须知刻工是印刷业中印刷匠、折纸匠、装订匠等诸工种中工资最高的群体。（参见周绍明，2006，31）明代浮白斋主人所著《雅谑》中有个段子：“常州刻工马如龙与钱塘抄书人郭天明因争座位而口角，马老郭幼，却被郭骂为老贼，且最终让座给郭。”（转引自张秀民，2006，668）综上可见，书业中识字与不识字者收入与地位上的差异。其实笔者最有心比较的，是雕版刻工与活字排字工（必然识字）的收入。惜未见相关材料。因识字成为阶层标识，笔者疑惑，识字者愿否做排字这类粗活，东家（清代更多的活字印刷是朝廷所为）对他们的报酬标准，这些是否构成中国开展活字印刷的障碍。

活字印刷决定了欧洲没有刻工，只有排字工。“他们必须能读能写，而且通常还得懂拉丁文，才够资格投入印刷事务的门下；有时甚至必须具备阅读希腊文的能力。”（费夫贺、马尔坦，1958，124）工商社会中的晋升阶梯是经营赚钱，而非科举。识字不成其为识字者做粗活的心理障碍，也无法成为获取较高收入的凭据。

最后说说图书通行场域之宽窄。严格地说，它与市场化不是一个问题。但场域之宽窄必然影响图书印量和印刷术之发展。韩国的疆域、人口、文字特征，都决定了其图书通行场域之狭小。与韩国情况相反，中国和欧洲是近代之前世界上两个顶级图书通行场域。其原因不是现行大一统国家的职能，而是通行于广袤地域中的文字。罗马帝国覆灭已逾千年，拉丁文与汉字却在政治结构殊异的场域行使着同一功能。大销量回馈给图书印制者的是再生产的资金和热忱，从而造就印刷业的繁荣。雕版印刷的发源地即繁荣地，中国图书场域之宽阔是其重要原因之一，甚至有些重要成因是这一基础原因的函数。在认识欧洲印刷术的影响时，人们每每说到，它促进了民族文字的成长。这道理再浅显不过：文字需要载体，凭借批量制作的印本，文字焉能不迅速发育。以下是 16 世纪巴黎出版物中法文书的增长轨迹：

表 6–1

年份	法文书	全部图书	法文书/全部图书
1501	8	88	9.1 %
1528	38	269	14.1 %
1549	70	332	21.1 %
1575	245	445	55.1 %

注：费夫贺、马尔坦，1958，327；笔者根据其中数字制作

日后的历史证明，巴黎的数据是当时欧洲民族文字及其出版物成长的缩影。但是在认识印刷术促进民族文字时，人们常常忽略印刷术与文字的辩证关系的另一面。欧洲印刷术问世后，瞬间遍布欧洲。其传播时，书籍一定是走在印机前面为之开路

的。为什么早期图书能走遍欧洲，因为那时全欧洲都能读懂拉丁文。起步后欧洲书籍呈几何级数增长，这是每一台可以为全欧洲服务的印机合成的效果，它们印刷的是拉丁文。

事实上那时只有拉丁文的著作可能畅销。换句话说，一个作家想畅销，必须写拉丁文。写英文的莎士比亚[①]（1564—1616）当时在欧陆鲜为人知。写拉丁文的霍布斯（1588—1679）的著作在欧陆的销售不下于欧陆作家。（费夫贺、马尔坦，1958，326）如果古登堡发明印刷术之前，欧洲各民族已形成和流行各自的民族文字，且不存在通行欧洲的拉丁文，则印刷术及其产品的扩张不可能有事实上发生的那种速率，这是一个两部曲的演绎过程：印刷术借着拉丁文的翅膀传给欧洲各民族，继而各民族运用印刷术繁衍自己的民族文字。历史的吊诡在于：皇权的遗产和萌芽资本主义联手帮助新兴的印刷术。

综上所述，是商人、商品、自由民、自愿组织、早期资本主义观念的流行和机制的形成，加上一支通行欧洲的文字符号系统，成就了古登堡发明奇迹般的后果。

---

① 《莎士比亚与书》的作者说："莎士比亚对出版剧本缺乏兴趣……满足于戏剧可以在剧场观看。……（尽管如此）他在世时，他有将近一半剧作（37 部剧作中的 18 部），42 个不同版本进入印刷媒介。……在书肆中，它们拥有大量读者。……他的剧作发表在那个时代是首屈一指的。"（卡斯顿，2001，50，56）不管莎士比亚自己对出版兴趣如何，他的书在英国出版且销售不错，因而马尔坦以他为例证说明欧洲那个时代拉丁文与民族文字的流通范围，是生动和雄辩的。

参考书目

巴比耶 2000/2005:《书籍的历史》，广西师范大学出版社

伯罗斯特 2008:“印刷术和冶金业：两种相关联的历史（15—16 世纪）”，《中国和欧洲——印刷术与书籍史》（韩琦、米盖拉编），商务印书馆

一篇慧眼独具的论文，笔者从中受益良多。读后更相信，技术史与文化史有不可分割之关联。

布尔斯廷 1983/2014:《发现者》，上海译文出版社

布罗代尔 1979/1992:《15 至 18 世纪的物质文明、经济和资本主义》，生活 · 读书 · 新知三联书店

曹炯镇 1986:《中韩两国古活字印刷技术之比较研究》，学海出版社（台湾）

据韩国学生告诉笔者，本书是曹炯镇在台湾大学图书馆研究所学习时的硕士论文。从本书绪言得知，其指导教师为昌彼得（昌瑞卿）。

方彦寿 2008:“宋明时期的图书贸易与书商的商业追求”，《中国和欧洲——印刷术与书籍史》（韩琦、米盖拉编），商务印书馆

费夫贺、马尔坦 1958/2006:《印刷书的诞生》，广西师大出版社

虽其后之同类研究多如牛毛，但本书的价值无可替代。

卡斯顿 2001/2012:《莎士比亚与书》，商务印书馆

作者告诉我们，莎士比亚当时更重视的是演出的舞台，而非他撰写的剧本。甚至当时的名角有随意更改文豪戏词的权利。这些事实对知识社会学有极大的价值。

卡特 1925/1991:《中国印刷术的发明和它的西传》，商务印书馆

科塞 1965/2001:《理念人》，中央编译出版社

劳榦 1991:“从雕板到活字印刷发展中的几个问题”，中国图书文史论集，正中书局

他认为南宋活字版书与雕版书不好区分，此说法很少听到。

李基白 1990/1994:《韩国史新论》，国际文化出版公司

一部言简意赅的通史。一卷在手，对韩国历史可知大概。尽管上古与中古时代，中国文化对日韩两国影响巨大，三国政体却迥然有异。日本实行封建制，中韩两国是中央集权制。而中韩政体的差别又很大。韩国虽效仿科举制，但貌合神离，科举沦为形式，门阀垄断是实质，其政体更像魏晋时代的中国。为什么一个文化覆盖下，会演化出三种不同的政体，值得东亚的研究者们三思。

林哈德，2006/2009:《发明的起源》，上海科学技术文献出版社

潘吉星 1997:《中国、韩国与欧洲早期印刷术的比较》，科学出版社

钱存训 2004:《中国纸和印刷文化史》，广西师大出版社

苏勇强 2006:"元稹模勒续考"，《晋阳学报》，1 期

——— 2010:《北宋书籍刊刻与古文运动》，浙江大学出版社

宿白 1999:《唐宋时期的雕版印刷》，文物出版社

项旋 2012:"雍和宫三世佛与《古今图书集成》活铜字板"，《北京印刷学院学报》，5 期

考证扎实，推翻了以讹传讹、人云亦云的宫廷盗窃说。康熙、乾隆的铜活字印刷史几乎要重写。

张秀民（韩琦增订）2006:《中国印刷史》，浙江古籍出版社

资料极其丰富。笔者最看重的竟然是讲述"刻工"的章节。难为作者搜罗到这些史料。

周绍明（Joseph P. McDermott）2006/2009:《书籍的社会史》，北京大学出版社

其来自西方传教士的中国雕版印刷史料对中国研究者和读者，甚为宝贵。其关于手抄本及抄手的章节很有价值。

Paul Needham 2003/2006:《古登堡与印刷术》，中国电力出版社

这本为中级英语学习者提供的读物中，竟有很多大作所不包含的珍贵细节。

第七章
文明与副产品

一、生物进化与文化进化之异同

达尔文进化论思想的核心是适应与自然选择。在他的思想中，自然选择是进化的机制。他说："保留有益的变异，淘汰有害的变异，我称之为自然选择。"因为变异，同一物种的成员在品性上出现差异，他们所置身的自然环境会保留品性适应此环境者，淘汰不适应者。适应就是生存和繁衍，后者是根本。比如伦敦工业革命后，黑蛾子成为新环境中的适者，灰白蛾子因在黑烟背景下，暴露于天敌，而慢慢被淘汰，前者成为该地蛾子中的主体。捕猎和逃避天敌是猎豹与羚羊得以生存的手段，经一代代筛选，捷足成为它们的特征。同一物种因求生而迁徙到不同的地带。在漫长的岁月中，原来的同一物种，分裂成亚种，乃至不同的物种。这便是地球上的物种由少变多的原因。当代进化论思想家进一步指出，"进化"、"进步"不是达尔文的核心思想，其《物种起源》中使用"进化"、"进步"次数甚少，那是他向维多利亚时代主流文化做出少许妥协的产物。就是说，经漫长的自然选择，存留下的物种一定是适者，却未必越来越高级。走向高级、原地踏步、走向低级，都可能是适应的手段。开启了质疑“进步观”思潮的威廉斯说：

> 进化，无论它体现出什么样的普遍趋势，其实仅是维持适应的一个副产品。（威廉斯，1962，44）

古尔德说地球上的生命史走过了三十六亿年，所谓最低级的“细菌”等物种仍旧是地球上生命中的大部分，说明了不存在物种走向高级的规律。（古尔德，1996，195—222）他说：

> 地球上的细菌不但超过其他生物的总和；细菌的栖息地点、代谢方式不但更多；它们不但独立写下前半段的生命史（而且分化并没有趋缓）；而且更令人惊讶的是，全部细菌的总质量可能超过其余一切的总和。（同上书，217）

什么是文化？人类在其演化历史中渐渐发育出其他动物所不具有的意识和理性，意识和理性与身体上的其他部件和品性一样，是他们的生存手段。而意识与理性的产物——文化，同样是人类生存的手段，甚至后来成为他们的生存方式。文化的长足发展带来的一个深远后果，即人类几乎逃脱了掌控其他所有物种的自然选择的剪刀。原因是，靠着科技手段，弱者和病者都可以活下来并繁衍后代，人类中强者的生育率远逊于动物中的强者，乃至日益与弱者持平。

生物进化与文化进化的一个相似处，是在漫长进化的过程中所呈现出的多样性。在生物进化的长河中，演化出的是更多的物种以及同一物种中更多的品性。与三十六亿年的生命史相比，文化史只有短短的一百万年，但它在人类的衣食住行、生产娱乐中所呈现出的多样性已令人炫目。与共享多样性对应的，是两种进化中的一项差异。生物进化中“高级”已受到质疑，文化进化趋向高级似不容置疑。不错，原始人钻木取火今人大多做不来，但今天一个普通人可以在任何时空下轻而易举地点火。爱斯基摩人保存下来的渔猎方法不可谓不复杂，但现代渔业方式的效率要百倍于它。科技带来的风险是另一维度的问题。笔者希望听到对文化进步的质疑声，但尚无法怀疑文化日趋高级。

在达尔文之前，拉马克以其“用进废退”的理论解释生物进化。譬如长颈鹿，是因为它要不断伸长脖子去树端觅食，世代如此，遂有了超长的脖子。达尔文思想的继承者早已指出拉马克理论的谬误所在，即后天获得性是不能遗传的。品性是基因带来的，品性中的适者带来的是生存和繁衍上的优势，故该品性拥有更多后代，乃至成为该物种的特征。生物进化的机制是自然选择而非用进废退。而文化进化的机制中却包含用进废退。文化中的一种新技术，新制度产生后，要靠其后的实践、钻研、反思，去挖掘其中的潜力。该技术、制度的全部优势不是一问世就拥有，是其后不断开发的结果。能够如此是因为文化的后天获得性可以传递。教育成为人类社会中最大的部门和事业，且学制越来越长，系文化传承之必要及所需传承的内容越来越多所致。面对两种相异的品性，自然选择是淘汰其一；优势文化虽然也在挤压劣势文化的生存空间，比如一些小语种和小众文化的衰微，但文化储库对不同思想、风格的兼收并容的品格，毕竟不是残酷的自然选择所能相比。或许这在一定程度上可以解释为什么多数物种不能向所谓“高级”攀升，而文化与日俱进。

说文化进化的机制中“容纳”了拉马克的“用进废退”，已暗示其机制中还有其他成分。这就是它与生物进化共享的对新的因子，即变异的依赖。没有变异产生的新的因子，便没有进化，无论是生物进化，还是文化进化。

生物的世界中，“新”可以从两个途径中获得。其一是变异。尽管穆勒于 1926 年用伽马射线轰击果蝇，首次以人工手段完成动物的基因变异，尽管今天基因工程已获得可观的成就，但在大自然的环境中，变异是如何发生的，我们仍然无法搞清，因其瞬间即逝，无从发现和捕捉。其二，两性繁殖。无性繁殖无疑要简捷便利得多，为什么两性繁殖成为大多数动物的繁衍方式？虽未有共识，但很多生物学家相信，两性繁殖因其在物种内部造就出更为多样的品性，从而具备了更大的适应性，特别是在不同的或变化的环境中。无性繁殖中，没有“新”的成员出现。两性繁殖导致几乎每个成员都具有生物学意义上的个性。同为两性繁殖，外婚要比近亲交配产生更具适应性的后代。很多动物近亲交配之杜绝，是幼崽性成熟伊始就被驱赶出去过独立生活之惯例的副产品。日后亲兄妹在大自然中邂逅的概率是极低的。而乱伦禁忌是人类建立的第一项社会制度，其副产品也是带来了后代体质上的优势。其中复杂的道理简化成通俗语言就是：自我复制产生不了新的因素。

文化为了获得生机，也以其能够想象到的各种方式，增加新因子和多样性。比如首领和设计者做出决定好了，为什么总要开讨论会呢，因为他们相信更高明的新思路产生于不同观点的碰撞和杂交。为什么更有生气的经济生活往往是市场而非计划经济主导的，因为市场中有无数商人端出他们新开发的商品到市场上试销、试错，而计划经济决定于几个人的思路，前者拥有后者无法比拟的多样性，且“一生二，二生三，三生万物”的生态中可望产生新的因子。但此处的例子，讨论会、市场，均为现当代人的方式。作为人类文明的里程碑的那些制度、发明、符号系统、生产方式，在其从无到有的过程中，新因子是如何涌现的？在本书前面各章具体而微的叙述后，下文将概括、抽绎出几个范式加以推敲、辨析。

二、产生文化变异的温床

1. 给予

给予、赠送、恩赐，在汉语中有区别。给予，对象可以指亲属也可以指外人，给予物亦覆盖宽泛。赠送、恩赐等所指稍窄。下文通用“给予”。

极端与常规常常构成行为的连续谱。极端行为以某种性质之凸显帮助人们认识该性质在常规行为中的隐性存在。贿赂可以算是极其特殊的给予，行贿者无疑是企图控制受贿者的行为，选择此举是因为他明白给予会改变一个人的行为。其实一切给予在一定程度上都有改变对方的作用。但是除非阅历甚广或思虑颇深者，普通人实施或看待一般性给予时，心理是单纯的。他以为那只是物质上的帮助，想象不到他的给予会改变对方的心理、期待和行为。比如政府对一些低收入地区的扶贫，常常未能促进该地区脱贫，反而诱发当地人开动脑筋去思考怎样获取下一笔更大数额的扶贫资金。要使政策趋于合理、社会走向健康，就不可以认定被扶贫地区的人们道德低下，而要反思给予方式是否恰当，乃至一切给予都不同程度地隐含的问题。独生子女问题引发了社会上的诸多思考。其中固然有兄弟姐妹之空白导致的人生中第一堂合作训练课的缺乏，但父母的过分给予也是问题产生的主因。父母肯定是要给予的，因此这里的问题就是该给则给，不该给则不给的原则以及分寸问题。

其实本文要讨论的是宏观的问题，文明萌发时新因素出现的问题。所以先说到了当代的微观问题，是因为二者实有相通之处。个人、团体、国家、文明是尺度截然不同的单元。从个人、国家处得到的认识未必可以解释人类和文明，反之亦然。但在“给予”这个问题上，个人与人类居然如此相通。

如本书第二章所述，农业不是人类目的性行为的产物。农业产生的诱因是圣米，是上天的给予。这一给予太过丰厚，堪称不能承受之重，乃至彻底改变了获取者的行为。首先是令他们改流动为定居。定居带来了始料不及的生育提高和人口增长，这便导致了对更多粮食的需求，乃至最终锁定于农业，不可能返回采集。继而农业带来或强化了阶级的产生。这一连串的改变中，微观的层面中似乎都包含当事者的意愿和目的。但宏观地看，却受到丰厚给予的驱动和控制。日后的“好好种地”其实是宏观被动下的主动选择。对这一宏观上被动的最好说明是：这一丰厚的给予日后带给大多数人的是极度的辛劳。采集和狩猎要比农业轻松惬意得多。当然，农业文明也造就了日子惬意的上等阶级。农业所启动的人类文明要走过极其漫长的岁月，才能让农民的整体生存状态优于采集时代。仅从农民的生存质量即可看出，农业不是他们的目的性选择，是一种“给予——接受”的副产品。

敏感的读者会发现，上述人的给予与天的给予虽都对接受者的心理行为发生影响，但对二者的反应截然不同，天的给予使人勤劳，政府的扶贫使接受者萌生乞讨的心理，父母的过分给予助长了孩子的依赖性格。何以有这样迥然不同的反应？因为接受者鬼聪明，知道给予者——他的博弈对象有完全不同的性质。老子说，天地不仁，以万物为刍狗，众生说不出这样深奥隽永的格言，却深谙天地是无情的。虽然农人从来不忘定期或遇灾害时向上天祈祷，却明白天助自助者。当给予的接受者面对的不是天而是人的时候，心态立刻改变。他们明白，人是有感情的，与人博弈，向他乞求，有更大的胜算。给予为什么会产生这样的负作用？因为置身于残酷的大自然中，大部分动物选择的生存策略是自立，只有一小撮物种的生存策略是寄生。毫无疑问，人类选择了自立。幼年时、困境中，过分的给予会腐蚀他们的自立。天的给予在这方面好过人的给予，因为毕竟人们不知如何讨天的欢喜。

给予会改变人的心理行为。用哲学的语言说，会造成“异化”。马克思说，资本主义造成劳动的异化。其实类似的异化首先发生在农业革命后。二者共同印证了文明的代价和艰辛。马克思的批判使得“异化”背负了污名。其实大可中性地看待“异化”，视之为人们原有行为模式的改变，原有行为轨迹之背离，将之对等于生物世界中的“变异”。圣米——上天的给予，使一些人背离了采集。溺爱——父母过度的给予，使孩子背离了常规。商品和诸多事物靠“新异”制胜，但更多的新异在试错中被淘汰。如果不想让孩子在成长中有变异离轨的风险，在“给予”上就要中规中矩，切记过犹不及。

2. 借用

借用就是移用。很多移用是无偿的。使用了他人、相邻部落、周边国家无法封闭和保密的观念，被借用方不会，也无法要求偿还。无偿对借用方无疑是最好的，但有时遇到物质短缺不从他人处移用，生活和生产就不能继续。而他人拒绝你的无偿移用，于是需要偿还乃至带息的借用产生了。有偿的借用同样功德无量，使得有限的物质资源满足了更多人的迫切需求，且加强了人际间的通融与交换。

远古时代借用便频繁发生，特别是在文化观念上。这颇可理解。那时人类的文化工具匮乏，少许工具不敷与日俱增的需求，只好以一当十，挪作他用。乃至“他借”之前，首先有了“自借”。自借的最生动例证发生在远古时代文字的形成中。人类语言的历史长达近百万年，而文字的历史不足一万年。当这个新生儿从记账和占卜等专门事项中脱胎而出，想充分对应口语时，发现二者库存严重不对称。仅靠象形、象义不可能创造出太多词汇，特别是抽象的词汇。两支最古老的象形文字：古埃及文字与汉字，在其初始成长的过程中都选择了“声借”。声借初始时只是一时之应付。但这新因子一旦进入，文字的面貌就为之一新。经二度改造后，形声字成为汉字的主要成分。此时再称其为象形文字已极不妥当。更大的变异和副产品产生于古埃及文字。声借后它已接近拼音文字。祭司阶层的保守令其演化停顿。外来的闪族人立即接过古埃及文字。借来后，将之变为记录闪族口语的字母。

“他借”包括借钱、借物、借用技术、借用观念。借钱多在近距离完成，尽人皆知，故不赘述。物质借用则可分为近距离和远距离。近距离借用多为解一时之需。而远距离借用的收益则一言难尽。小而言之，因远道而来的东西必是此地稀缺之物，其经济收益将大大优于近距离借用。大而言之，会产生新的因子。比如异地种子的传入，一方面为输入地带来一种新的作物，另一方面输入地的气候、地貌必导致该作物品性之变化，乃至可望从变异中筛选出新型良种。文化与技术的借用则常常带来无法预料的后果。比如前面所说的，闪族中不存在固守自己文化优势的祭司阶层，故他们借来埃及文字后大刀阔斧地变之为字母文字。以后闪族字母在辗转相借中变异和改良，却始终没有元音。当腓尼基人将之带到希腊时，希腊口语有别于闪族口语的是很多词以元音开头，文字中无元音是读不懂的，于是希腊人将腓尼基字母中一些用不上的辅音变成元音。这套元辅音齐备的字母再反哺其字母的前辈们。古代中国人是借用了三种域外文化——变图像印章为文字印章，从石碑中衍生出拓片，以自己发明的纸张光大印度的佛印——的基础上，发展出雕版印刷术。完善的字母系统和雕版印刷术，都是一连串借用之不期然的后果。

3. 杂交

杂交的产物必定是新品种，其有无生命力另当别论。杂交出新的效果在生物的世界最显眼，比如马与驴杂交出的骡子，其品性显然不同于马与驴，且有役用者青睐的特性，可惜没有生育力。

在比生物低一个层次的物理世界中，也存在着类似杂交的产物，且给予人类的启示不下于生物杂交。合金是一个突出的例子。因为不同金属矿藏的共生性，金匠们很早就意识到合金的奥妙。青铜器堪称人类早期合金制造的杰作，甚至整整一个时代以之命名。笔者以为青铜之后，人类合金工艺的第二大成就便是铅字。合金的奥妙在于它有无数种搭配构成的诸多品性，人类至今无法穷尽。

在比生物高一个层次的文化领域中，杂交甚至来得更为频繁。借用不都是杂交，但借用中可能发生杂交。不是每一次借用都发生杂交，但频繁转借增加了发生一次精妙杂交的可能。比如从古埃及僧书体文字传出到古希腊字母形成的1400年间，转借发生了不下十余次，多数是不加改变或改变很小的借用，但一头一尾的两次都是产生了新生命的杂交。第一次是闪族人的辅音字母。第二次是希腊人的完整字母表。

印章产生于美索不达米亚，纸张产生于中国。印章自其问世的六千余年、传入中国的一千余年中，从来是封盖在泥土上的。蔡伦时代纸张与印章并无缘分。直到纸张问世五百年后，它与印章的结合才姗姗迟来。封印，即印章盖在纸上，是个彻头彻尾的新事物，封印中已经包含了印刷的基本要素，只是因为印刷的思路太新奇，要经历长时间的发酵和一次新的强刺激——佛印百万规模的复印，才能将封印扩大为雕版印刷。

雕版早就被欧洲人借用于扑克牌和雕版图像的制作。它与字母文字的杂交终于发生，遂产生了活字印刷，这是文化史上最伟大的一次杂交。即使日后可以证实古登堡们之前获悉了中韩活字的信息，也无法否认这一杂交的伟大产儿。韩国的铜活字反哺中国没有产生较大后果，而古登堡的活字一经问世风靡欧洲，是因为字母与活字的结合同汉字与活字的结合殊异，前者在成本与效率上比后者高出太多。字母与铅活字之绝妙结合，几乎注定了这个新生命前途无量。

完全可以说，文化进化中的最大变异每每产生于文化间的杂交。

4. 发明

重大发现常常有无法预料的后果。没有创新就不是发明，故这一命题的真正意义是：发明所创造的新东西还将带来下一个，或后面一连串的意想不到的新事物、新局面。比如武器的最初问世，是为了对应天敌。在其问世之初，人们无论如何不会想到，日后其用武之地竟完全在人类内部。笔者的一个独家猜想是，武器的最初使用在人类内部帮助了弱者，进而在强者与弱者间达成妥协，促成一夫一妻制。但以后的历史却是，武器的挥舞，带来的一轮又一轮的杀戮。

农业虽非典型的发明，但在此讨论其无法预料的后果，似无不妥。其最大的社会性后果是造成了阶级的产生。人类毕竟是动物，阶级的产生不可能没有生物学的根据。从这个意义上说，卢梭所云“人生来平等”是荒谬的。溯源人类，不达动物就算不上寻根问底。在地球上的几个大猿物种——猩猩、大猩猩、黑猩猩那里，性资源的分配都极不均等。这种基因带来的无视平等、贪婪追求，是阶级产生的生物学根据。但是猿类的差异是个体间的，大猩猩中垄断性资源的是首领，充其量还包括老二，那里没有统治阶层。农业所开启的阶级，将动物那里个体成员间的差距转变为种族内部不同阶层间的差异。这一思想不可能在这里深论。重复强调的是：农业带来了无法预料的后果。

活字印刷的后果无所不在，且在多个方面出乎意料。布罗代尔甚至认为，16世纪末现代数学的兴起是活字印刷推动的。（布罗代尔，1979，474）笔者只谈两点出人意表之处。其一，古登堡完成的第一件印刷品是为教皇制作的赎罪券，而他的印刷术旋即成为马丁路德宗教改革的技术推手。其二，古登堡之后近百年的印刷业是借着通行欧洲的拉丁文传遍这个大洲的，但一波过后，风头骤转，印刷术成为民族文字诞生的产婆。

概言之，伟大发明之创新在两个维度上展开。第一，其创新不是终止于这项发明之应用，而是引发一连串的新事物。第二，新技术带来的新问题，只有靠更新的技术来解决，更新的技术又带来新问题。文化变异自此一发不止。

5. 互动

生物世界和人类社会中，个体的多数行为发生在与他者和外界的互动中。互动在很大程度上影响了当事者的目标和手段，塑造了他们的心理和性情。但不幸的是，身在庐山中的人们不识庐山真相，常常高估了某一方的主观目的性和意志力。本节讨论两种类型的互动。其一是军备竞赛中的互动。其二是一方驯化和控制了另一方的互动。

军备竞赛中的双方肯定有各自的目标和方案。身处持久抗衡、取胜无望之中，他们未必不想削减军费，乃至享受和平的红利。就是说，正在实施的增加军费的方案，与其说是他们的主观意愿，毋宁说是“囚徒困境”式的互动所致。他们已经没有了选择。即便其中一方的首领是战争狂人，其心态未必不是长期恶性互动的结果。双方或多方博弈的结果，非但远离各自的初衷，而且超出各方预料。历史上军备竞赛的负面效益历历在目，其未来的续存更可能导致人类的灭绝。但是这种互动也给了人类文明发展以特异和超强的促进。武器在一定程度上代表了人类最先进的技术，其一旦获得转化为民用技术乃势所必然。而没有军事对峙和军备竞赛，就没有最先技术频繁地、不计成本地更新换代，其中自然孕育着发明乃至突破。对文明发展的此种动因和轨迹当然要反省和质疑，但前提是对其全面的认识和领悟。

一方驯化或控制了另一方，形势似乎是强势一方的目的和意愿所造就的，其实不然。人类驯化了野生的麦子和稻子，削弱了其晚熟、倒伏、果实皮厚的品性，它们服帖地遵从人类的意愿：不倒伏、按时成熟、果实饱满。笔者在“农业的起源”一章已经讲述，初期的驯化是自然而然的过程，内中并无主观的驯化意图。明确的驯化乃至培育良种的意图和方法是晚近的事情。不管早期农业中人类意图的强弱，作物毕竟被人类驯服，摆脱了其原来的野性。但常人很少反省到，驯化是互动的，人类驯化了作物，作物也驯化了人。作物失去了野性，人类也失去了野性：不再做身无长物、居无定所的流浪汉。不是人类的生存节奏决定作物的生存节奏，而是作物的生存节奏决定了人类的生存节奏。春播、夏锄、秋收、冬藏，莫不是亦步亦趋地跟随作物。笔者留学美国时，曾造访一个家庭农场。叔侄二人的最终产品是牛奶。他们种植和收获玉米及青饲料，每日喂牛和挤奶，还要配种和繁殖下一代奶牛。他们过得充实惬意，收入高于工人。但对笔者说：只有一桩事情不好，就是不能外出，不能旅行，因为每日牛要产奶。他们是牛的主人，也是牛的仆人。牛被他们圈养，牛无需绳索围墙也捆绑住他们。驯化者拥有的目的、意愿是被驯化者允许他们拥有的目的和意愿，是被互动塑造了的目的和意愿。互动产生了互动前所没有的新的格局、关系、心理、性情。

人类与动植物尚且是相互驯化。人类中统治者与被统治者的关系何尝不是这样。众多人被彻底管束住，一小部分人的身手、心灵也被其背负的监管重任彻底异化。独立于互动的目的已不复存在。

三、目的论与副产品

人类巨大好奇心的重要投射，是万事万物之因果。几千年来为探究因果，形成了从巫术、宗教到科学的一个个思想体系。达尔文生物进化论探究的是生物演化之因果。其方法之前无古人在于“以果推因”。品克称之为“反向工程”。（品克，1997，26）工程学是从一个目的和一些方法出发，设计和制造出一件件产品。反向工程学是从已完成的工程——一个个产物出发，去推断其产生的原因和形塑的过程。工程中所贯彻的是工程师的目的。达尔文以生物进化取代上帝创世纪，就否定了大自然中的设计师和贯穿其中的目的。

但人类，包括达尔文本人，在有神论文化中浸淫的时间太久，乃至达尔文无法找到不被“目的论”沾染的语言，众生们更难以理解对世界的不含目的论的解释。达尔文说“自然选择”，读者们会立即做出“选择必有其目的”的理解。从字面看这理解不离谱。但这却是最大的误解。达尔文的进化论思想中，真的没有“目的”。一个物种中不同品性的成员比如灰蛾子和黑蛾子，比如跑得快的羚羊和慢的羚羊，置身一个既定的环境中，天敌（在其他场合，决定力量可以是水源、食物源、气候等）决定了某一品性的蛾子或羚羊易于生存和繁衍，另一品性的蛾子或羚羊难于生存和繁衍。这便是自然选择。这里既无上帝，也无目的。若换一个环境，发生的就是另一种结局。环境的偶然性，基因变异的偶然性，共同决定了自然选择是偶然、无目的的。讲生物进化之无目的性，即使限于上述范畴，说服众生已属不易。如要厘清人类的特征，人类所做的事情，人类历史中的目的与无目的，堪称难上加难。

中世纪思辨哲学大师说：遇到矛盾，先找出差别。我们且将包围我们的万事万物概括为四大类别：无机的世界，动物，人类，人类的历史。通过辨析其差别，逼近我们最终的问题：目的同人类历史与文明的关系。

水在零度时固化成冰，一百度时沸腾汽化。绝大多数人同意这是其物理属性，其中没有意志且不以任何一个生命体的意志为转移。

动物的世界与之截然不同，动物既是活物，又有定向性行为。候鸟换季时的迁徙，食肉类动物遇到猎物时的疯狂追杀，难道不都是自主行为吗？有自决，有方向，难道不构成“目的”吗？生物学家告诉我们：方向性是无疑的，但那些行为却不是自决，而是程序决定的。如果不是电脑的发展和普及，众生很难明白程序是什么。现在好了，大家都明白，只要程序设定好了，它日后一旦被启用就会按部就班，此与目的无涉。虽然生物体中的程序比电脑中的程序不知要古老多少个世代，却是这位曾孙帮我们理解曾祖父行为中的内设。这程序是哪来的？DNA带来的。“程序怎样运作是生物学中最难于研究的一个方面”。宏观地看，

> 程序不仅包括蓝图而且还具有如何运用这蓝图所含有信息的指令。就计算机程序和细胞核的DNA而言，程序和执行机制是完全分离的。……它可以是进化的产物（一切遗传程序皆如此），也可能是开放程序所获得的信息，或者

> 是人类制造的机械，至少在原则上凡是不能导向可预测目标的事物都不能看作是程序。（迈尔，1988，50，51）

具体而言，

> 程序之转译成程序目的性行为即受感觉器官的输入又受体内生理状态（主要是激素状态）两者的极大影响。（同上书，52）

“目的”是意识和理性的产物。在程序转译为动物行为时，不是刻意要跳过理性，而是因为动物根本就没有理性，它只好走DNA注入程序的路子。峨眉山的猴子和广场鸽的乞食，貌似目的性行为，实则与候鸟在深秋时离开寒冷少食的北方并无二致。经后天调试是很多程序的题内之义。当然笔者同意从动物到人类呈现出演化的连续谱，几支大猿类动物的行为中有可能包含了一些目的。但我们可以说，绝大多数动物的行为中没有“目的”。不错，以往对动物行为的叙述中，每每带有目的论的色彩，它引导读者认为，动物是有“目的”的。生物学家一方面向我们阐明“程序目的性”其实不含“目的”。另一方面坚挺描述动物行为时保留“目的性”字眼。他们说：

> 黄鹤森鸫秋天迁往较温暖地区为的是躲过北方严酷的气候和食物短缺，如果我们在这句话中用“因而”代替“为的是”，我们就漏掉了黄鹤森鸫“为什么”要迁徙这个重要问题没有回答。……转译后的句子在信息量上就大大降低，丧失了表达因果性的能力。（同上书，58）

人类与动物的本质区别在于人的大脑中进化出一个司职意

识与逻辑的部分，因而有了理性的能力。这样人类就有了支配自己行为的两大系统：情感与理性。前者是人类与一些哺乳动物共享的。后者几乎为人类独有，仅有几支猿类动物稍有理性能力。在一个人的决策中，情感和理性有点像博弈中的快棋和慢棋。情感常常立即产生如何行动的倾向，而理性会慢慢推敲情感的倾向是否合理。两者原本相辅相成，缺一不可。但两大原因导致理性的地位上升。其一是科学的地位日益显赫，而没有理性就没有科学。其二，考试极大地影响个人一生中的第一次社会定位，而考试更依赖理性能力。理性坐大后，人们开始过高地看待它。理性以其反思之特征，将人的很多行为披上了意图和得失计算的外衣。其实很多决策是情感完成的，其中几乎没有意图和得失的考量，比如为什么交这个朋友，不交那个朋友，可能完全是好恶问题；为什么做这个事，不做那个事，可能完全是兴趣使然。过去不少行为是情感驱动的，今后还会是这样。但在解释的领域则不同。因为解释是理性做出的，理性在解释行为时会夸大自己的作用，乃至走入“泛目的化”的误区，将“目的”注入人们的一切行为中。这种解释并非全然虚妄，人的思想和行为中确实有一切动物均无的“目的”的成分。这种解释倾向也有其巨大意义，没有这种执着的因果关怀（其实目的只是因果关系中的一类，有些因果关系与目的无涉），就不会有科学。只是这种解释走过了头，夸大了人类的一部分能力。这种解释倾向一旦形成，必然施之于每个被其解释的对象。除了对人类自身，它在两个维度上展开。其一，如前所述，人类喜欢说：候鸟这样做是为了什么，海龟这样做又是为了什么。这在很大程度上是将自身物种的“目的”特征投射到动物身上。其二，在解释人类历史时，将“目的”注入其中。

一句笨拙却因统治者长期灌输、已被不在少数的被统治者接受的话语是："历史选择了我"。曼海姆在其逃离纳粹德国之前，写作的《知识阶层：他过去和现在的角色》中说：

> 当历史被当作主语使用时，它就成了一个神秘不可思议的实体，占据了造物主上帝腾出来的空位。（曼海姆，1947，113）

辩护者可以说：非生命体的作用未必不可以称之为"选择"，达尔文之"自然选择"便是指环境做出的淘汰与选择。好个辩护。但是我们上面刚刚说过，达尔文的进化论思想中不含"目的"。《物种起源》先讲"人工选择"，比如人类对信鸽和奶牛的优选；接着才说"自然选择"，那其实是个比喻。二者的不同之处是，前者有目的，后者没有目的。或者其实是说"适应"，在同一个自然环境中，有些品性能更好地适应，有些不能。并且达尔文的自然选择解释的是长线的事情，非一次性事件。在一次性事件中，脚慢的羚羊可能侥幸逃脱，捷足的羚羊可能被捕杀。

自诩为被历史选择的人可以继续其辩护：历史是有规律的，符合历史规律的人被历史拣选；或者用你们的话说，符合历史规律的人更适应。这一辩词迫使我们讨论"规律"。因大千世界中的不同领域迥然有别，规律存在与否因领域不同而有异。存在规律且被认识到，便可以预测，故预测是规律存在的便利的证明。人类认识到太阳系中恒星、行星、卫星的运行规律，故可以预测日食、月食将发生的时辰。生物的世界中的可预测性则要微妙得多。迈尔将之区分为四类（1988，33—34）：

1. 分类学中的预测。如果根据刚毛的模式和颜面与眼睛比例鉴定了某只果蝇是普通果蝇，就能够“预测”该果蝇的许多结构和行为特征。

2. 从分子水平对大多数物理化学现象进行预测。对生物有机体的大多数生物化学单元过程（如代谢途径）以及简单系统的生物物理现象（如生理学中的光、热、电的作用）都能十分准确地进行预测。

在上面两类预测中，预测的准确性一般都很高。但是生物学中也有大量的其他概括或对原因的说明其预测值很低。下面两类就是如此。

3. 对复杂的生态性相互作用结果的预测。……将两种面粉甲虫（杂拟谷盗和赤拟谷盗）一起放在筛过的面粉中，这两种甲虫总是相互排斥。在高温高湿度时，赤拟谷盗将占上风；低温低湿度时，杂拟谷盗将占上风。在居间状态下结果就无从确定因而不能预测。

4. 进化事态的预测。在生物学中也许没有任何事态比进化的未来进程更无法预测。试看二叠纪的爬虫类，谁能预料到绝大多数较繁盛的种类会很快灭绝而其中最不显著的一支竟会发展成哺乳类？

迈尔上述的四个类别可以称为：种群共性，个体生理，博弈之结果，演化的历史。

种群分类更适合于对不熟悉的某一动物做初步预测。对熟悉的动物，预测的意义将锐减。

个体生理的预测，诸如持续高烧会如何，血管栓塞会如何，血压过高会如何，这些后果均可预测，且成为了诊疗的重要组成部分。

有些人会觉得上述不是预测。笔者以为这样认识很可能是源于过高地看待预测，以为“一定如此”或“不足为奇”就不是预测，但上述生理预测实为预测的题内之意，正如零度之水将结冰，准确无误地推断日食，属于预测。

生态下的博弈的结果，在动物的世界是难以预测的。大家熟悉“狼—羊—草”的生态均衡说：狼太多了，羊就少了，羊少了将导致狼的减少和草的茂盛，而狼的减少和草的茂盛又将导致羊的增多，此消彼长，周而复始。多么干净漂亮的逻辑。而现实所以不是这样，在于某地的生物绝不止这三种，即便没有老虎、狮子、狗熊、兔子等等，至少还有病菌和病毒。除了生物，还有气候、水土等因素。当干旱导致草原干枯时，即使狼减少了，羊也繁衍不起来。瘟疫的发生，更将打破上述的线性逻辑。其中病菌和病毒的变异，气候的变化，都是偶然和高度不确定的。

生态下的博弈，既可能在种间，也可能在种内。因本文主题，我们集中讨论种内博弈。人类种内的博弈甚至更难预测，原因是人类独有的“心理”和“策略”之存在。兵力充足武器精良的一方，从物理学上判断，必胜无疑。但是若兵力弱的一方士气如虹，而敌对方不仅士气低落且被策反了一部分，则胜负难料。故物理世界的规律在这里未必产生决定性作用。

说正义必胜有鼓舞士气或意识形态之嫌，说正义打败了邪恶的说辞中不乏一定比例是胜利者美化自己。因为博弈的胜利在一定程度上取决于策略之高下，且历史上从来都不乏暴君长久统治的例证。一个民主国家的政治家获胜的原因不一而足：口才，举止，领带颜色，其政治许诺满足了更多选民的愿望，虽执政后能否实行很难预料。军事胜利的理由中不乏相仿之处：凝聚部下的魅力，激励士兵的手段，类似于“闯王来了不纳粮”的宣传，虽掌权后可能要纳更多的粮。这些因素均有理由列入获胜的分析与解释中。这些原因非但不能提升，其中一些还可能减损其权力合法性。而“历史的选择”这类大话不在获胜的原因之列，在启蒙未完成的时代或社会中，却一向是标榜其权力合法性的绝妙说辞。一个虚妄的说辞，加冕在一场真实的赢局上，常令世人不敢质疑。

规律是死的，策略是活的。所谓兵无常形，兵不厌诈。策略应时空而变，因对手而变，因不让对方摸到规律而变。它是心理战，是双方心理互动的产物。博弈论不就是研究博弈中的策略吗？它不能揭示其中的规律吗？帕累托最优，纳什均衡，揭示的均为博弈中的逻辑可能性。此从一个侧面说明，人类的博弈中不存在物理学那样的规律。

自以为基于股市规律的预测会改变股市，这一事实本身挑战着股市中规律的存在。但预测可改变股市，毕竟说明了人的目的性行为可以改变社会形势。我们前面批驳了“历史的选择”，那么其逆命题是否存在：人类可以选择和决定自己社会和文化的未来吗？这要看在什么尺度上，是政治还是历史，是权力还是文明。

涉及较大利益的博弈就是权力的竞争和分配，而权力的竞争和分配就是政治。因其涉及较多的因素，且其中包含不确定的因素，诸如心理、策略、意想不到的某种力量的介入，等等。故人类的政治如同动物世界中的生态，属于不好预测的范畴。但是人们的参与是可能影响政治的，可能在一定程度上捍卫自身的利益，可能增加自己所置身的社会中的公正。但能够影响到什么程度又是不能预测的。成功者不是历史选择的，而“历史”在较大程度上是成功者“选择”的，如果“历史”理解为“政治”，即权力、权利、利益的话。当然，失败的参与者也未必没有一丝一毫的影响力。

虽然政治也有其历史（哲学、文学、技术、科学、艺术都有其历史），古典史学中包含了过多的政治，但就本意而言，政治与历史是不同的。政治是权力的竞争与分配，每轮竞争与分配都发生在一个时点上。而历史是人类整体演化的轨迹。一个刚刚当选的总统，只能说：“感谢选民们选择了我（其实也非全体）。”不敢大言不惭地说：“历史选择了我。”选民与历史选择之不等，正如同选举之年与一个世纪之不等。政治势态决定于利益群体间的博弈。而人类的历史，自其以文化为生存手段后便可称之为文明史，决定于人类的认知。其认知对象包括自然规律和社会制度。

政治与历史都是无规律的、很难预测的。政治之难以预测已如上所述。历史之不可预测在于我们不能预告人类未来的认知成果。正如波普尔所说：

> 我们不可能预告历史的未来行程。……论证可以总结为如下的五条陈述：1.人类历史的行程是受着人类知识增长的强烈影响的。2. 我们不能用合理（笔者以为应译为“理性”）的或科学的方法来预告我们科学知识的未来增长。3. 因此，我们不能预告人类历史的未来行程。（1961，42）①

比之政治，历史是更大尺度的事物，人类行为对之影响甚微。文明不是可以计划的，不是人类的目的性行为所决定的。

① 后面两条从略，因笔者以为有些多余。

本书讲述了人类文明的六大里程碑：外婚制、农业、文字、造纸术、雕版印刷、活字印刷，通通不是人类计划和目的的产物。它们是副产品。它们之前的操作不是没有目的，但其目的是制造另一种器物。另一器物问世且发挥出所期待的功能许久以后，在某一新因子及需求推动下，才从这器物的功能变异中，生发出另一项巨大效用。并且常常不是一次变异，而是经历多次变异，或几项古老发明的变异辐辏出最终的伟大发明。歪打正着虽然也算是副产品，但典型的副产品不是歪打正着。后者是想要制造甲，不期做出乙，比如"伟哥"。而典型的副产品之前或身旁，存在着最初设想所造就的主产品。比如说，造纸术是树皮布的副产品；雕版印刷是印章与拓片的副产品。为什么文明不是目的性产物，也不是歪打正着之一蹴而就，而常常是副产品？古希腊哲人说："我们不能无中生有"。从浅薄的文化积累中生出的必是简单的家伙，更不要说无中生有，而伟大的发明需要积累和跳板，乃至不止一重积累和一节跳板。

本书以人类文明的六大里程碑说明一部文明史不是人类的目的性行为所造就的。过去是这样，现在和未来呢？今天人类的能力已远超过去。但正是人类与日俱增的能力所造就的自信，使我们误以为：古代文明是人类目的性行为的产物。本书的目的在于推翻这种虚妄不实，以副产品之说代替对人类文明史的目的论的解释。但悬而未决的仍然是文明的未来。人类今后的历史难道不是我们意愿的实现吗？人类未来的文明难道不是我们意志的产物吗？不错，文化的力量已经帮助人类逃离自然选择的剪刀，但文化进化的轨迹与它今天呈现的问题和危机都远未透露这样的迹象：文化选择和其后果已经完全地听凭人类目的和计划的支配。小尺度的文化改变决定于人类的目的和计划，大尺度的文化变迁依然是副产品。大的发明常在意料之外，而非计划之中。更不要说我们完全不知其何时露出端倪的超级发明。核扩散、族群火并、基因工程——人类今天面临的风险与不可预料之事，一点不少于昨天和远古。

如前所述，已有文化的潜力发掘和文化新因子的不期而至，合二为一，成为文化进化之机制。新因子产生于文化上的借用、杂交和互动。挖掘现存文化之潜力则更属目的性、计划性行为。一方面，亿万众生所从事的、朝九晚五的日常工作必定是有目的、有计划的。无论我们从事的是农业、工业还是信息业，无论我们选择了资本主义体制还是社会主义体制，任何一种技术和制度，都不会将其全部潜力奉送给一个不思进取或浅尝辄止的民族，辛勤持久的钻研方能挖掘出其蕴藏的全部潜力。这类工作的价值毋庸置疑。另一方面，长久地沉浸于目的性、计划性工作，我们竟以为理性可以包打天下，文明是人类的目的性产物。看不到目的、指令和计划在伟大的文明面前只是狭隘单一、人类生活却又不可脱离的匠人的工作。人类自身的想象力原本贫乏；发明家的古怪无异于告诉我们：正常人的想象力尤其贫乏；陷入目的、计划和功利追求，就愈加贫乏。文明依赖可遇不可求的启示和变异。

鉴于拉马克与达尔文学说共同构成了人类文化进化的机制，一个埋头于某项合理计划的工作者不必自惭渺小，你们在发掘某一文化的潜力；而一个庞大方案的设计师不可过分炫耀，文明从来不是出自哪份蓝图。平衡现实与未来的中庸之道是：该社会中生产、科研的每个领地和单元中都有目标明确、手段合理的方案和计划；与此同时，该社会宽容每个古怪、异端的思想，为人际、代际、族际、学科间、行业间、国家民族间的交流，疏通渠道，搭建平台；静候文化的新因子，未来文明的候选者，飘然而至。

参考书目

波普尔 1961/1987:《历史主义的贫困》，社会科学文献出版社

布罗代尔 1979/1992:《15 至 18 世纪的物种文明、经济和资本主义》，生活 · 读书 · 新知三联书店

古尔德 1996/2001:《生命的壮阔》，生活 · 读书 · 新知三联书店

迈尔 1988/1992:《生物学哲学》，辽宁教育出版社

现代进化论思想的里程碑著作，该著体大思精，对“目的论”有极其独到的思考。

曼海姆 1947/2003:《文化社会学论集》，辽宁教育出版社

韦伯、齐美尔后德国古典社会学中最重要的思想家。亡命英国后创造力衰减，该书是他在德国时期的最后的写作。

品克 1997/2006:《心智探奇》(*How the Mind Works*)，台湾商务印书馆

作者（Steven Pinker，亦译作平克）是很有影响的进化论思想家，该作者在中国大陆唯一的译本是《语言本能》。语言与思维是其一以贯之的关注。

威廉斯 1962/2001:《适应与自然选择》，上海科学技术出版社

后记

我的模糊记忆尚可，精确记忆很差，脑子里的电话号码不超过五个。对往事中一些细节的记忆常常超过一同经历者，但一些个人的大事件，诸如我哪年调入人大、北大，都要查看简历才能说出。我感觉，作为学术概念的“副产品”很早就扎根我头脑中。却是在拙作《文明是副产品》完稿后，整理旧作《代价论》时，才发现书中赫然记录着这一思想的萌芽：

> 如果像杜尔凯姆所说，最初开始分工的人们并不是为了增加财富，如果像费孝通所说，族外婚初行时人们不会认识到它会增加种族体质上的优势，就可以说“财富的增长”、“体质的增强”只是人们抱着另一目的做出的行动的副产品。既然一个行动会有其始料不及的积极的副产品，也就当然可能有其始料不及的消极的副产品，即我们称之为的“代价”。正是因为人类行动的副产品每每在所难免，

又总是始料难及，才使得代价论的建立具有了理论和现实的意义。我们反对目的论绝不是说人不抱有目标，选择一种手段必是企图达到一种目标。我们不赞同的是为无生命的事物提出一个它所追求的目标，把一事物形成后发挥的某种功能——很可能是其副产品——说成其产生的原因，其存在的目的。(1995，25)

《代价论》出版于1995年4月，交稿于1993年2月，而该书写作始于1991年。上面的文字见于该书第4章（全书共20章），多半是写于1991或1992年。大约12年后，“副产品”在脑子里从占有一席之地的一个学术概念，提升到图谋日后研究和写作的主题。此见证于2003年我在人民大学为本科生讲授的“怎么写论文”的课程中。2005年我在北大重讲这门课，后根据授课录音整理出版了《与本科生谈：论文与治学》(2005)。在该书中我曾这样说：

不久前去世的一位华裔大数学家陈省身，曾做过一个演讲，非常生动。他在演讲开场白中讲，欧几里得在两千多年前，提出这样一个说法，说空间中只存在着5种正多面体……最后一个是正二十面体，二十个三角形组成。……在大自然当中，两千年来一直没有看到一个自然的，或者是矿物质的结晶，或者一种生物，它的形状是正二十面体。这意味着，正二十面体只存在于人的思维当中，不存在于真实的自然界当中。但是到了两千多年以后……这个真实的世界里存在的正二十面体和欧翁脑子概念里的那个正二十面体遭遇了。……前沿的数学成果，要在多少年后走向应用，造福于社会呢？通常是三五百年吧。有些几乎永远不能走入实用。

反过来说，最实用的东西也意味着最常规的东西。一亩地多产几斤粮食，多实用啊。中国有个水稻专家袁隆平，他培养的良种每亩产一千多斤，太伟大了。但是如果人类只有农业文明，没有任何别的文明形态，行吗？换句话说，如果人类眼睛只盯着农业，那就连农业自身都发展不了。农业自身的发展尚且依赖于物理学、化学、生物学。所以说，实际上对我们最有用的东西对我们只有小用处。我们开发了很多暂时看起来无用的东西，这些东西最后可能转化成一个个副产品，这些副产品将极大地造福于人类。

文字原来是干什么的？……什么是巫呢？巫是搞预卜的。部落要打仗，打仗风险太大了。打不打呀？你来给算一卦，于是在篝火边上烤起了牛的肩胛骨，或龟甲，烤完以后看看那个裂纹，预言一下，然后把它记录下来。记录的那东西叫什么呢？后来称作甲骨文。占卜有什么用处？……我们可以有把握地说，它是当时的无用之学，但又肯定不是一点用处没有。马林诺夫斯基告诉我们，当水手们遇到风浪的时候，巫术使大家信心倍增，从而有助于他们战胜暴风。没有信心，可能很早就溃败了。所以你不能说巫术没有用。同样，占卜可以鼓舞士气。已经占卜过了，我们是天命所在，这股劲儿便陡然增长。……你能说那事情都是胡说八道么？要过后地看，以往的意识形态都有荒诞之处，但在当时有实在的功能。占卜过后，要煞有介事地记下一些符号。那些符号当时不过是服务于占卜的，但最后走出了一条康庄大道，变成了文字。可以说，文字产生于一种无用之学。如果当年的部落首领都是高度实用，

> 那就没有巫，没有甲骨文，没有日后的文字。文字出台时用处狭窄，后来才光大。
>
> 人类的文明很大程度上是“副产品”造就的，不是有直接用途的那些东西造就的。有些东西看起来没有直接的用途，其演绎出来的副产品不得了。我如果精力和创造力还行的话，日后会努力写一本专著，叫作《副产品》。如果没这么大创造力的话，日后会写一长篇论文，或是做一次演讲，讲副产品。（2008，20—22）

《文明是副产品》是2013年开始动笔的，月份已经模糊不清。就是说，动笔前大约22年（1991—1992），“副产品”的概念在脑子里萌生。动笔前10年（2003年）已有了强烈的写作本书的想法。

我曾多次说过：我著书只会辐辏式的写法。本书的六章辐辏于全书之中轴“副产品”。自写书的念头产生到开始动笔的十年间，正文一字未着，各章的题目却渐次浮现。最初拟定的章数要比成书时多些。除了现存的六章外，还有城市、电影、青霉素、伟哥、快乐等。读过迈耶斯的《现代医学的偶然发现》一书，惊讶作者与我思路之相似——只是没有我透视人类文明之野心，钦佩其观察医学发现视野之宽阔，感觉即使我可以更详细地讲述青霉素和伟哥的发现过程，还是意义不大了。甚至其他现代科技——虽然确信其中很多发明都是副产品——我都不想谈了，这样“电影”一章也放弃了。虽当初念头的产生就与认识人类文明起源相关联，但确实是重心转移到外婚制、农业、文字、纸张的起源，这些人类早期的最伟大发明后，思考人类文明产生之主题愈加凸显。自然，文明的起源不是从近代医学，乃至近代科技，可以透视的。

城市的起源无疑在人类文明起源之列。所以放弃这章，是知难而退。我虽感觉思考“城市的起源”未必比“文字的起源”更困难。但“文字的起源”一章确实干得太苦，耗时太久。觉得讨论“副产品”这一主题，不差“城市的起源”一章，故知难而退。

我应该算是中国学界最早研究幸福与快乐的人。2007 年出版的《后物欲时代的来临》中有不止一个章节讨论幸福。大约也是在该书出版这一年，我在北大开中国高校中讲授《幸福导论》课程之先河。时下幸福的话题在中国炙手可热，我却屡屡回避这类研讨会。原因在于，我以为将幸福作为目的是追求不到的，幸福是投身于一桩你所热爱的较大事务的副产品，而时贤们鼓吹追逐幸福、直奔主题。既然以为幸福是副产品，为何在讨论副产品的专著中割舍这一章呢？因为人类文明已成为本书中与副产品双峰并峙的主题之一，而幸福与文明的讨论不好连接。其实“幸福是副产品”的命题将极大地扩展透视副产品的视角。但思考这一命题必将走向另一维度，太宽的扩展将带来整体驾驭上的艰难，故暂时割舍。

如是，最终进入写作的只有六章。

写作本书的念头始于十年前，而为之取名颇费踌躇，屡屡更改后在全书即将脱稿时才想定。好在最终的名称尚属满意，它简洁明了地道出本书之核心思想。一位最早，当然也必然是随着敝人写作的进展断断续续地读到拙作的朋友，曾诧异这些章节的内容为何要归结到“副产品”。于是在我将最后一章传给他后，有了下面的对话：

笔者：你现在能接受这本书的题目《文明是副产品》吗?

友人：我可以接受“某些文明是副产品”，不过这个题目就没有冲击力了。

笔者：你说说哪些文明是“产品”，即目的性产物。这是围绕我这本书的最本质的讨论。

友人：像长城、苏伊士运河、登月计划这样的目的性行为，也许不能和文字的发明等量齐观，但也大大改变了人类文明的进程，它们显然不是副产品。

我以为他的说法对“文明是副产品”的命题不构成致命的挑战。其一，长城的修建是2500年前的事情，苏伊士运河与登月更属晚近的事情，而农业的起源迄今已有一万年，文字的起源也要比修建长城早很多。就是说，文明不是起于这些“产品”。其二，这三件“产品”并未“大大地改变文明的进程”。长城甚至未能有效地保护农业民族。就是说，“产品”不是人类文明赖以建立的重要支柱。它们对人类生存方式的影响甚至不如晚近发明的青霉素，而后者恰恰也是副产品。其三，世间纯粹的事物少之又少。最彻底推行计划经济的社会中不会一丁点市场经济的成分都没有；最典型的市场经济的国家中也不可能没有政府的计划，市场管不了航运的灯塔，遑论更大的公益设置。但这些并不纯粹的构成丝毫不影响我们区分和称呼二者为计划经济社会和市场经济社会。同理，文明的构成中包含的目的性产物不影响“文明是副产品”的判定，因为构成文明之起源和支点的农业、文字等，均为副产品，且今天诸多最伟大的科技发明常常依然是副产品。笔者的思路异常简单：目的性行为的结果必在意料之中，意料之中的成果的开创性有限，难以成为文明的发轫和转折点。

其实拙作的最后一章，已经对“文明是副产品”的命题做过辩护。但笔者预感会有朋友绝难接受。而没有论敌的自辩是狭窄和苍白的。故在这篇后记的最后，也是全书终结处，开个话头，期待围绕这一命题的争论。

陈心想、田方萌先生阅读过全部书稿，提出了很多中肯的意见。易中天先生指正了第一章中的两点错误。刘驰先生指正了四、五、六章中的一些错误。梁治平、陈嘉映、辛德勇、唐晓峰、李零先生阅读部分章节后给予笔者热情鼓励。覃田甜、储卉娟、杜梁为编辑本书付出了辛勤的劳动。在此一并感谢。

郑也夫

2015 年 8 月 28 日

参考书目

（“/”前为原著出版年，”/”后为笔者引用的中译本或再版的出版年）

阿莫斯图 2001/2005：《食物的历史》，中信出版社

霭理士 1933/1987：《性心理学》，生活·读书·新知三联书店

艾兰 1991/2010：《龟之谜——商代神话、祭祀、以上和宇宙观研究》，商务印书馆

奥尔森 2002/2006：《人类基因的历史地图》，生活·读书·新知三联书店

奥菲克 2001/2004：《第二天性：人类进化的经济起源》，中国社会科学出版社。

巴比耶 2000/2005：《书籍的历史》，广西师范大学出版社

柏拉图 400BC/1963：《斐德若篇》，载于《文艺对话录》，人民文学出版社

——— 354BC /2003：“第 7 封信”，《柏拉图全集》第四卷，人民出版社

——— 357BC/2011：《智者》，商务印书馆

本田成之 1927/2013：《中国经学史》，漓江出版社

宾福德 1983/2009：《追寻人类的过去》，上海三联书店

伯罗斯特 2008：“印刷术和冶金业：两种相关联的历史（15—16 世纪）”，《中国和欧洲——印刷术与书籍史》（韩琦、米盖拉编），商务印书馆

布尔斯廷 1983/2014：《发现者》，上海译文出版社

布罗代尔 1979/1992：《15 至 18 世纪的物质文明、经济和资本主义》，生活·读书·新知三联书店

曹炯镇 1986:《中韩两国古活字印刷技术中比较研究》，学海出版社（台湾）

曹念明 2006：《文字哲学》，巴蜀书社

策勒尔 1980/2007：《古希腊哲学史纲》，上海世纪出版集团

柴尔德 1951/2008:《人类创造了自身》，上海三联书店
沈孟坤雅 2009:“心理语言学中汉字认读的几个观点”，载于《广义文字研究》，齐鲁书社
陈梦家 1939/2011:《中国文字学》，中华书局
——— 1956/1980:《殷虚卜辞综述》，中华书局
陈舒眉 1993:“形声字与汉族的表音趋向”，《语文建设》，第 8 期
陈望道 1925/2011:“修辞学的中国文字观”，《陈望道全集 · 第一集》，浙江大学出版社
陈永生 2013:《汉字与圣书字表词方式比较研究》，人民出版社
程学华 1989:“西汉灞桥纸断代及有关情况”，《科技史文集》，15 辑
程章灿 2009:《古刻新诠》，中华书局
崔瑞德、鲁惟一 1986/1992:《剑桥中国秦汉史》，中国社会科学出版社
戴蒙德 1997/1998:《性趣探秘》，上海科技出版社
——— 1997/2000:《枪炮、病菌和钢铁》，上海译文出版社
德里达 1967/1999:《论文字学》，上海译文出版社
邓聪 2003:“东亚出土树皮布石拍的考古学考察”，《史前与古典文明》，“中央研究院”历史语言研究所
—— 2008:“南中国史前树皮布文化研究新进展”，《庆祝何炳棣先生九十周岁华诞论文集》，三秦出版社
—— 2009A:“海南岛树皮布的几个问题”，载于詹长智主编《海南历史文化研究辑刊》第一卷，海南出版社
—— 2009B:“云南树皮布民族学调查的启示”，南方民族考古，第 6 辑，科学出版社
董作宾 1955:《甲骨学五十年》，艺文印书馆（台湾）
恩伯 1985/1988:《文化的变异——现代文化人类学通论》，辽宁人民出版社

恩格斯 1891/1973：《家庭、私有制和国家的起源》，人民出版社
方彦寿 2008：“宋明时期的图书贸易与书商的商业追求”，《中国和欧洲——印刷术与书籍史》（韩琦、米盖拉编），商务印书馆
费夫贺、马尔坦 1958/2006：《印刷书的诞生》，广西师大出版社
费希尔 1999/2012：《语言的历史》，中央编译出版社
——— 2001/2012：《书写的历史》，中央编译出版社
费孝通 1947/1981：《生育制度》，天津人民出版社
冯友兰 1948/1985：《中国哲学简史》，北京大学出版社
——— 1964/1984：《中国哲学史新编》，人民出版社
弗雷泽 1890/1987：《金枝》，中国民间文艺出版社
弗洛伊德 1913/1986：《图腾与禁忌》，中国民间文艺出版社
佛斯科尔 2009：“埃及文字的起源”，载于黄亚平、白瑞斯、王霄冰编《广义文字学研究》，齐鲁书社
傅罗文 2009：“贞人：官员早期中国施灼占卜起源与发展的一些考虑”，《多维视域，商王朝与中国早期文明研究》，科学出版社
甘肃省博物馆 1981：“敦煌马圈湾汉代烽燧遗址发掘简报”，《文物》，10 期
甘肃省文物考古研究所 1989：“甘肃天水放马滩章秦汉墓群的发掘”，《文物》，2 期
——— 2000：“甘肃敦煌汉代悬泉置遗址发掘简报：《文物》，5 期
甘肃居延考古队 1978：“延居汉代遗址的发掘和新出土的简册文物”，《文物》，1 期
高成鸢 2001：《食 味 道：华人的饮食歧路与文化异彩》，紫禁城出版社
格鲁塞 1939/1991：《草原帝国》，青海人民出版社
宫崎市定 1959/1965：“中国文化的本质”，载于《宫崎市定论文选集》（下），商务印书馆

拱玉书、颜海英、葛英会 2009:《苏美尔、埃及及中国古文字比较研究》,科学出版社

古迪、沃特 2009:“文字的社会功能”,载于黄亚平、白瑞斯、王霄冰编《广义文字学研究》,齐鲁书社

古尔德 1996/2001:《生命的壮阔》,生活·读书·新知三联书店

———1977/1997:《达尔文以来》,生活·读书·新知三联书店

哈拉威 1991/2012:《类人猿、赛博格和女人——自然的重塑》,河南大学出版社

何丹、方柯 2003:《汉语文化学》,浙江大学出版社

何炳棣 1969:《黄土与中国农业的起源》,香港中文大学

黄其煦 1982:“黄河流域新石器时代农耕文化中的作物——关于农业起源问题的探讨”,《农业考古》,2 期

——— 1983A:“黄河流域新石器时代农耕文化中的作物——关于农业起源问题的探讨(续)”,《农业考古》,1 期

———1983B:“黄河流域新石器时代农耕文化中的作物——关于农业起源问题的探讨(三)”,《农业考古》,2 期

黄亚平、白瑞斯、王霄冰(主编)2009:《广义文字研究》,齐鲁书社

基辛 1976/1988:《文化、社会、个人》,辽宁人民出版社

蒋学龙、马世来、王应祥、L. Sheeran、F. Poirier,1994:“黑长臂猿的配偶制及其行为、生态和进化的关系”,《人类学学报》,11 月

金夷、潘江 1996:“再论中国玺印的起源——兼说所谓商玺的真伪”,《考古与文物》,第 1 期

卡勒 1976/1989:《索绪尔》,中国社会科学出版社

卡特 1925/1991:《中国印刷术的发明和它的西传》,商务印书馆

卡博,弗拉基米尔 1985/1988:“食物生产经济的起源”,《农业考古》,1 期。

卡斯顿 2001/2012:《莎士比亚与书》,商务印书馆

坎德尔 2006/2007:《追寻记忆的痕迹》，中国轻工业出版社

康尼夫 2002 / 2004:《大狗，富人的物种起源》，新世界出版社

科塞 1965/2001:《理念人》，中央编译出版社

科塔克 2008/2012:《人类学，人类多样性的探索》，中国人民大学出版社

库尔马斯 2009:“东亚书面语言的功能和地位”，载于黄亚平、白瑞斯、王霄冰编《广义文字学研究》，齐鲁书社

拉德卡 2000/2004:《自然与权力》，河北大学出版社

拉姆斯登、威尔逊 1983/1990:《普罗米修斯之火》，生活·读书·新知三联书店

莱布尼茨 1699/2005:《中国近事》，大象出版社

———— 1765/1996:《人类理智新论》，商务印书馆

莱斯利、亚京斯 2000/2007:《破解古埃及》，生活·读书·新知三联书店

劳榦 1948/1976:“论中国造纸术之原始”，载于《劳榦学术论文集甲编》，艺文印书馆（台北）

—— 1975/2006:“《书于竹帛》后序”，钱存训著《书于竹帛》，上海世纪出版集团

—— 1991:“从雕板到活字印刷发展中的几个问题”，《中国图书文史论集》，正中书局

劳埃德 1970/2004:《早期希腊科学》，上海科技教育出版社

劳费尔 1919/2001:《中国伊朗编：古代伊朗与中国之文化交流》，商务印书馆

利普斯 1949/2000:《事物的起源》，敦煌文艺出版社

李芳芳 2008:“‘四体二用’说倡始者再认识”，《洛阳理工学院学报社科版》，3 期

李弘祺 2006:“中高科举考试及其近代解释五论”，载于刘海峰主编《科举制的终结与科举学的兴起》，华中师范大学出版社

李基白 1990/1994：《韩国史新论》，国际文化出版公司

李书华 1953/1982：“印章与摹搨的起源及其对雕版印刷发明的影响”，《图书印刷发展史论文集》，（台湾）文史哲出版社

——— 1960/1982：“五代时期的印刷”，《图书印刷发展史论文集》，（台湾）文史哲出版社

——— 1961/1982：“唐代后期的印刷”，《图书印刷发展史论文集》，（台湾）文史哲出版社

——— 1982：“印章与摹搨的起源及其对于雕版印刷发明的影响”，《图书印刷发展史论文集》，（台湾）文史哲出版社

李学勤 1992：“中国玺印的起源”，《中国文物报》，第 29 期

——— 2001：“试说传出印玺的田字格玺”，《中国书法》，第 12 期

——— 2004：“试说殷墟新出土的铜玺”，《中国书画》，第 2 期

李学勤、彭裕商 1996：《殷墟甲骨分期研究》，上海古籍出版社

列维–斯特劳斯 1956/2007：“家庭”，《遥远的目光》，中国人民大学出版社

——— 1962/1987:《野性的思维》，商务印书馆

——— 1983/2007：“论近亲通婚”，《遥远的目光》，中国人民大学出版社

林哈德 2006/2009：《发明的起源》，上海科学技术文献出版社

林文彦 2011：“东西方印章封泥之比较初探”，西泠印社，总第 31 期

凌纯声 1963：《树皮布印文陶与造纸印刷术发明》，“中央研究院”民族学研究所

凌曼立 1962：“树皮布”，李亦园等著：《马泰安阿美族的物种文化》，“中央研究院”民族学研究所

刘江 2005：《中国印章艺术史》，西泠印社出版社

刘金荣 2009：“‘文姜之乱’献疑”，《浙江社会科学》，5 期

刘一曼 1997：“安阳殷墟甲骨出土及其相关问题”，《考古》，5 期

刘又辛 1981/1993:“论假借”，《文字训诂论集》，中华书局

卢梭 1781/2003：《论语言的起源》，上海人民出版社
罗西章 1979 “陕西扶风中颜村发现西汉窖藏铜器和古纸”，《文物》，9 期
洛伦兹，康罗 1966/1987:《攻击与人性》，作家出版社
马衡 1923/2010：《马衡讲金石学》，凤凰出版传媒集团
马林诺夫斯基 1927/1986：《两性社会学》，中国民间艺术出版社
马如森 2007：《殷墟甲骨学》，上海大学出版社
迈尔 1988/1992：《生物学哲学》，辽宁教育出版社
迈耶斯 2007/2011：《现代医学的偶然发现》，生活 · 读书 · 新知三联书店
曼海姆 1947/2003：《文化社会学论集》，辽宁教育出版社
密尔 1859/1959：《论自由》，商务印书馆
摩尔根 1877/1971：《古代社会》，商务印书馆
莫斯科维奇 1972/2002：《反自然的社会》，天津人民出版社
墨菲 1986/1991：《文化与社会人类学引论》，商务印书馆
潘吉星 1997：《中国、韩国与欧洲早期印刷术的比较》，科学出版社
——— 2009：《中国造纸史》，上海人民出版社
品克 1997/2006：《心智探奇》（*How the Mind Works*），台湾商务印书馆
钱存训 2002/2006：《书于竹帛》，上海世纪出版集团
——— 2004：《中国纸和印刷文化史》，广西师范大学出版社
裘锡圭 1978：“汉字形成问题的初步探索”，《中国语文》，第 1—4 期
——— 1988：《文字学概要》，商务印书馆
——— 1993/2012：“究竟是不是文字”，《裘锡圭学术文集 · 语言文字与古文字学卷》，复旦大学出版社
屈万里、昌彼得：1977：“刻书之始”，《图书印刷发展史论文集续编》，（台湾）文史哲出版社
饶宗颐 1959/2009：《殷代贞卜人物通考》，《饶宗颐二十世纪学术文集》卷二，人民大学出版社

——— /2009：“说筮”,《饶宗颐二十世纪学术文集》卷二，人民大学出版社
——— 1987/2009：“贞人问题与坑位”,《饶宗颐二十世纪学术文集》卷二，人民大学出版社
萨林斯 1972/2009：《石器时代经济学》，生活 · 读书 · 新知三联书店。
沙孟海 1987/1999：《印学史》，西泠印社出版社
史图博 1937/2001：《海南岛民族志》（内部读物），中国科学院广东民族研究所
斯坦因 1921/1998：《西域考古图记》，山西师大出版社
宋镇豪 1999：“再谈殷墟卜用甲骨的来源”,《三代文明研究》，科学出版社
宋镇豪、刘源 2006：《甲骨学殷商史研究》，福建人民出版社
苏勇强 2006：“元稹模勒续考”,《晋阳学报》，1 期
——— 2010：《北宋书籍刊刻与古文运动》，浙江大学出版社
宿白 1999：《唐宋时期的雕版印刷》，文物出版社
孙慰祖 2002：《封泥：发现与研究》，世纪出版集团
索绪尔 1916/2009：《普通语言学教程》，中国社会科学出版社
唐兰 1949/2013：《中国文字史》，上海世纪出版集团
藤田丰八 1925/1932：“中国印刷起源”,《图书馆学季刊》，第六卷，第二期
藤枝晃 1971/2005：《汉字的文化史》，新星出版社
梯利 1914/1995：《西方哲学史》，商务印书馆
田野 1957：“陕西省灞桥发现西汉的纸”,《文物参考资料》，7 期
涂尔干 1898/2006：《乱伦禁忌及其起源》，上海人民出版社
托卡列夫 1978/1983：《外国民族学史》，中国社会科学出版社
瓦尔 2005/2007：《人类的猿性》，上海科技文献出版社
王国维 1916/2010：“魏石经考”，载于《王国维：历史、文学、戏剧论稿》，中国画报出版社

——— 1920/2008：“《经学概论》总论”，《王国维集》第一册，中国社会科学出版社
——— 1922/2007：“五代两宋监本考”，《王国维文集》（下），中国文史出版社
——— 1913/2004：《简牍检署考校注》（胡平生、马月华校注），上海古籍出版社
王明嘉 2010/2012：《字母的诞生》，中国青年出版社
王人聪 2000：“印学五题”，《中国古玺学国际研讨会论文集》（王人聪、游学华编），香港中文大学文物馆
威尔 2001/2005：《类人猿与寿司大师》，上海科学技术出版社
威尔逊 1996/2004：《生物多样性》，湖南科学技术出版社
——— 2002/2003：《生命的未来》，上海人民出版社
威尔逊，爱德华 1978/1988：《人类的本性》，福建人民出版社
威廉斯 1962/2001：《适应与自然选择》，上海科学技术出版社
韦斯特马克 1891/2002：《人类婚姻史》，商务印书馆
吴慧 1985：《中国历代粮食亩产研究》，农业出版社
吴浩坤、潘悠 2006：《中国甲骨学史》，上海人民出版社
希波克拉底 /2007：《希波克拉底文集》，中国中医药出版社
向达 1928/2010：“唐代刊书考”，《唐代长安与西域文明》，湖南教育出版社
项旋 2012：“雍和宫三世佛与《古今图书集成》活铜字板”，《北京印刷学院学报》，5 期
辛德勇 2014：“论中国书籍雕版印刷技术产生的社会原因及其时间”，《中国典籍与文化论丛》，凤凰出版社
新关钦哉 1995/2003：《东西印章史》，东丘印社
徐复观 1982/2014：《中国经学史的基础》，九州出版社

徐通锵 2009："语言与文字的关系新探"，载于黄亚平、白瑞斯、王霄冰编《广义文字学研究》，齐鲁书社

徐中舒 1981/2009："关于夏代文字的问题"，《先秦史十讲》，中华书局

亚里士多德 /1986：《范畴篇，解释篇》，商务印书馆

严绍璗 1992：《汉籍在日本的流布研究》，江苏古籍出版社

扬雄 /1985：《法言》，中华书局

叶德辉 1920/2012：《书林清话》，华文出版社

伊萨克 1970/1987：《驯化地理学》，商务印书馆

伊藤道治 1975/2002：《中国古代王朝的形成》，中华书局

游修龄 1999：《农史研究文集》，中国农业出版社

——— 2008：《中国农业通史・原始社会卷》，中国农业出版社

张光直 1978/1999：《商代文明》，中国工艺美术出版社

——— 1990：《中国青铜时代，二集》，生活・读书・新知三联书店。

张鹏 2012：《猴、猿、人——思考人性的起源》，中山大学出版社

张鹏、渡边邦夫 2009：《灵长类社会进化》，中山大学出版社

张庆长 /1992:《黎歧纪闻》，广东高等教育出版社

张秀民（韩琦增订）2006：《中国印刷史》，浙江古籍出版社

张震泽 1986：《许慎年谱》，辽宁大学出版社

赵超 1997：《中国古代石刻概论》，文物出版社

赵承泽 2002：《中国科学技术史・纺织卷》，科学出版社

赵平安 2009：《隶变研究》，河北大学出版社

——— 2012：《秦西汉印章研究》，上海古籍出版社

肇嘉，鲁伊基 2000/2006：《父性》，中国社会科学出版社

郑也夫 1995：《代价论》，生活・读书・新知三联书店

——— 2001：《信任论》，中国广播电视出版社

——— 2005：《与本科生谈：论文与治学》，山东人民出版社

——— 2007:《后物欲时代的来临》，世纪出版集团

——— 2009:《神似祖先》，中国青年出版社

中国大百科全书语言文字编委会 1988/2002:《中国大百科全书语言文字》，中国大百科全书出版社

周法高 1948/1976:“‘论中国造纸史之原始’后记”，载于《劳榦学术论文集甲编》，艺文印书馆（台北）

周江 2008:“海南黑冠长臂猿的生态学及行为特征”，（东北师范大学博士论文，未发表）

周绍明（Joseph P. McDermott）2006/2009:《书籍的社会史》，北京大学出版社

祖父江孝男 1987/1989:《文化人类学百科辞典》，青岛出版社

Evans, L. T. 1993/2005:《作物进化、适应性与产量》，中国农业大学出版社

Kuhn, Dieter 1988: Textile Technology:Spinning and Reeling, Joseph Needham:Science and Civilization in China,Vol.5, Part9, Cambridge University Press

Needham, Paul 2003/2006:《古登堡与印刷术》，中国电力出版社

Rauscher, 2010:“基因分析让木乃伊吐真言”，《新发现》，第 7 期

Stein, Aurel 1921/1983: Serindia [cartographic material] : detailed report of explorations in Central Asia and westernmost China, Delhi : Survey of India

主题索引

人名索引